COMMISSION
DE LA PROPRIÉTÉ LITTÉRAIRE.

COLLECTION

DES

PROCÈS-VERBAUX.

PARIS,

DE L'IMPRIMERIE DE PILLET AINÉ,

RUE DES GRANDS-AUGUSTINS, N° 7.

1826.

COMPOSITION DE LA COMMISSION.

MM.

Le vicomte de La Rochefoucauld, président.

Le marquis de Lally-Tolendal. . . . ⎫
Le vicomte Lainé. . . . . ⎬ pairs de France.
Le comte Portalis . . . . ⎭

Royer-Collard. . . . . ⎫
Le comte de Montbron. . . . . ⎬ députés.
Pardessus . . . . ⎭

Bellart . . . . ⎫
De Vatimesnil. . . . . ⎬ conseillers d'état.

Villemain . . . . ⎫
Delaville de Miremont. . . . . ⎬ maîtres des requêtes.

Auger . . . . ⎫
Raynouard . . . . │
Andrieux. . . . . │
Parseval-Grandmaison . . . . │
Picard . . . . │
Alexandre Duval . . . . ⎬ membres des 4 académies.
Michaud . . . . │
Dacier . . . . │
Le baron Cuvier. . . . . │
Le baron Fourrier . . . . │
Quatremère de Quincy . . . . ⎭

Le baron Taylor, commissaire royal près le Théâtre-Français.

Adjoints à la Commission.

MM.

Lemercier, de l'académie française. . . ⎫
Etienne, homme de lettres. . . . . . . ⎬ commissaires des auteurs
Moreau, *idem*. . . . . │ dramatiques.
Champein, compositeur. . . . . ⎭

Talma, sociétaire du Théâtre-Français.

Renouard . . . . ⎫
Firmin Didot . . . . ⎬ délégués des libraires.

Secrétaire de la Commission, M. Jules Mareschal.

COMMISSION

DE

LA PROPRIÉTÉ LITTÉRAIRE.

PROCÈS-VERBAL

DE LA PREMIÈRE SÉANCE.

Aujourd'hui, lundi douze décembre mil huit cent vingt-cinq,

En conséquence d'une décision royale en date du 20 novembre dernier, par laquelle Sa Majesté a autorisé la réunion de plusieurs magistrats et hommes de lettres désignés en cette décision, à l'effet de rechercher et de préciser les améliorations dont peut être susceptible la législation actuelle sur la propriété littéraire, dans la vue de procurer au pouvoir chargé de la rédaction du projet de loi qu'il pourrait être jugé convenable par Sa Majesté de faire présenter aux chambres, à cet égard, les documens nécessaires à cette rédaction ;

Et par suite de la convocation faite par M. le vicomte de La Roche-foucauld, chargé de l'exécution de la décision dont il s'agit, aux diverses personnes qui s'y trouvent désignées pour la composition de cette commission préparatoire;

Se sont réunis, à l'hôtel du département des beaux-arts,

MM.

Le marquis de LALLY-TOLENDAL. . . .	} pairs de France.
Le vicomte LAINÉ	
ROYER-COLLARD.	} membres de la chambre des députés.
PARDESSUS.	
BELLART	} conseillers d'état.
De VATIMESNIL.	
VILLEMAIN	} maîtres des requêtes.
DELAVILLE de MIREMONT	
ANDRIEUX.	
AUGER.	
Le baron CUVIER.	} membres des quatre académies.
ALEXANDRE DUVAL	
MICHAUD	
PICARD	
RAYNOUARD.	

Le baron TAYLOR, commissaire royal près le Théâtre-Français.

Et les quatre personnes ci-après désignées, que MM. les auteurs dramatiques ont, d'après le désir qui leur a été exprimé de voir leurs intérêts représentés dans la discussion dont il s'agit, nommées leurs commissaires à cet effet, savoir :

MM.

LEMERCIER, de l'Académie française.
ETIENNE, homme de lettres.
MOREAU, homme de lettres.
CHAMPEIN, compositeur de musique.

L'ASSEMBLÉE, ainsi composée, s'étant constituée sous la présidence de M. le vicomte de La Rochefoucauld, ce dernier a ouvert la séance par le discours suivant :

« Le premier sentiment que j'éprouve au milieu de vous, Messieurs, » est celui de la reconnaissance ; qu'il me soit permis de vous exprimer » combien je suis sensible à la grâce avec laquelle vous avez bien voulu » vous rendre à mes vœux.

» Vous me pardonnerez un embarras tout naturel : de quelque côté que » je porte mes regards, ils rencontrent les lumières qui éclairent la France, » ou les talens qui l'embellissent.

» J'ai recherché avec empressement votre concours, Messieurs, sentant » combien il était nécessaire, pour approfondir la grave question qui nous » rassemble, celle de la propriété littéraire, nouvelle espèce de légitimité » dont nous ne devions pas laisser l'existence incertaine.

» Placé par la confiance de Louis XVIII à la tête de ce qui, dans sa » maison, tient à la littérature et aux arts, j'ai cru qu'il était de mon devoir » de devenir, le premier, le défenseur des intérêts des gens de lettres. » Mais une dette aussi sacrée ne pouvait échapper à la sollicitude paternelle » du prince qui nous gouverne. Sa Majesté m'a ordonné de m'occuper » immédiatement de cet important objet ; grâce à vous, Messieurs, il est » permis d'espérer que nous atteindrons le but que nous devons nous pro- » poser, celui de préparer un travail qui puisse achever ce que notre légis- » lation a laissé de trop incomplet. Les deux chambres trouveront ici des » noms qui leur inspireront une juste confiance, et la classe honorable des » hommes de lettres se verra représentée par des auteurs à qui leurs brillans » succès en ont donné le droit. La proposition des lois ne m'appartient pas, » mais je remettrai au pouvoir qui en est chargé le résultat de nos discus- » sions, et j'ai la promesse que nos efforts seront secondés.

» On va, Messieurs, vous donner lecture d'un rapport qui doit contri- » buer à établir l'état de la question, et je prierai ceux des membres de » l'assemblée qui ont préparé des réflexions sur le sujet qui nous occupe, » de vouloir bien nous en faire part. La discussion s'établira ensuite dans » la forme que vous jugerez la plus convenable.

» J'apprendrai de vous, Messieurs, comment il faut défendre ce noble

» domaine des lettres., si riche en monumens impérissables, et comment il
» sera possible de préserver ceux qui les ont élevés, ainsi que leurs enfans,
» de l'excès de l'indigence, au sein de la gloire. Les siècles qui ont toléré
» une telle injustice sont sans excuse. Honneur au siècle qui veut enfin la
» réparer! Honneur surtout au sage monarque, au roi généreux qui sait
» qu'il règne sur la nation la plus éclairée de l'Europe, qui connaît tout ce
» que lui impose d'obligations une si haute destinée. Les lettres et les arts
» lui doivent le bienfait de la paix, sans laquelle ils ne peuvent prospérer.
» Ils lui doivent cette royale protection, sans cesse manifestée par des ac-
» tions généreuses, comme par ces paroles touchantes qui élèvent les ames
» et soumettent les cœurs.

» Empressons-nous, Messieurs, de seconder les intentions du roi, et
» commençons, dès aujourd'hui, cette tâche honorable.

» Je ne pense pas, Messieurs, devoir combattre sérieusement ici quelques
» suppositions injurieuses, qui, je le sais, ont été faites sur le motif de
» cette réunion même. Je croirais outrager votre caractère et le mien; quand
» on s'occupe de garantir l'indépendance des hommes de lettres en cher-
» chant à assurer leur existence et celle de leur famille, se peut-il qu'on
» soit avec quelque raison accusé de vouloir les enchaîner par de nouveaux
» liens, autres que ceux de la reconnaissance qu'ils doivent au Prince éclairé
» qui leur accorde un si noble appui? »

Après ce discours, M. le président donne communication à l'assemblée
des lettres qui lui ont été adressées par trois des personnes désignées pour
faire partie de la commission, que diverses causes ont empêchées de se trouver à la séance de ce jour, et qui, en exprimant leurs regrets à l'assemblée,
annoncent qu'elles s'empresseront de se rendre aux séances suivantes,
savoir :

MM.

Le comte PORTALIS, pair de France.
Le baron FOURRIER, secrétaire perpétuel de l'Académie des sciences.
ANDRIEUX, membre de l'Académie française.

M. le président donne également communication d'une lettre de M. Dacier, secrétaire perpétuel de l'Académie des inscriptions et belles-lettres, qui témoigne les plus vifs regrets de ce que son état habituel de mauvaise santé le met dans l'impossibilité absolue de prendre part à des travaux dont le but lui paraît aussi utile qu'honorable.

Enfin, M. le président annonce que M. le comte de Montbron étant absent de Paris, l'assemblée sera privée du concours de ses lumières.

Ces communications faites, et sur la proposition de M. le président pour la nomination d'un secrétaire,

L'ASSEMBLÉE désigne, pour en remplir les fonctions, M. Jules Mareschal, sous-chef de division au département des beaux-arts, présent à la séance.

CES opérations préliminaires accomplies,

M. le président annonce qu'il va être donné connaissance à l'assemblée du rapport qu'il a fait rédiger sur la matière à examiner, et qui pourra servir de base à la discussion.

En conséquence, d'après le consentement de l'assemblée et sur l'invitation de M. le président, M. Jules Mareschal donne lecture du rapport qui suit :

(Teneur du Rapport.)

RAPPORT

SUR LE PROJET TENDANT A AMÉLIORER L'ÉTAT DE LA LÉGISLATION SUR LA PROPRIÉTÉ LITTÉRAIRE.

Réflexions préliminaires.

La restauration de la monarchie a commencé, pour la France, une ère nouvelle de prospérité. La paix, l'établissement des institutions conservatrices de la vraie liberté, l'essor de l'industrie et du commerce, la stabilité de la propriété, voilà des résultats évidens, incontestables; et au milieu de quels obstacles ne sont-ils pas préparés? La légitimité a porté son fruit; l'expérience a confirmé ses promesses; la reconnaissance des peuples en est désormais le plus sûr garant.

Mais, parmi les obstacles qui auraient entravé ses bienfaits, s'ils avaient pu l'être, quel est celui dont la résistance s'est fait sentir avec le plus de force, et dont la présence perpétue le malaise du corps social? Cet obstacle, on le signale chaque jour; on l'a combattu sans avoir encore pu le détruire : c'est le défaut d'institutions civiles correspondantes aux hautes institutions politiques que nous devons à l'auguste auteur de la Charte; c'est le choc continuel des dispositions arbitraires que nous a léguées la législation de l'anarchie et du despotisme, contre les garanties tutélaires de la monarchie constitutionnelle. Voilà la dernière plaie qu'il faut fermer; voilà le but principal auquel le gouvernement doit s'attacher dans l'ordre des propositions législatives.

Au nombre de ces dispositions contradictoires, incomplètes, souvent injustes, qui déparent un grand nombre de nos lois, doit-on compter celles qui régissent la propriété littéraire? La législation actuelle est-elle fondée sur les vrais principes, ou leur est-elle opposée? L'état des choses enfin réclame-t-il une prompte amélioration, ou bien, dans l'incertitude que peuvent faire naître les idées sur lesquelles repose ce genre de propriété, serait-il plus sage de s'en tenir aux lois de la révolution et de l'empire? A ces questions, un cri général a, depuis long-tems, répondu; nul doute que ces lois, dans leur application, ne soient incomplètes, injustes même; nul doute qu'un besoin urgent ne réclame une refonte générale de la législation, un nouveau travail fondé sur les vrais principes de la matière, une garantie aux droits les plus sacrés.

Pour démêler d'une manière précise, dans les anciennes lois de la monarchie, les dispositions qui se rapportent au moins indirectement à la propriété littéraire, il faut d'abord s'entendre sur l'origine de cette propriété; il faut marquer le moment de sa naissance et la progression de ses développemens jusqu'au jour où, entièrement reconnue, elle a pris rang parmi les droits auxquels l'autorité, dans son propre intérêt, doit une égale protection.

C'est faute d'avoir fait cet indispensable examen que, dans les différentes recherches auxquelles on s'est livré sur cette importante question, on a presque toujours dépassé le but, en appliquant à un droit qui n'était pas bien défini, des dispositions qui, dans leurs motifs, et le plus fréquemment dans leur effet, lui étaient entièrement étrangères. C'est ainsi que, dans les préambules des diverses ordonnances de nos rois, jusqu'à Louis XIV, et même Louis XV, relatives à la garantie des imprimeurs et des libraires, ou à la répression des dangers que présentait la puissance, chaque jour plus formidable, de la presse, on a prétendu trouver l'établissement des principes qui doivent régir la propriété littéraire; on ne s'est point aperçu que la reconnaissance de cette propriété doit constituer les auteurs dans un état d'indépendance à l'égard des libraires, tandis qu'autrefois tout privilége accordé à ceux-ci devait nécessairement préjudicier à ceux-là.

Avant donc de nous engager dans l'examen de la législation qui s'applique réellement à cette matière, et d'exposer nos idées sur les moyens de l'améliorer, nous croyons nécessaire de présenter, conjecturalement, il est vrai, mais d'après les probabilités qui nous paraîtront les plus raisonnables et les plus fondées, l'histoire de la propriété littéraire en elle-même : il nous sera facile de déterminer un classement régulier dans les dispositions législatives, et de saisir dans celles-ci les premières traces de la reconnaissance du droit qu'on veut consolider aujourd'hui. De là nous arriverons naturellement à l'analyse des lois diverses qui ont régi l'exercice de ce droit, dans les tems qui nous ont précédés, aussi bien que de celles qui le régissent aujourd'hui. La recherche et l'examen de tous ces faits composeront la première partie du présent rapport.

Nous développerons dans une seconde partie les théories opposées qui existent relativement à la nature du droit en question, tel qu'il est entendu le plus généralement.

Enfin, une troisième partie sera consacrée à préciser les points sur lesquels l'attention des législateurs doit être appelée pour la réforme des lois actuelles et l'établissement de règles plus conformes à l'équité.

PREMIÈRE PARTIE.

RECHERCHES SUR L'ORIGINE DE LA PROPRIÉTÉ LITTÉRAIRE EN FRANCE,
ET SUR LA LÉGISLATION DONT ELLE A ÉTÉ L'OBJET.

DANS un écrit récemment publié, et auquel nous nous ferons un véritable plaisir d'emprunter quelques idées (1), il a été judicieusement observé qu'à l'époque où l'imprimerie n'était pas encore en usage, les auteurs ne devaient songer à tirer aucun profit pécuniaire du fruit de leurs veilles, et par conséquent à exploiter ce qu'ils appellent aujourd'hui la propriété de leur pensée. Parmi les obstacles innombrables que présentait la publication des livres, un auteur devait se trouver trop heureux qu'un libraire voulût bien se charger de ses ouvrages, et par conséquent les dérober à l'oubli qui les attendait. Aussi trouvons-nous, à cette époque, des exemples fréquens de marchés conclus entre auteurs et libraires, par lesquels ceux-ci se chargeaient, pour un prix déterminé, de publier les ouvrages des premiers. Ce genre de convention doit d'autant moins nous étonner, qu'il a fallu, pour arriver à l'état de choses entièrement inverse où nous nous trouvons aujourd'hui, non moins le haut prix attaché, par le public, aux productions littéraires, que les développemens de l'art typographique.

Ces rapports commencent à changer, alors que l'imprimerie se développe ; les premiers bénéfices des auteurs constatent le premier degré de la propriété littéraire. Il est d'abord important de déterminer cette origine toute matérielle ; quand nous en viendrons à l'exposition des doctrines qui régissent la question, peut-être cette observation nous permettra t-elle de déterminer rigoureusement quels sont les droits qu'il importe de garantir aujourd'hui, et si ceux qui résultent de ces premiers bénéfices des auteurs n'ont pas obtenu de la législation existante toute la protection qu'ils devaient en attendre. Nous voyons donc, d'un côté, le libraire, pourvu désor-

---

(1) Celui de M. Desprez, ayant pour titre : DU DROIT DE PROPRIÉTÉ *dans ses rapports avec la Littérature et les Arts.*

mais d'un moyen de publication rapide et peu dispendieux , rechercher l'acquisition des produits littéraires destinés à alimenter les progrès d'un art nouveau ; de l'autre , l'auteur dont la réputation a déjà pris un développement quelconque par les lectures ou les copies , certain dès-lors de centupler cette réputation par les procédés typographiques , se tenir sur la réserve à l'égard des éditeurs qui sollicitent, en plus ou moins grand nombre, la cession de ses ouvrages , et calculer le premier profit matériel qu'il doit tirer de ses travaux. Quelle a dû être cette première cession? On ne peut douter qu'elle n'ait été entière , irrévocable ; ce fut, dans toute la force du terme , une vente mobilière , qui ne demandait aucune garantie nouvelle en raison de la nature spéciale de son objet.

Cependant , une fois devenu propriétaire d'un manuscrit dont le succès était assuré ou présumé, le libraire a dû penser à garantir le droit qu'il avait acquis ; de là les premiers rapports avec l'autorité; de là le premier privilége sollicité ; que cette demande ait été précédée par les précautions de l'autorité, attentive aux développemens de l'art typographique , et aux dangers politiques qui pouvaient éventuellement en résulter , peu importe. Ce qu'il faut bien observer, c'est que l'intérêt des auteurs et la conservation de leurs droits ont été parfaitement étrangers à la concession des premiers priviléges ; le gouvernement a dû considérer les libraires comme irrévocables propriétaires des ouvrages qu'ils avaient acquis. Déterminons, une fois pour toutes , cette origine des priviléges. C'est le point capital sur lequel nous devrons nous appuyer dans l'examen de la législation qui les régissaient.

Quelle circonstance ultérieure a fait naître la première idée de ce qu'il y avait de personnel dans la propriété des auteurs? C'est incontestablement le besoin d'une nouvelle publication. Le libraire, lorsqu'il avait craint que la propriété qu'il avait acquise ne lui fût enlevée par les autres libraires , je ne dis pas des pays étrangers, mais du même pays, avait dû s'adresser à l'autorité pour garantir son acquisition. L'auteur , voyant la première édition de son livre épuisée et le public disposé à en accueillir une seconde , a dû se trouver en opposition avec son libraire, qui , sans doute , se croyait autorisé à renouveler la publication sans réitérer les conventions primitives , en vertu de la propriété irrévocable qu'il avait acquise. De là les premières contestations relatives à la propriété littéraire , sur lesquels l'autorité judiciaire , d'après les lois alors existantes , fut appelée à prononcer; de là le premier besoin d'une législation nouvelle pour un droit qui venait de naître. Il devint important de déterminer jusqu'à quel point la cession faite à un marchand, du droit de publier un livre par la voie de l'impression, était irrévocable; dans quelle proportion devait y concourir ce qu'il y avait de personnel, d'indivisible et d'insaisissable dans l'auteur, c'est-à-dire sa pensée; si cette pensée, une fois émise par la voie de l'impression, devait être considérée comme constituant encore une propriété particulière à son profit, et quel devait être le terme de cette propriété. Il serait extraordinaire de ne trouver dans la législation du tems où ces graves questions ont dû s'élever, aucune disposition destinée à les résoudre, si l'on ne considérait que la force des choses a dû faire naître un usage aussi puissant que toutes les lois, et qui empêchait d'en sentir le besoin. En effet, les auteurs en crédit (les seuls pour qui la question se trouvât avoir de l'importance), se voyant, vis-à-vis des libraires, dans une position toute favorable, purent, sans obstacle, faire valoir un droit dont leur conscience leur démontrait la justice. Dans leurs conventions ultérieures, ils déterminèrent les bornes qu'ils prétendaient mettre à leurs cessions, le nombre d'éditions qu'ils permettaient de faire, le tems pendant lequel ils assuraient la propriété de leurs ouvrages aux libraires; et ceux-ci, de leur côté, trop heureux de devenir, pour un tems quelconque, propriétaires de livres dont le succès était assuré, et graduant d'ailleurs le prix qu'ils en offraient, sur l'étendue des droits dont on leur faisait l'abandon, reconnurent tacitement une propriété dont il ne leur importait plus de contester l'existence.

Que si l'on a attentivement observé la succession des rapports divers des libraires, des auteurs et de l'autorité, on sentira facilement que la première reconnaissance de la propriété littéraire dans la main des auteurs, par l'autorité, a dû seulement se présenter dans les formes que l'on vient d'indiquer, et que cette reconnaissance n'a été qu'indirecte. Le libraire, cessionnaire à tems et limité, n'a pu solliciter du gouvernement qu'un privilége renfermé dans les bornes de son acquisition, et le gouvernement, de son côté, a dû, pour accorder les priviléges en connaissance de cause, s'enquérir des termes dans lesquels étaient rédigées ces cessions faites aux libraires, et, par là, faire la reconnaissance des droits particuliers sur lesquels ces cessions étaient fondées.

Il est une autre partie de la propriété littéraire qui repose sur les mêmes principes, qui, ne se trouvant pas en contact avec des droits également sacrés, rencontre moins d'obstacles dans son application, et n'a pourtant obtenu de la législation existante que des garanties plus imparfaites encore; je veux parler de la propriété des ouvrages dramatiques; mais à l'égard de celle-ci, il est inutile, pour constater les droits des auteurs, de remonter à l'origine de l'art destiné à en faire connaître les productions; il est plus que probable que les premiers écrivains dramatiques, entourés de difficultés au moins aussi grandes que celles qui environnaient les autres auteurs avant l'invention de l'imprimerie, se contentaient de la gloire qu'ils retiraient de leurs ouvrages, lorsqu'ils venaient à bout de les faire représenter. Il a fallu beaucoup de tems avant que le goût de la nation, développé par le progrès de l'art, devînt assez général pour que les auteurs de renom vissent leurs productions recherchées par les comédiens et marchandées par les différentes troupes qui se trouvaient en concurrence; il en a fallu davantage pour que la faible rétribution qui leur était accordée par les entrepreneurs de spectacles se changeât en droit fixe et déterminé; c'est là seulement le cas où l'on a pu considérer une pièce de théâtre comme constituant une propriété durable et transmissible en faveur de son auteur. Toutes les recherches historiques qui tendraient à prouver que les premiers auteurs ont reçu le prix de leurs ouvrages seraient donc étrangères au fond de la question; ces premières cessions étaient et ne pouvaient être que des cessions absolues. L'idée d'un droit proportionnel sur les recettes ne peut se concilier qu'avec l'établissement des théâtres fixes et des troupes sédentaires; c'est un état de perfectionnement bien postérieur aux premiers développemens de l'art. Lorsque, sous Louis XIV, deux troupes exploitèrent concurremment à Paris le domaine de la tragédie et de la comédie, l'auteur qui avait cédé sa pièce aux comédiens de l'hôtel de Bourgogne, par exemple, leur en transmettait bien la propriété au préjudice de ceux du théâtre de Molière, et réciproquement; mais rien n'empêchait les troupes ambulantes qui couraient la province de s'emparer de l'ouvrage en vogue. L'auteur, qui n'avait sans doute pas l'idée de rien prélever pour lui sur les minces recettes que procurait à de pauvres acteurs la représentation de ses pièces, voyait plutôt avec plaisir l'accroissement de réputation qui devait en résulter pour lui. Ce qui peut sembler étonnant, c'est que cet état de choses ait duré jusqu'au moment de la révolution; c'est que les développemens de l'art dramatique, tout en augmentant la fortune des comédiens, aient à peine amélioré le sort des auteurs ; c'est que la renommée des écrivains du grand siècle, consacrée par cent ans de gloire, soit restée, pour ainsi dire, inutile, non-seulement à leurs descendans, mais encore à ceux des auteurs qui marchaient sur leurs traces ; c'est enfin que la législation, qui assure les faibles droits qu'ils possèdent, ne date que de l'époque où les autres droits résultant de la propriété littéraire ont été anéantis... Nous aurons occasion d'expliquer ce dernier contraste, lorsque nous nous livrerons à l'examen des lois rendues sur cette matière pendant le cours de la révolution. Revenons à la question la plus importante et la plus complète, à la propriété littéraire dans ses rapports avec l'imprimerie et la librairie.

Une fois que les développemens de l'art typographique eurent révélé l'existence de la propriété littéraire, nous avons vu cette propriété s'étendre et s'accroître en raison de la réputation chaque jour plus grande des auteurs et de l'importance qu'ils prenaient dans la société. Cette importance et les progrès de l'art qu'ils alimentent marchent de concert. D'année en année, nous voyons des écrivains atteindre un point plus élevé, y conduire avec eux l'art typographique : ce dernier acquiert un nouveau développement au prix d'un droit qu'il reconnaît. Les rapports des auteurs avec les libraires, et la prépondérance que les uns ou les autres prennent dans leurs conventions réciproques, se graduent en raison du rang que les premiers ont obtenu dans la faveur publique ; en sorte que, si les plus renommés se sont acquis dès lors une propriété personnelle limitée à leur existence, mais complète et incontestée, les plus obscurs, comme nous l'avons déjà dit, présentent, dans leurs rapports avec les éditeurs, le spectacle absolument inverse.

Que faudra-t-il donc désormais pour que cette propriété atteigne son complément? Ce complément, nous en comprendrons la nécessité à l'époque où de grandes réputations auront survécu à leurs auteurs, où certains noms, devenus le patrimoine et l'honneur de la nation, ne seront plus prononcés qu'avec respect; où la gloire des écrivains illustres aura constitué une véritable noblesse littéraire, où les travaux de ce genre devenus assez importans pour être considérés comme des services rendus à l'état, à l'égal des droits acquis sur le champ de bataille, dans les conseils du prince, ou dans les hautes fonctions judiciaires, seront jugés dignes, par l'assentiment général, de cette récompense dont le principe vainement contesté est dans le cœur de tous les hommes, je veux dire l'hérédité. Insensiblement nous voici parvenus à l'époque où la législation sur cette matière a dû être fixe, et où, dans le fait, elle l'a été. Peut-être pourrions-nous, sans autre transition, passer à l'examen de l'arrêt du conseil de 1777. Mais bien que ce tableau progressif du développement des idées sur la propriété littéraire ait dû faire pressentir le silence que garde en général sur cet objet la législation antérieure, il ne sera pas inutile de prouver la vérité de nos assertions par l'examen rapide des dispositions que cette législation contient d'ailleurs sur les matières qui offrent, dans leur nature et leur application, des rapports directs avec la propriété littéraire.

L'art typographique, à sa naissance, excita plus d'admiration que de craintes. Consacré d'abord presque exclusivement aux besoins de la religion, il devint, de la part du gouvernement, l'objet d'une prédilection particulière. Les lettres patentes du roi Louis XII, de mars 1488, en font foi. Peu à peu cependant la nouvelle profession prit une extension considérable : on commença d'imprimer les ouvrages des auteurs vivans ; les partis saisirent avec avidité les moyens de publication rapide et inévitable que leur offrait l'emploi de la presse : les souverains s'aperçurent vainement de la grandeur subite d'une puissance dont la naissance était restée presque inaperçue. Les efforts tentés par François Iᵉʳ, pour imposer des bornes à son développement, dans la vue d'en prévenir les dangers, demeurèrent inutiles : enfin, après une lutte inégale, les moyens préventifs semblèrent le meilleur remède, et la législation des priviléges s'établit. Les principes de cette législation toute exceptionnelle furent posés par l'art. 77 de l'ordonnance de Moulins (février 1568). Les dispositions que contient cet article, renouvelées et développées par divers actes législatifs des époques postérieures (nommément par l'ordonnance du 16 avril 1571, art. 10, et par les lettres patentes du 12 octobre 1586), reçurent leur complément de l'ordonnance du roi Louis XIII (janvier 1629), art. 51. Les idées sur lesquelles fut établi depuis l'arrêt du conseil de 1777, n'avaient fait encore à cette époque que de faibles progrès ; car il n'est encore question dans cette ordonnance : « que » des graves désordres et inconvéniens qui résultent chaque jour de la fa- » cilité et liberté des impressions au mépris des ordonnances..., de la cor-

3

» ruption des mœurs, de l'introduction des mauvaises et pernicieuses doc-
» trines, etc... » Telle fut, jusque et y compris le règlement sur la librairie
de 1723, l'esprit de la législation sur la presse. De cet examen résulte la
preuve indubitable que jusqu'au 30 août 1777 aucune garantie réelle, c'est-
à dire séparée, n'avait été accordée aux auteurs.

Sans multiplier des citations inutiles, résumons donc dans ces lois les dispositions qui indiquent l'existence de la propriété, au moins dans la main
des libraires, et les protections qu'elle en reçoit.

1° Les libraires ne pouvaient obtenir de privilége sans justifier de la cession à eux faite ou de la permission de publier accordée par les auteurs.

2° Le privilége n'était accordé qu'au véritable propriétaire du livre, tandis
que pour l'impression des ouvrages tombés dans le domaine public, il ne
fallait qu'une simple permission. Cette distinction n'appartient pourtant pas
aux premiers tems de la législation.

3° Enfin, des peines sévères avaient été prononcées contre les contrefacteurs des ouvrages pour la publication desquels un privilége avait été délivré;
ces peines, qui varièrent dans leur nature, furent toujours d'une assez grande
sévérité. Le droit d'enquête avait été accordé en outre aux libraires privilégiés pour la preuve du délit de contrefaçon (règlement de 1618, art. 33;
arrêt du conseil de février 1682, édit d'août 1686, règlement du 28 février
1723).

Il serait, je crois, impossible de prouver à quelle époque un auteur ob-
tint en son nom la concession d'un privilége : ce fut pourtant un pas important pour l'établissement des droits séparés du corps littéraire ; du reste, il
paraît qu'à l'époque de l'arrêt du conseil de 1777 la coutume en était pleinement établie ; et toutefois il est vrai de dire que cette concession demeura
illusoire tant qu'elle ne reçut pas son complément de la permission accordée seulement en 1777 aux auteurs, de débiter eux-mêmes leurs ouvrages.

Il n'est pas non plus inutile de mentionner, pour preuve de la considération personnelle que les auteurs commençaient à acquérir, cette phrase
de l'ordonnance de janvier 1629, relative à la censure : « Remettant néan-
» moins à la discrétion et prudence de nos dits chancelier et garde des
» sceaux de dispenser de cette observation ceux qu'ils verront devoir faire,
» soit par le mérite et dignité des auteurs, ou autres considérations. »

Il est honorable pour le corps littéraire de voir que la première trace de l'affranchissement de la presse par la générosité de nos rois, soit due à l'impression produite par le génie des grands écrivains.

Quant à la propriété dramatique, il nous reste un monument curieux et important de l'idée qu'on avait de la nature des droits d'auteurs, quelque limités qu'ils fussent par les priviléges des comédiens. C'est un arrêt du conseil du 21 mars 1749 qui, annulant une saisie faite sur Crébillon, entre les mains des comédiens français, de sa part d'auteur dans le produit des représentations de la tragédie de *Catilina*, déclare insaisissables les fruits des productions de l'esprit humain, et les assimile aux honoraires des avocats et de toute personne de profession libre. Le résultat de cette qualification était de faire regarder ces droits comme purement personnels. Aussi verrons-nous qu'avant la révolution ils n'avaient jamais été considérés sous un autre rapport (1).

Le préambule du cinquième arrêt du conseil du 30 août 1777 peut être regardé comme un monument de sagesse et de bonne foi ; il atteste la protection accordée aux lettres à l'époque où il parut ; il n'est pas moins remarquable par l'extrême circonspection avec laquelle il est rédigé et par la manière ingénieuse dont il rattache aux exigences de la société perfectionnée une législation incertaine encore et trop au dessous de la matière. Ce respect des anciennes formes, concilié avec les modifications législatives que commande un changement dans l'état social des peuples, est la nécessité que l'Angleterre a le mieux sentie ; et c'est en grande partie à ce respect, à cette alliance des vieux souvenirs nationaux avec les perfectionnemens réclamés par les besoins du moment, qu'elle doit cette stabilité des institutions que tous les gouvernemens constitutionnels doivent prendre pour modèle. Cette attention s'est rarement fait remarquer dans notre législation ; on n'a pres-

---

(1) Nous ne parlerons pas de la propriété des ouvrages d'art reproductibles par le moulage de la gravure, régie par des règlemens particuliers, la propriété en était alors trop incontestable et souvent de trop peu d'importance pour qu'on songeât même à y porter atteinte. Les ouvrages de musique, qui, comme on sait, ont été long-tems reproduits par la typographie, rentraient, pour la garantie qu'ils recevaient de la loi, dans la catégorie des ouvrages imprimés.

que jamais hésité chez nous entre un respect méticuleux pour le fond des abus regardés comme faisant corps avec les institutions qu'ils entachaient, et une précipitation dangereuse, une manie de destruction presque toujours plus coupable dans ses résultats que dans ses motifs. Toutefois, de ce que ces qualités si regrettables se rencontrent rarement dans nos lois, il ne s'ensuit pas que nous devions les méconnaître lorsque parfois elles s'y présentent. L'arrêt du conseil de 1777 est du petit nombre des monumens qui en portent incontestablement l'empreinte ; sans elles, on ne peut complètement l'expliquer ; avec elles, les motifs en paraissent aussi lumineux que les dispositions en sont équitables et précises.

« Sa majesté, dit le préambule de l'édit, a reconnu que le privilége en
» librairie est une grâce fondée en justice, et qui a pour objet, si elle est
» accordée à l'auteur. de lui assurer le remboursement de ses avances et l'in-
» demnité de ses frais; que cette différence dans les motifs qui déterminent
» les priviléges, en doit produire une dans sa durée; que l'auteur a sans doute
» un droit plus assuré à une grâce plus étendue, tandis que le libraire ne peut
» se plaindre, si la faveur qu'il obtient est proportionnée au montant de ses
» avances et à l'importance de son entreprise : que la perfection de l'ou-
» vrage exige cependant qu'on en laisse jouir le libraire pendant la vie de l'au-
» teur avec lequel il a traité, mais qu'accorder un plus long terme, ce serait
» convertir une jouissance de grâce en une propriété de droit, etc.... »

Pesons attentivement les expressions que renferment ces considérans. *Le privilége en librairie est une grâce fondée en justice.* Nous avons pourtant vu jusqu'ici qu'aux termes des diverses ordonnances relatives à la librairie, le privilége n'était considéré que comme la garantie du gouvernement d'abord, puis en même tems des libraires, jamais, au moins directement, comme celle des auteurs. Quelle marche les choses ont-elles donc suivie pour qu'un terme qui, dans l'origine, ne s'appliquait qu'à une exception favorable à l'autorité, à une mesure de haute police administrative, serve désormais à désigner un droit, non plus exceptionnel, mais rigoureux, incontestable, et qui, sous le rapport de la généralité, rentre dans la classe des propriétés du droit commun? Cette marche, nous l'avons indiquée dans le *Précis de l'histoire de la propriété littéraire en France;* aux traits principaux que nous avons déjà présentés, il faut ajouter ceux qui caractérisent l'époque de perfectionnement où l'arrêt fut publié, c'est-à-dire, en premier lieu, la coutume déjà sanctionnée par le tems, d'accorder les priviléges aux auteurs eux-mêmes : en second lieu, la considération acquise par la gloire des grands écrivains au corps littéraire tout entier, et enfin l'existence de ce sentiment des récompenses nationales, que nous chercherons à analyser dans l'exposé théorique de la question, et qui à défaut d'une application plus directe et plus précise des principes de la propriété, puisqu'on ne parle encore dans le préambule de l'arrêt que *du remboursement des avances et de l'indemnité des frais*, a servi du moins à étendre les droits des auteurs d'une manière plus conforme à leurs intérêts légitimes (1).

Quel sera donc l'effet ou plutôt la nature de cette propriété, si elle passe par voie de cession entre les mains des libraires ? L'arrêt du conseil va nous l'apprendre.

« Accorder, dit-il, à ceux-ci un plus long terme que la vie des auteurs, » ce serait convertir une jouissance de grâce en une propriété de droit, et » perpétuer une faveur contre la teneur même du titre qui en fixe la durée; » ce serait consacrer le monopole, en rendant un libraire le seul arbitre » à toujours du prix d'un livre ; ce serait enfin laisser subsister la source

---

(1) Il existe un monument curieux de l'empire que ne pouvaient manquer d'exercer, avant même l'établissement d'une loi spéciale sur la propriété littéraire, les idées qui déterminèrent peu de tems après à l'établir. C'est un arrêt du 14 septembre 1761, qui déclare nulle l'opposition faite par les libraires de Paris, au privilége accordé par Sa Majesté aux demoiselles de La Fontaine, petites-filles de notre immortel fabuliste. Soixante-six ans après la mort de leur aïeul, les héritiers d'un si grand nom n'avaient point hésité à solliciter un privilége pour la réimpression d'ouvrages dont elles se regardaient comme propriétaires, et, bien qu'il n'existât encore en leur faveur aucune disposition législative, l'autorité compétente leur avait octroyé l'objet de leur demande. Plusieurs libraires formèrent opposition à l'enregistrement de ce privilége à la chambre syndicale. « Il est certain, » dit la requête des demoiselles de La Fontaine, qu'aucun libraire et imprimeur n'a » de privilége subsistant pour l'impression des ouvrages du sieur de La Fontaine ; les » suppliantes ont donc pu réclamer les bontés du roi pour obtenir la permission qui leur a » été accordée : les suppliantes descendent en ligne directe du sieur de La Fontaine;

» des abus et des contrefaçons, en refusant aux imprimeurs de province le
» moyen légitime d'employer leurs presses. Un règlement qui restreindra
» le droit exclusif des libraires au tems qui sera porté dans le privilége, sera
» leur avantage, parce qu'une jouissance limitée, mais certaine, est pré-
» férable à une jouissance indéfinie, mais illusoire ; il fera l'avantage du
» public, qui doit en espérer que les livres tomberont à une valeur pro-
» portionnée aux facultés de ceux qui veulent se les procurer ; il sera favo-
» rable aux gens de lettres qui pourront, après un tems donné, faire des
» notes et des commentaires sur un auteur, sans que personne puisse leur
» contester le droit de faire imprimer le texte ; enfin, ce règlement sera
» d'autant plus utile, qu'il ne pourra qu'augmenter l'activité du commerce,
» et exciter entre tous les imprimeurs une circulation favorable aux pro-
» grès et à la perfection de leur art. »

Ainsi, voilà, aux termes mêmes de l'arrêt qui a consacré la plus grande
extension qu'elle ait jamais eue, la propriété littéraire en elle-même circonscrite dans des bornes étroites et temporaires : voilà le principe établi
que cette propriété, une fois sortie des mains de son auteur, et réduite dès-
lors à ce qu'elle a de matériel et de commerçable, se range dans la classe
de toutes les propriétés mobilières, et n'obtient au-dessus d'elle d'autres
garanties que celles que réclament le remboursement progressif des avances

---

» ainsi ses ouvrages leur appartiennent naturellement par droit d'hérédité, puisqu'il
» n'existe aucun titre, aucun privilége qui les en prive, par conséquent l'opposition des
» libraires est insoutenable ; il est donc juste de les en débouter. » Ces motifs, loin
d'être contestés, servirent de base à l'arrêt qui déclara nulle l'opposition des libraires,
et ordonna l'enregistrement du privilége. Dans le fait, il était impossible qu'il se présentât
une espèce plus favorable à l'exercice des droits résultant de la propriété littéraire. Aussi
le conseil se laissa-t-il entraîner par des motifs d'équité et de droit naturel, que le silence de la législation positive lui permettait d'appliquer. Lorsqu'il fut question de réduire
en règles générales, les applications de ces motifs, ce fut alors seulement qu'il parut
nécessaire de leur imposer des restrictions. Il en est de même de toutes les questions,
où, dès le premier abord, une grande considération frappe l'esprit aux dépens de toutes les
autres, et ne permet, qu'après un examen attentif, de calculer tous les intérêts et de
prévoir toutes les conséquences.

et l'indemnité souvent tardive des frais. Voilà, enfin, le domaine public, c'est-à-dire le droit que la masse acquiert sur la propriété de la pensée une fois émise par l'impression, consacré par la législation de cette époque : aussi quand nous avons déjà vu que l'*auteur* avait *un droit plus assuré que les libraires à* une grâce plus étendue ; quand nous lisons dans le corps de l'arrêt (art. 5) cette phrase remarquable : *L'auteur jouira de son privilége pour lui et ses hoirs à perpétuité*, accompagnée toutefois de ce correctif non moins digne d'attention : *pourvu qu'il ne le rétrocède à aucun libraire*, il faut bien puiser les motifs de ces dispositions presque contradictoires dans un principe étranger à ceux qui régissent la propriété de droit commun ; il faut nécessairement que des considérations d'un autre ordre, et qu'on a pu déjà pressentir, viennent se placer auprès de la loi pour expliquer cette apparente contradiction. Nous exposerons plus bas quelles ont pu être ces considérations, et quelle importance on doit y attacher.

On s'est cru obligé d'insister sur l'examen des motifs d'après lesquels l'arrêt du conseil de 1777 a été rédigé, d'abord parce qu'il est le seul qui ait fixé la propriété littéraire sous l'ancien régime, et que, dans tous les cas, il devrait toujours servir de point de départ et de comparaison ; ensuite parce qu'il est aussi le seul des actes législatifs de tous les tems qui ait donné une extension réelle à cette propriété, surtout parce qu'il était important de démontrer combien cette extension, quelle qu'elle fut, différait encore dans son principe et dans son application de cette propriété illimitée que beaucoup de personnes s'accordent à réclamer aujourd'hui en faveur des gens de lettres. L'arrêt du conseil de 1777 a, du reste, placé les auteurs dans leur véritable position, lorsqu'il leur a assuré le droit de solliciter les priviléges en leur nom, lorsqu'il a surtout complété ce droit en leur permettant de débiter eux-mêmes leurs ouvrages ; par là, toute entrave mise par un intérêt étranger, ou des opinions peu éclairées aux nobles productions de la pensée, a disparu. Le souverain, unique dépositaire de tous les droits, seul chargé d'en protéger l'exercice, a entouré d'une consécration légale l'existence de la propriété littéraire dans les mains des auteurs et de leurs descendans. Que reste-t-il à faire aux législateurs appelés de nos jours à rétablir la garantie des droits légitimes violée au nom même des principes ? L'exercice de cette garantie, uniquement dévolue sous l'ancien ordre de choses au pouvoir souverain, est répartie dans l'organisation actuelle de notre gouvernement entre les trois branches du pouvoir législatif : le privilége fondé en justice de l'ancien régime et accordé par le monarque seul deviendra donc une propriété protégée par les lois ; un autre privilége , exorbitant dans son principe, injuste dans son application , a dû disparaître, ou ne permettre pas qu'il se rétablisse entre les mains des comédiens qui le possédaient autrefois, et on coordonnera , par de sages dispositions, la jouissance de la propriété littéraire sur les théâtres, avec la surveillance que l'autorité doit conserver sur ces établissemens , comme avec l'intérêt auquel a droit, de la part de la société , une profession qui contribue à ses plaisirs et souvent à son instruction.

L'application de l'arrêt du conseil du 3o août 1777 donna lieu à d'autres arrêts explicatifs et réglementaires, parmi lesquels il faut remarquer celui du 3o juillet 1778 ; les expressions du préambule en sont on ne peut pas plus honorables pour les gens de lettres : « Le roi s'étant fait rendre compte, en » son conseil, dit le préambule , des différentes représentations auxquelles » ont donné lieu les règlemens du 3o août dernier, a distingué, parmi » les mémoires remis à ce sujet à M. le garde-des-sceaux , les observations » de son académie française. Sa Majesté a vu avec satisfaction que ces ob- » servations étaient principalement l'expression de la reconnaissance de » -son académie française , et que ; s'il restait aux membres qui la composent » quelques vœux à former , ils n'avaient pour objet, en rendant grâce à » Sa Majesté des soins qu'elle a bien voulu prendre en faveur des gens de » lettres , que d'obtenir que les nouveaux avantages que leur assurent les » règlemens du 3o août dernier deviennent encore plus stables et plus solides. » Sa Majesté s'est déterminée d'autant plus volontiers à manifester plus » particulièrement ses intentions à cet égard , qu'elle n'a vu dans la demande » de l'académie que le développement et l'esprit des règlemens, ou les » moyens d'en assurer l'exécution , et qu'en consacrant les demandes par » son autorité , elle donne une nouvelle preuve de sa protection à ceux de » ses sujets qui, par leurs travaux et leurs veilles, concourent au progrès » des lettres et des sciences. »

Voici la disposition la plus importante de ce nouveau règlement , art. 2.

« L'art. 5 de l'arrêt du conseil du 3o août 1777 sera exécuté selon sa forme » et teneur ; en conséquence , tout auteur qui aura obtenu en son nom » le privilége de son ouvrage, non-seulement aura le droit de le faire vendre

» chez lui, mais il pourra encore, autant de fois qu'il le voudra , faire
» imprimer pour son compte son ouvrage par tel imprimeur, et le faire
» vendre aussi pour son compte par tel libraire qu'il aura choisi, sans
» que les traités ou conventions qu'il fera pour imprimer ou débiter une
» édition de son ouvrage, puissent être réputés cession de son privilége. »
L'art. 3 renouvelle les anciennes dispositions contre les contrefacteurs.
Quant à l'art. 1er, qui explique en ces termes le troisième de l'arrêt de 1777 :
« Ceux qui obtiendront à l'avenir des priviléges pour imprimer des livres
nouveaux, en jouiront pendant tout le tems que M. le chancelier ou garde-
des-sceaux aura jugé à propos d'accorder, suivant le mérite et l'importance
de l'ouvrage, sans qu'en aucun cas les priviléges puissent être d'une moindre
durée que de dix années ; » cet article, disons-nous, prouve que l'autorité,
tout en considérant le privilége comme une grâce fondée en justice , s'était
pourtant réservé le droit non-seulement de refuser ; mais encore de limiter
la durée de ce privilége, sans laisser à l'action du tems le soin de perpétuer
ou d'anéantir l'intérêt de la propriété des ouvrages ; elle prenait en considération l'importance et la durée de ceux-ci, et proportionnait les concessions à cette importance et à cette durée présumées.

Nous avons donc vu, douze ans seulement avant la révolution , la propriété littéraire définitivement reconnue et protégée par les lois. Deux ans
après que cet arrêt eut été publié, l'avocat-général Séguier , qui en faisait le
rapport au parlement, prononçait ces paroles mémorables :

« Jusqu'au dix-septième siècle, nous ne trouvons aucune ordonnance,
» aucun arrêt, en un mot, aucune loi dans laquelle la propriété des auteurs
» ait été reconnue ou contestée : il paraît qu'elle n'avait pas été mise en
» problème....... Dans le dix-septième siècle , on commença à sentir le droit
» de propriété des auteurs, et on le reconnut dès qu'ils le réclamèrent (et
» tel qu'ils le réclamèrent) ; cette propriété est incontestable ; elle n'est pas
» même contestée ; disons mieux , elle est reconnue, elle est consacrée au-
» jourd'hui....... »

M. Séguier parlait ainsi le 10 août 1779. Onze ans après , la proscription
en masse des priviléges, décrétée avec un enthousiasme imprudent, pendant
la nuit du 4 août 1790 , entraîna dans la ruine de toutes les prétentions
contestées un droit qui ne pouvait l'être, et que l'illustre magistrat faisait

dériver de la justice naturelle. Le mot de privilége, que , par une sage circonspection , le législateur de 1777 avait conservé pour désigner une véritable propriété, lui porta malheur ; et l'assemblée qui prétendait régénérer
la législation et rétablir les principes de la justice et de la vérité , renversa ,
sans s'en apercevoir sans doute , un monument de vérité et de justice élevé
par la monarchie. Dès ce moment donc , la propriété littéraire se trouva
destituée de toute garantie. Cependant la liberté de la presse avait été pro-
clamée, et , par une fatalité déplorable , cette noble prérogative des monar-
chies constitutionnelles abandonnée au libre et premier exercice de sa puissance , impatiente du joug qu'elle avait si long-tems porté , et ren-
versant autour d'elle toutes les barrières , se jouait des droits les plus
sacrés , sans que ceux-là même qui lui avaient si imprudemment donné l'essor, osassent lui imposer le frein des lois répressives ; la propriété littéraire
avait aussi le plus grand tort du moment : elle s'appelait *privilége.*

Mais, par une coïncidence singulière, en même tems que le privilége qui
protégeait les droits de la propriété des auteurs dans ses rapports avec la
librairie était renversé, un autre privilége, qui jusqu'alors s'était opposé à
son exercice dans une importante partie de son application ; s'écroulait également : c'était celui dont jouissaient les comédiens. Sans doute , lorsque
les progrès du théâtre avaient appelé l'attention des souverains sur ce brillant objet des études littéraires , il avait dû paraître nécessaire d'accorder
à ceux des interprètes des œuvres du génie que la voix publique reconnais-
sait les plus dignes de les reproduire par la représentation , une protection
spéciale qui les mît à même de donner plus de lustre et de pompe à l'exercice de leur art ; d'ailleurs la concession d'un privilége spécial et étendu
s'accordait, dans le principe, avec cette surveillance que l'autorité supérieure doit conserver sur les théâtres , et dont le besoin n'a été contesté que
pour être solennellement reconnu peu d'années après. Mais les circonstances
où il avait fallu élever la scène française à la hauteur des génies qui l'embel-
lissaient de leurs productions avaient bientôt cessé, et pourtant les prérogatives accordées d'abord aux comédiens du roi, prérogatives qui se con-
ciliaient dans l'origine avec le peu de développement qu'avait pris jusqu'a-
lors la propriété littéraire , étaient encore , au moment de la révolution,
exercées par eux avec une sévérité qui avait en vain excité, de la part des
auteurs, des plaintes vives et légitimes. Au moment de la révolution, les co-

médiens ne payaient aux auteurs qui ne consentaient pas à leur faire la cession absolue de leurs ouvrages, qu'une rétribution très-faible, et encore ce
droit que les auteurs ne pouvaient transmettre à leurs enfans, qui s'éteignait
avec eux au jour de leur mort, les comédiens étaient-ils autorisés à le leur
refuser, si l'ouvrage avait produit aux premières représentations moins de
quinze cents livres de recette pendant l'hiver et de mille livres pendant l'été.

Aussi ne sera-t-on pas étonné lorsqu'on apprendra que la loi du 19 janvier 1791, que beaucoup de personnes regardent comme la première atteinte portée à l'intégrité de la propriété littéraire, fut provoquée par une
pétition des auteurs dramatiques eux-mêmes. Cette pétition, revêtue de la
signature de tous les hommes distingués qui écrivaient à cette époque pour
le théâtre, fut présentée à l'assemblée constituante par une députation à la
tête de laquelle se trouvait Laharpe; le privilége des comédiens était tombé
avec tous les autres : il s'agissait de déterminer les nouveaux droits que l'a-
bolition de ce privilége établissait en faveur des auteurs. Tel fut l'objet de
leur demande, telle fut la cause du premier acte législatif qui constitua la
propriété littéraire dans ses rapports avec les comédiens.

Quel motif empêcha l'assemblée constituante de donner à l'exercice de
cette propriété toute l'étendue à laquelle elle avait droit? Le rapporteur de
la commission, chargé de préparer la décision de l'assemblée, va nous l'expliquer dans son discours : « La plus sacrée, dit-il, la plus inattaquable, et,
» si je puis parler ainsi, la plus personnelle de toutes les propriétés est l'ou-
» vrage, fruit de la pensée d'un écrivain : cependant c'est une propriété d'un
» genre tout différent des autres propriétés. Quand un auteur a livré son
» ouvrage au public, quand cet ouvrage est entre les mains de tout le
» monde, que tous les hommes instruits le connaissent, qu'ils se sont em-
» parés des beautés qu'il contient, qu'ils en ont confié à leur mémoire les
» les traits les plus heureux, il semble que, dès ce moment, l'écrivain *a*
» associé le public à sa propriété, ou plutôt la lui *a* transmise tout entière.
» Cependant, comme il est extrêmement juste que les hommes qui cultivent
» le domaine de la pensée tirent quelque fruit de leur travail, il faut que,
» pendant toute leur vie et quelques années après leur mort, personne ne
» puisse, sans leur consentement, disposer du produit de leur génie; mais
» aussi, après le délai fixé, la propriété du public commence, et tout le
» monde doit pouvoir imprimer, publier les ouvrages qui ont contribué à

» éclairer l'esprit humain. » Il est inutile, je crois, de faire remarquer ce qu'il y a de singulier dans la logique du rapporteur; on pourra en effet trouver extraordinaire qu'une propriété qu'on a déclarée la plus sacrée, la plus légitime et la plus inattaquable de toutes les propriétés, se borne, en définitive, au remboursement des avances et à l'indemnité des frais. Il semble que l'orateur ne s'aperçoive pas que cette propriété, par cela même qu'elle est personnelle, si elle prend de l'extension dans son exercice, doit en perdre nécessairement dans sa durée. Enfin, ce n'est qu'avec peine qu'on renoue le fil des idées du rapporteur, quand, pour en arriver à une conclusion à peu près semblable à la sienne, on se voit obligé de chercher ailleurs que dans les droits du domaine public les causes de l'extinction d'une propriété sacrée, légitime, inattaquable, il est vrai, mais surtout *personnelle!* On regrette que l'auteur, qui, plutôt par instinct que par raisonnement, est arrivé à une conclusion juste sous un rapport, ne se soit pas aperçu que la question était complexe, et que par cela même que la propriété littéraire était personnelle, elle ne devait se borner ni au remboursement des avances, de tems, d'argent ou de travail, ni à l'indemnité des frais.

Il y aurait cependant de l'injustice à ne pas observer que l'assemblée constituante, tout en se croyant obligée de restreindre la durée de la propriété dramatique, pensait bien augmenter les bénéfices actuels des auteurs en accordant une liberté illimitée pour les entreprises théâtrales, pour le nombre des théâtres et le choix des pièces. Mais une fois qu'on eut reconnu les inconvéniens qui résultaient de cette licence, non-seulement pour la stabilité du gouvernement et l'intérêt de la morale publique, mais encore pour la prospérité de l'art (inconvéniens trop graves et trop peu contestés aujourd'hui, pour qu'il soit nécessaire de revenir sur une question tant de fois épuisée), que restait-il des avantages promis par la nouvelle loi aux malheureux auteurs, que cette courte jouissance de cinq ans accordée à leur famille après leur mort? Ce terme, après même qu'il eut été doublé par la loi de la convention, n'a-t-il pas été reconnu, depuis long-tems, comme injuste, et même plus barbare, une fois le principe admis, qu'une déchéance complète? Tant que l'exercice d'un droit dont l'existence n'est point niée reste suspendu par l'obstacle que lui oppose un privilége, le principe reste au moins dans son intégrité, et l'on conserve l'espérance d'en voir un jour l'application ; mais quand une fois la question a été discutée, et que le résultat de cette discussion n'a été qu'une mesure imparfaite, une demi-justice, ceux que lèse une pareille décision n'ont-ils pas le droit de se plaindre d'une amélioration dans leur sort qui leur ôte, pour ainsi dire, à tout jamais, l'espérance d'une justice complète?

Deux ans s'étaient à peine écoulés, et malgré la marche effrayante d'une révolution qui devait laisser aux esprits peu de loisir de s'occuper des questions littéraires, on s'aperçut de la nécessité où l'on était de donner quelque garantie à la propriété des auteurs, et surtout d'étendre à ses diverses parties les dispositions de la loi qui avait fondé la propriété dramatique. Il fut reconnu, en thèse générale, que les principes appliqués au théâtre devaient l'être également aux ouvrages imprimés; que le terme de déchéance de cinq ans après la mort des auteurs, précédemment fixé, était évidemment trop court, même pour le remboursement des avances et l'indemnité des frais; de plus, que les productions des beaux-arts, en tant que commerçables et reproductibles par l'impression et la gravure, devaient rentrer dans la catégorie générale des œuvres de la pensée : enfin, il fut convenu qu'on étendrait à dix ans le terme de déchéance.... Telle est la disposition du décret rendu le 19 juillet 1793, sur le rapport du représentant Lakanal; disposition qui n'offrait guère qu'un scandale de plus, en perpétuant la violation d'un droit incontestable et reconnu par la loi même qui, dans son inexplicable bizarrerie, consacrait cette violation.

Il est affligeant de le dire, ce décret de la convention, aussi peu conforme aux principes que celui qui l'avait précédé, est resté toutefois la loi fondamentale qui régit la propriété littéraire; cette loi n'a subi d'autre modification que celle qui résulte, pour les ouvrages imprimés seulement, de l'article 39 du décret sur la librairie, du 5 février 1810 (1); d'autre interprétation que celle qui assure au propriétaire par succession ou autrement d'un ouvrage posthume, les droits qu'aurait possédés l'auteur lui-même s'il eût publié son ouvrage, à la charge par le nouveau propriétaire d'imprimer séparément les nouvelles œuvres, et sans les joindre à une nouvelle édition des

---

(1) Il est important de remarquer qu'en prorogeant de dix années la jouissance de la propriété exclusive après la mort des auteurs, le droit n'a été statué qu'en faveur de leurs enfans, et non de leurs autres héritiers. Ces derniers sont restés sous l'empire de la loi de la convention.

ouvrages déjà publiés, devenus propriété publique : cette sage disposition, contenue dans un décret du 1ᵉʳ germinal an XIII, a cela de remarquable que, seule, elle semble assimiler la propriété littéraire à toute espèce de propriété matérielle, et que le principe de récompense n'y entre absolument pour rien.

Mais il suffit, pour concilier cette décision avec une législation nouvelle dont l'idée de récompense deviendrait la base principale, de remarquer d'abord que ce droit, peut-être exorbitant en apparence, devient l'appendice nécessaire d'une série de dispositions où les intérêts matériels ont, dans le fait, été seuls garantis; ensuite, que sous l'empire de la loi nouvelle, il y aurait lieu de considérer en quelle qualité le second propriétaire se trouverait aux droits de l'auteur, afin de concilier ses prétentions avec les principes de l'arrêt de 1777. Ce sera l'objet d'une des questions sur lesquelles l'attention de l'honorable assemblée sera appelée.

Quant au décret du 5 février 1810, il est important de remarquer qu'il appartient à une époque qui n'est pas plus la nôtre que celle qui a vu naître le décret de la convention, et que l'esprit dans lequel il a été conçu ne se trouvant plus en harmonie avec les institutions fondées sur la charte, doit nous mettre en défiance à l'égard des mesures qu'il a consacrées.... Il serait pourtant d'une grande importance de savoir sur quels motifs ont été basées ces décisions nouvelles. Il est évident que le conseil d'état avait reconnu l'insuffisance des garanties accordées à la propriété littéraire par la convention; il n'est pas moins constant que ses membres furent frappés de l'inconvénient immense qu'il y aurait de donner à cette propriété une étendue illimitée, à l'égard de toute espèce de personne, et qui leur paraissait incompatible avec l'existence du domaine public. Cependant comme les dernières considérations n'étaient point de nature à exercer une entière influence sur l'esprit du gouvernement d'alors; que surtout les inconvéniens qui pouvaient en résulter pour l'extension du commerce, et le danger des contrefaçons étrangères, autrefois si multipliées, devaient seuls appeler son attention, il semble qu'on crut pouvoir s'arrêter à un moyen terme, et satisfaire à des plaintes fondées, sans préjudicier à des réclamations qui ne l'étaient pas moins, en prolongeant de dix autres années le terme de déchéance prononcé par le décret de la convention, et en accordant aux veuves des auteurs, pendant toute leur vie, la propriété des ouvrages de leurs époux.

Sans parler du vice accessoire que présentait cette disposition nouvelle en ne statuant que pour une seule classe de la propriété littéraire , et en établissant de nouveau entre les diverses catégories qu'elle renferme un contraste qu'au moins la convention avait fait cesser , l'article du décret demeure entaché d'un vice radical ; il impose des entraves illégitimes à la pensée , il nuit même aux intérêts du commerce que l'on aurait voulu ménager, sans remédier à l'injustice de la loi autrement que par un vain palliatif. Si la discussion du décret eût été publique , surtout si on eût voulu de bonne foi obtenir un résultat définitif et complètement satisfaisant, il semble que les législateurs de cette époque n'auraient pû répondre à ce dilemme : ou bien le terme accordé aux familles, ou aux cessionnaires après la mort de l'auteur , est destiné à garantir le remboursement des avances et l'indemnité des frais ; dix ans alors sont bien suffisans ; les augmenter serait nuire à une branche importante du commerce ; ou ce terme est destiné à constater l'existence de la propriété littéraire dans les familles, et l'on conviendra que , dans ce cas, vingt ans ne prouvent pas plus que dix ; qu'un terme de déchéance pour une propriété certaine doit avoir un motif certain , et que s'il est possible de prouver qu'en vertu d'un droit incontestable une propriété puisse demeurer vingt ans hors du domaine public , sans acception de la personne du détenteur , il devient absurde de prétendre que l'échéance d'un terme fixe puisse la détruire entre ses mains.

Là se termine l'examen que nous avons dû entreprendre de la législation relative à la propriété littéraire. Les notions précises que nous avons retirées de cet examen , sur l'esprit dans lequel ont été conçues les dispositions qui ont successivement régi la matière, pourront servir à faire comprendre plus facilement ce qui nous reste à dire sur la nature véritable de cette propriété : c'est ce qui va faire l'objet de la seconde partie de ce rapport.

SECONDE PARTIE.

DE LA NATURE DE LA PROPRIÉTÉ LITTÉRAIRE.

CE n'est qu'avec une défiance trop bien motivée que nous abordons cette discussion ; les hautes lumières qui nous entourent, les supériorités d'intelligence qui nous écoutent, nous inspirent la crainte trop légitime de rester bien au dessous de la tâche qui nous est imposée.

Nous remplirons du moins un devoir de convenance envers l'honorable assemblée, en ménageant ses instans, et en nous bornant à des aperçus généraux, afin de lui sauver les longueurs et l'ennui de développemens inutiles. Nous ne ferons donc, dans ce qui va suivre, qu'indiquer, pour ainsi dire, la substance des difficultés que présente la question de propriété littéraire, considérée en elle-même, et abstraction faite de ses rapports avec l'intérêt de la littérature comme avec celui de la société.

Ce n'est pas en votre présence, Messieurs, que de pareils intérêts ont besoin d'être stipulés : vous avez donné, de votre zèle pour eux, des gages trop éclatans pour qu'il soit nécessaire de les défendre, quand vous êtes appelés à les traiter, et si nous avions à vous entretenir aujourd'hui de ces intérêts élevés, ce ne serait que pour vous parler de la reconnaissance qui vous est due pour les nombreux services que vous avez rendus à l'un et à l'autre.

SI tous les bons esprits s'accordent sur la faveur et la protection dues par la société aux hommes qui l'éclairent et l'honorent par les productions du génie, cette unanimité n'existe pas sur le principe des droits qu'on se plaît à leur reconnaître.

Deux manières différentes d'envisager ces droits ont donné naissance à deux opinions opposées.

Les uns considèrent la création d'une œuvre littéraire comme établissant au profit de l'auteur un droit de propriété qui lui confère, avec la libre disposition de l'ouvrage, la jouissance exclusive et à toujours des profits résultant de la publication.

Les autres ne voient dans cette émission publique de la pensée qu'un hommage offert à la société, qui dès lors devient propriétaire de l'œuvre publiée, à la charge d'indemniser l'auteur de son travail, par la concession de certains avantages.

Ces deux systèmes paraissent appuyés l'un et l'autre sur des raisons solides, sur de graves autorités, et sont devenus par cela même le sujet d'une sérieuse controverse.

Nous allons tâcher de résumer ici, avec le plus de précision et de rapidité possibles, les argumens, comme les objections, employés à l'égard de chacune de ces deux thèses opposées.

Un principe, non contesté, d'équité naturelle aussi bien que d'utilité sociale, c'est que chacun a droit au fruit de ses œuvres; qu'il doit jouir de ce qu'il a créé, ou de ce qu'il a trouvé avant tout autre; qu'en un mot il doit rester seul maître de ce qui est propre à lui seul; et telle est l'origine du droit de propriété.

Or, s'il est quelque chose de personnel à l'homme, et qui lui soit essentiellement propre, dans sa cause comme dans ses effets, c'est la pensée; c'est ce noble travail de l'esprit qui la produit au jour, et qui revêt sa nature immatérielle d'une forme positive, par la parole, l'écriture ou les procédés typographiques.

L'artisan le plus obscur dont la vulgaire intelligence s'est appliquée à des œuvres purement mécaniques, l'homme industrieux qui, avec les matériaux qui lui appartiennent, a construit une maison, ou qui a élevé un établissement quelconque; le cultivateur qui a semé son grain, même dans le champ d'autrui, pour en attendre la moisson, jouissent tous également, sous la sauvegarde des lois, de ces fruits de leur industrie ou de leur travail : ils peuvent les consommer par eux-mêmes, ou en transmettre le bénéfice à leur postérité.

Et l'esprit supérieur, le rare génie qui aura consacré ses veilles à la méditation des vérités utiles, à la culture dès lettres ou des sciences, et dont les savantes élaborations auront fait l'avantage, comme la gloire de son pays, se verra seul exclu de cette protection commune! et il pourra se dire en mourant : « Je lègue à mes enfans la misère, parce que j'ai préféré

» l'honneur à l'argent ; je leur laisserais la richesse si j'avais préféré l'argent
» à l'honneur !..... »

On allègue, il est vrai, que la pensée n'est point individuelle, qu'elle est propre à tous, et que la réflexion peut développer, dans des esprits divers, des idées pareilles ; qu'on peut donc supposer une simultanéité de pensées qui donnant, pour plusieurs esprits, les mêmes résultats, conférerait un droit égal à en réclamer la propriété, et que là où plusieurs, et même tous, peuvent se dire propriétaires, nul ne l'est en effet.

Sans se jeter dans ces abstractions métaphysiques, d'une grande subtilité, on peut dire que l'expérience combat avec avantage un pareil argument, et que le simple bon sens repousse l'idée d'une production littéraire identique par des individus différens.

D'ailleurs, même dans ce système si défectueux, resterait toujours, pour constituer la propriété, le *droit d'occupation*, qui est aussi un moyen d'acquérir, et toute la question pourrait se réduire à constater la propriété, dans l'émission publique de la pensée, par la publication de l'ouvrage.

Ainsi l'on doit, suivant les partisans du droit de propriété, reconnaître dans toute création littéraire un auteur certain, unique, dans la personne duquel s'établit et se concentre le droit de posséder, par cela seul qu'il a créé, et auquel son œuvre appartient au même titre qu'à l'artisan l'objet qu'il a fabriqué, au constructeur la maison qu'il a bâtie, au laboureur la moisson du champ qu'il a cultivé.

Mais, d'un côté, l'on objecte qu'une production littéraire ou scientifique est, par sa nature, aussi bien que par la volonté de l'auteur, essentiellement destinée au public, et l'on demande comment lorsque cette volonté, comme cette destination, sont accomplies par l'effet de la publication, l'auteur pourrait réclamer une propriété dont il s'est volontairement démis en faveur de la société ?

D'un autre côté, l'on oppose ce qui suit : « Vous prétendez que le public
» auquel l'écrivain destine un ouvrage, en devient le véritable propriétaire
» au jour de la publication ; mais si par là l'écrivain se dépouille ainsi lui-
» même, qui profite de cet abandon, si ce ne sont les libraires et les comé-
» diens ? »

Voilà donc les deux objections opposées, qui, placées pour ainsi dire aux deux extrémités du terrain de la question , militent en faveur des adversaires ou des partisans de la propriété absolue.

Inspirés par le même motif qui nous a interdit jusqu'ici les considérations métaphysiques que semble provoquer par lui-même l'examen de la matière, nous nous bornerons à citer ici un passage de l'écrit sur lequel nous avons déjà appelé l'attention de l'assemblée, passage qui nous a semblé présenter, sous une forme ingénieuse, des idées saines et incontestables : ce sera, nous le pensons, la meilleure réponse à cette objection tirée de la démission prétendue de propriété , résultant du fait de la publication.

« Dans les ouvrages des littérateurs et des artistes, il y a deux choses » qu'il serait important de bien distinguer , et que l'on a toujours confon- » dues : d'abord, l'œuvre elle-même , abstraction faite de tous moyens de » publication , et considérée purement sous le rapport des arts et de la lit- » térature ; les vers du poète , les chants du musicien, la composition du » peintre ; ces émanations de leur pensée, ces fruits de leur imagination , » sont, sans contredit, destinés au public, et sitôt qu'on les lui livre, il » peut en prendre possession , c'est-à-dire imiter le style, apprendre , écrire, » réciter les chants et les vers, n'eussent-ils été publiés que de vive voix. » Dans ce sens, les ouvrages deviennent la propriété de tous , et l'empres- » sement que le public met à s'en saisir fait la gloire des auteurs et non le » sujet de leurs plaintes.

» Mais, par les divers modes de publication adoptés (l'impression, la » gravure, la représentation théâtrale), ces ouvrages sont l'occasion d'un » gain parfois considérable. Sous ce nouveau point de vue, leur nature est » toute différente ; car dès qu'un livre est imprimé , dès qu'une partition , » un dessin , sont gravés, nous ne devons plus voir dans les exemplaires de » l'édition que des marchandises, des productions industrielles , à la confec- » tion desquelles concourent , d'une part, l'auteur qui a inventé, et de » l'autre, le graveur, l'imprimeur, le libraire qui mettent en œuvre. Cette » invention, en tant que nous la considérons comme mercantile , est pro- » priété privée et transmissible. En effet , on ne peut contester à personne » la propriété de ce qu'il crée, et sa volonté seule est capable de l'en des- » saisir ; or, en publiant, quel est le but de l'auteur ? d'offrir à tous l'exer- » cice voluptuaire de sa propriété , en conservant pour lui-même l'exercice » utile ; que le public prenne donc ce que l'auteur lui donne, et qu'il respecte

» ce que l'auteur retient ; si quelqu'un en agit autrement, et détourne pour
» lui-même cette invention, comme source d'un profit, il commet un vé-
» ritable larcin que les lois doivent punir.

» Ainsi, voilà ce qu'il eût fallu distinguer, dans les ouvrages d'esprit,
» pour prononcer sagement sur les droits des auteurs :

» L'œuvre, considérée sous le rapport des arts et des lettres ;

» Et l'ouvrage, considérée sous le rapport commercial. »

A défaut d'un accord désirable sur le principe de propriété absolue, la distinction qui vient d'être établie, en la supposant généralement adoptée, simplifie de beaucoup la question.

En effet, cette propriété, cause de tant de controverses, à la fois revendiquée par les auteurs et par le public, se trouve, par cette ingénieuse distinction, partagée pour ainsi dire entre eux, dans les termes que semble commander sa nature. La part du public, c'est la faculté de jouir, sous le rapport intellectuel, de l'ouvrage qui lui est adressé : celle de l'auteur, c'est de recueillir désormais, dans son intégrité, avec pouvoir de la transmettre à ses enfans, la jouissance des avantages matériels attachés aux publications successives de cet ouvrage. Ainsi, la société continue à tirer des productions du génie tout le fruit qu'elle en peut légitimement attendre, sans avoir à gémir d'un scandale trop fréquemment renouvelé, celui de la misère, qui flétrit et dévore la postérité des hommes dont elle tient ses lumières et son illustration.

En admettant, par hypothèse, le système qui vient d'être exposé, c'est, ce nous semble, dans cet aperçu qu'on doit chercher les véritables principes qui constituent ce qu'on appelle dans l'espèce le *domaine public,* et l'on ne saurait, suivant nous, concevoir le droit que représente cette expression, autrement qu'avec le concours de cet autre droit réservé aux auteurs et à leur descendance.

Cette reconnaissance du droit de jouissance, sous le nom de *domaine public,* nous a conduit à l'examen de l'objection que nous avons énoncée plus haut, en opposition avec celle que nous venons de discuter. Cette objection, présentée avec toute la séduction de l'esprit et du talent, par le plus illustre de nos critiques (1), consiste à faire regarder les libraires et les

---

(1) M. X., du *Journal des Débats* du 21 novembre 1825.

comédiens comme profitant seuls de cette jouissance , dévolue en apparence à la société : commençons , pour y répondre , par écarter de l'application de nos principes, les comédiens, nécessairement privilégiés. Il serait facile de démontrer pourquoi, en raison de l'existence de ce privilége , l'exercice du droit de propriété littéraire doit être plus étendu : nous ferons remarquer, d'ailleurs, qu'à cette application ne se rattachent nullement les hautes considérations d'utilité générale et de liberté de la pensée , qui peuvent influer sur la limitation de toute propriété appliquée aux produits de la presse, considérations qui doivent rester complètement étrangères à notre discussion.

Que si , au contraire , nous nous attachons à considérer le commerce de la librairie dans sa nature , dans son exercice et dans ses effets, nous remarquons que les individus qui la composent, assujettis à de simples mesures de police, mais illimités de droit dans leur nombre , jouissent de la plénitude absolue de leurs moyens industriels, c'est-à-dire qu'ils peuvent se livrer à toute spéculation non contraire à la morale publique et à la sûreté de l'état.

Ces individus , chargés presque seuls de propager les productions de la pensée, trouvent la source de leurs bénéfices, tant dans les concessions limitées ou irrévocables qui leur sont faites par les auteurs, que dans la faveur publique qui s'attache à l'objet de ces concessions.

Il leur est donc impossible de chercher l'objet d'une spéculation profitable hors de l'emploi de l'un et de l'autre de ces moyens : il en résulte qu'ils ne peuvent , en aucun cas, user d'indépendance vis-à-vis des auteurs et du public, que leur propre intérêt leur conseille de satisfaire également : la concurrence exclut toute idée d'envahissement et de monopole. La législation sera vicieuse tant qu'à l'égard des libraires elle accordera un avantage au public, aux dépens des auteurs, ou bien aux auteurs aux dépens du public. Une loi nouvelle, qui constituerait le libraire cessionnaire d'un ouvrage universellement recherché dans un état d'indépendance complète vis-à-vis du public , qui, rassurant ce libraire contre les comparaisons nées de la concurrence, le laisserait entièrement maître de publier un livre incorrect, incomplet, inélégant, avec la certitude du débit, une telle loi serait aussi nuisible que celle qui, assurant aux libraires et aux comédiens une jouissance arbitraire et illimitée, oblige les descendans de Corneille à recevoir les secours de la comédie française, et permet que l'écrivain illustre soit forcé de penser en mourant que trente libraires attendront l'échéance fatale de vingt ans, après sa mort, pour multiplier les éditions de ses œuvres, auprès desquelles ses descendans déshérités pourront mourir de faim.

Quelle que puisse être, du reste, l'exigeance du principe en vertu duquel on attribuerait au domaine public la propriété de l'ouvrage publié, ce principe souffrira toujours une exception qu'on ne saurait contester, ce nous semble, à l'égard des ouvrages d'auteurs vivans. Tout le monde sent bien, en effet, que, tant qu'un auteur est vivant, il est juste de lui accorder un droit absolu sur la forme qu'il a donnée à son ouvrage. Les changemens qui pourraient y être opérés par une main étrangère, les retranchemens qui sembleraient nécessaires à de nouveaux éditeurs, les commentaires par lesquels on tenterait d'expliquer ou de combattre les pensées que le livre contient, tout cela sort du droit commun, tant que l'auteur est là pour faire respecter son ouvrage, tant qu'il en appelle à la considération due à sa personne. D'ailleurs, bien qu'on puisse soutenir, en théorie, que la pensée, une fois émise, n'appartient plus, au moins quant à la jouissance, à son auteur, on doit admettre dans la pratique la concession faite à celui-ci, d'un droit quelconque, sur l'existence d'un livre qui n'est jamais censé avoir reçu sa forme définitive tant que l'auteur est vivant. Le repentir, le besoin de corriger, les considérations personnelles peuvent influer sur l'émission plus ou moins rapide d'un livre, sur la suppression même d'un ouvrage que l'auteur peut tenter, sauf à n'en venir jamais à bout. Il faut avouer que les droits du domaine public, même s'ils sont reconnus et consacrés, doivent rester suspendus jusqu'au moment où ils peuvent être complets, et tant que l'auteur est maître de lui en refuser une partie. Il est donc de toute justice de lui concéder la propriété illimitée de ses ouvrages pendant sa vie.

Il y a plus, l'espérance d'un bénéfice limité dans sa durée, mais présent et bien plus assuré que les promesses de l'avenir, doit influer souvent sur la détermination de l'auteur, surtout si son ouvrage, créé pour la circonstance ou la mode, fugitif dans son objet et dans sa forme, ne peut espérer du public qu'une faveur momentanée. Dans ce cas, l'avantage d'une cession irrévocable ne peut être contesté. Comment cet auteur pourra-t-il donc conclure un marché avantageux, si l'événement imprévu de sa mort peut détruire, dès le lendemain, dès le jour même, dans la main du cessionnaire, la propriété qu'il vient d'acquérir? Il semblera donc nécessaire, dans le système que nous examinons, de convenir d'un certain délai postérieur à cette mort, pour assurer au cessionnaire une jouissance raisonnable. Mais, dira-t-on, quel inconvénient y aurait-il, dans le cas d'un ouvrage frivole, comme ceux dont il est question, à permettre que la cession fût illimitée? La propriété effective ne cessera-t-elle pas d'elle-même le jour où la vogue aura cessé? C'est que l'hypothèse d'une cession irrévocable plus fréquente, s'il s'agit d'ouvrages du moment, peut s'appliquer chaque jour à des ouvrages destinés à vivre des siècles, et qu'on doit se faire une règle de ne statuer que pour les ouvrages de haute importance; ceux-là seuls ont intérêt à la législation nouvelle. La loi, dans ce qu'elle aura d'illimité, n'aura d'effet que pour les œuvres du génie : les plus faibles seront suffisamment garantis par les dispositions destinées à protéger les plus considérables. Il est donc certain que le domaine public ne jouira jamais de la plénitude de ses droits que relativement aux ouvrages auxquels s'attache l'intérêt public. La législation actuelle est plus que suffisante pour la garantie des productions éphémères de la pensée. Le besoin universellement senti d'une protection plus durable se lie à des considérations d'un ordre supérieur; c'est pour cela qu'il devient nécessaire de mettre en présence les deux principes opposés : la récompense due aux génies immortels et l'imprescriptible droit acquis au public sur la jouissance des œuvres du génie. C'est un contrat solennel entre la société et les auteurs dont il s'agit de régler les conditions; les avantages accordés aux uns ne doivent point préjudicier aux droits de l'autre.

Maintenant, il reste à préciser cette idée de récompense sociale que nous avons déjà indiquée, et qui, à défaut du principe de propriété absolue en la personne de l'auteur, s'il faut y renoncer, doit devenir la base du système qu'il nous semble convenable de consacrer par la loi nouvelle. Il faut s'appliquer à rechercher les moyens de rendre la perpétuité de cette récompense inséparable de l'existence, quelque prolongée qu'elle soit, des ouvrages auxquels elle doit demeurer attachée.

Pour remplir ce but, il faudra que, au moment où le domaine public entre en possession de la propriété qui lui a été reconnue, commence, pour les représentans de l'auteur décédé, la jouissance des avantages dont nous parlons; il faudra que, tant qu'un de ces représentans pourra faire un appel à la justice de l'opinion en faisant valoir son nom et son origine, la société reconnaissante continue de payer un tribut à son bienfaiteur, dans la personne du représentant que la nature et la loi lui ont donné.

Ici l'on rentre de nécessité dans les principes rigoureux de l'arrêt du conseil de 1777 ; on est forcé de reconnaître avec lui que les héritiers d'un auteur sont les seuls ayant-droit qui puissent réclamer dignement la récompense méritée par ses travaux ; on consacre par le fait l'existence d'une sorte de noblesse littéraire, dont le principe est dans tous les cœurs ; on satisfait enfin à ce besoin de justice qu'on a prétendu en vain étouffer par des raisonnemens spécieux, mais qui, dans la bouche même de ses adversaires, a témoigné de sa force et de sa nécessité par l'involontaire emploi du plus expressif de tous les mots : celui de *propriété*.

En envisageant la question sous le dernier rapport qui vient d'être indiqué, il faudrait, pour compléter l'aperçu, déterminer les règles suivant lesquelles s'exerceront les droits du domaine public, ainsi que l'époque à compter de laquelle il entrera en possession réelle de la propriété des ouvrages, et définir, avec l'étendue, la quotité, le mode de perception des droits réservés aux auteurs ou à leurs représentans, les degrés jusqu'auxquels cette représentation aura lieu.

Mais tous ces points rentrent évidemment dans la catégorie des difficultés d'exécution, propres à tout système législatif sur la propriété littéraire.

Notre désir extrême de ménager les momens de l'assemblée ne nous permet pas d'entrer, à cet égard, dans une discussion de détail qui nous entraînerait trop loin.

Nous avons cru pouvoir concilier ce besoin avec celui d'appeler son attention sur la généralité des points qui la réclament, en indiquant et précisant toutes les difficultés dont il s'agit par une série de questions qui complètent notre travail, et que nous allons avoir l'honneur de lui soumettre.

Ces questions, qui nous ont paru embrasser, dans les deux systèmes entre lesquels la sagesse de l'assemblée devra prononcer, toutes les applications qu'ils peuvent présenter, donneront, par leur solution même, les élémens de la législation nouvelle, et elles ont été disposées dans un ordre méthodique, d'après lequel l'ensemble de ces solutions formera naturellement le texte du projet de loi, à la préparation duquel l'assemblée est ap-pelée. Du reste, on comprendra sans peine comment notre juste respect pour elle nous interdisait une forme plus positive dans nos propositions, et comment celle du doute était la seule qui nous convînt pour émettre nos idées en présence d'une telle masse de lumières et d'une réunion d'esprits aussi distingués.

La série des questions proposées forme, ainsi que nous l'avons annoncé, la troisième et dernière partie de ce rapport.

TROISIÈME PARTIE.

QUESTIONS A RÉSOUDRE.

§ 1er.

Sur la propriété littéraire en général.

PREMIÈRE QUESTION.

La loi nouvelle contiendra-t-elle une définition expresse de la propriété littéraire? ou, considérant les difficultés que présente cette définition, laissera-t-elle, à dessein, ce terme dans le vague où il se trouve aujourd'hui, dans la crainte d'altérer le respect dû au droit qu'il représente?

DEUXIÈME QUESTION.

La propriété littéraire sera-t-elle assimilée dans ses effets aux règles de la propriété en général? Conviendra-t-il, au contraire, de lui imposer des restrictions? La reconnaissance du droit général, connu sous le nom de *domaine public*, deviendra-t-elle le principe de ses restrictions?

TROISIÈME QUESTION.

Si le domaine public est reconnu, si, par conséquent, il est admis en principe que la société devient propriétaire d'un ouvrage au moment où, par la mort de son auteur, il est arrivé à une forme invariable, conviendra-t-il néanmoins de laisser aux représentans de l'auteur un droit équivalent à la propriété complète, pendant un espace de tems déterminé, à l'effet de faciliter les cessions absolues que les auteurs ou les représentans pourraient juger plus favorables à leurs intérêts? Le terme de dix ans accordé par la loi du 19 janvier 1793 semblera-t-il suffisant? ou continuera-t-on de permettre celui de vingt ans, bien que ce terme n'ait été concédé par le décret du 5 février 1810, que pour tenir lieu aux familles des droits personnels de propriété dont elles faisaient la juste réclamation?

Continuera-t-on d'attribuer, conformément à la législation existante, la propriété absolue des ouvrages aux veuves des auteurs pendant toute leur vie?

Ou bien, le désir de subordonner les diverses dispositions de la loi nouvelle à des principes invariables, fera-t-il réduire le tems de la propriété absolue des veuves à celui qu'on jugera à propos d'accorder aux représentans de l'auteur?

QUATRIÈME QUESTION.

Après la mort des auteurs, leurs héritiers pourront-ils disposer, d'une manière absolue, de la propriété de l'ouvrage, et faire, pour les réimpressions successives, les arrangemens qui leur conviendront avec des libraires de leur choix?

Ou bien, après l'échéance du terme de dix ou de vingt ans, sera-t-il permis à tout libraire de publier ses ouvrages, avec telles corrections, augmentations, retranchemens, commentaires qu'il jugera convenables, à la charge seulement de reconnaître le droit des héritiers sur les ouvrages par le paiement d'une certaine somme? Devra-t-on adopter pour ce paiement la perception d'un droit fixe, calculé sur le nombre d'exemplaires tirés, le format adopté et le nombre de volumes?

Ce mode ne semblera-t-il pas préférable à la perception d'un droit sur le prix assigné par les libraires eux-mêmes aux livres qu'ils publieront? En effet, le luxe et le soin rigoureux des éditions, obligeant à les porter à un prix plus élevé, et le bénéfice plus grand que les familles retireraient de cette augmentation de prix, rendant l'entreprise plus onéreuse à l'éditeur, les libraires ne trouveraient-ils pas avantageux de ne publier que des livres d'une qualité inférieure, et par conséquent d'un prix moins soutenu, ce qui préjudicierait grandement à l'intérêt du public, qui demande avant tout des éditions correctes et soignées?

CINQUIÈME QUESTION.

Les droits à payer aux familles des auteurs pour la réimpression de leurs ouvrages seront-ils déclarés insaisissables, au moins relativement aux dettes de l'auteur? Le principe de l'insaisissabilité sera-t-il rigoureusement appliqué, même aux dettes personnelles des représentans de l'auteur?

SIXIÈME QUESTION.

Tous héritiers pourront-ils prétendre au paiement des droits dont il s'agit; ou l'attribution de cet avantage n'aura-t-elle lieu qu'en ligne directe? Les veuves concoureront-elles avec les héritiers pour le partage de ce droit? Si leur habileté à le réclamer est admise, sur quelle base devra être calculée leur portion afférente? Fera-t-on acception des femmes mariées en communauté, sous le régime dotal, ou avec séparation de biens? La part du droit qui leur aura été attribuée sera-t-elle sujette à déchéance dans leur personne, ou retournera-t-elle, après leur mort, aux représentans du mari?

SEPTIÈME QUESTION.

La propriété (1) affectée aux héritiers et divisible à l'infini entre eux, eu égard à leurs droits respectifs dans la succession de leur auteur, pourra-t-elle être rétrocédée en entier à l'un d'entre eux? Le nouveau cessionnaire, s'il justifie de sa qualité d'héritier pour une portion quelconque de l'auteur, sera-t-il apte à confondre dans sa personne les droits de ses co-héritiers, de sorte que, devenu seul représentant de l'auteur, il puisse transmettre à ses héritiers naturels la totalité des droits primitifs, c'est-à-dire tant ceux qu'ils possèdera de son chef, que ceux dont la cession de ses co-héritiers

---

(1) Pour bien comprendre l'espèce que présente cette question, il faut remarquer que la propriété littéraire, une fois l'existence du domaine public reconnue, n'est plus qu'un droit personnel, auquel les lois qui régissent la propriété de droit commun, et particulièrement les dispositions qui ordonnent ou permettent la licitation, ne paraissent pas pouvoir s'appliquer.

l'aura rendu propriétaire? Ne trouvera-t-on pas ainsi un moyen de remédier à la divisibilité indéfinie du droit des familles, divisibilité qui finirait par rendre illusoire le bienfait de la nouvelle loi? Jugera-t-on convenable d'établir des règles pour l'emploi des fonds résultant de l'acquittement des droits d'auteurs, et pour leur application à des objets déterminés tels que l'éducation des enfans, etc....., ou bien laissera-t-on la libre disposition aux individus auxquels ces sommes seront dévolues?

HUITIÈME QUESTION.

Dans le cas où l'on jugerait à propos de refuser aux héritiers collatéraux tout droit à hériter de la propriété littéraire, ne semblera-t-il pas nécessaire de laisser au souverain la faculté de transmettre, par une grâce spéciale et à défaut d'héritiers directs, cette propriété à ceux des héritiers collatéraux qui auraient joui d'une espèce d'adoption de la part des auteurs?

NEUVIÈME QUESTION.

Dans le cas où les représentans d'un auteur jugeraient à propos de se démettre de leur propriété en faveur d'un libraire, ou de tout autre cessionnaire étranger à la famille, ne paraîtra-t-il pas nécessaire de déterminer, en faveur de ce cessionnaire, un espace de tems pendant lequel il pourra conserver l'exercice de cette propriété? Le délai de dix ans suffira-t-il pour cet objet?

DIXIÈME QUESTION.

Lorsque, par suite de l'extinction des héritiers en ligne directe d'un auteur, ou par suite de cession par eux faite à un tiers étranger à la famille, la propriété sera tombée dans le domaine de l'état, ne sera-t-il pas convenable de continuer à percevoir, sur chaque nouvelle édition, les droits précédemment affectés aux héritiers, et d'en consacrer l'emploi à la formation d'une caisse de secours en faveur des gens de lettres malheureux?

ONZIÈME QUESTION.

Le propriétaire d'un ouvrage posthume, s'il ne peut justifier d'un droit quelconque à la succession d'un auteur, sera-t-il assimilé à l'auteur lui-même? Ne conviendra-t-il pas, au contraire, de limiter l'exercice de ses droits dans les termes de la législation actuelle?

DOUZIÈME QUESTION.

Lorsque par suite de la mort d'un auteur et des dix et vingt ans écoulés après cette mort, ses ouvrages imprimés, sauf le droit à payer à ses héritiers, seront tombés dans le domaine public, ceux de ses ouvrages restés manuscrits pourront-ils être publiés par toute personne qui en sera devenue propriétaire, à la charge de payer aux héritiers le droit convenu? Si l'auteur n'a publié de son vivant aucun livre, l'existence des droits du domaine public, à l'égard de ses manuscrits, n'en sera-t-elle pas moins reconnue? Le possesseur de l'ouvrage posthume sera-t-il tenu de justifier aux héritiers de son titre de propriété, et même d'une autorisation de l'auteur, et ceux-ci, de leur côté, par des considérations personnelles ou de famille, seront-ils admis à revendiquer la propriété absolue d'un ouvrage posthume, ou à en empêcher la publication? Dans le cas où on jugerait à propos de refuser ce droit aux familles, ne pourrait-on pas le leur conserver seulement pour les correspondances et les mémoires particuliers?

TREIZIÈME QUESTION.

La propriété littéraire ne pourra-t-elle s'exercer que sur le corps de l'ouvrage, tel que l'auteur l'aura publié? Ne devra-t-elle pas, au contraire, se conserver entre les mains des héritiers, s'ils peuvent démontrer que l'ouvrage de leur auteur n'a subi que de faibles changemens? ne seront-ils pas fondés à intenter une action en revendication de propriété, s'ils prouvent que la moitié au moins de l'ouvrage original a été réimprimé? Ne leur accordera-t-on enfin, pour la poursuite de leurs droits, la faculté d'enquête et la preuve légale que la loi permet contre les contrefacteurs?

QUATORZIÈME QUESTION.

Lorsqu'il sera démontré qu'un ouvrage, par sa nature particulière, est inséparable d'un livre déjà publié, qu'il est destiné à commenter ou à éclaircir, et que cet ouvrage accessoire, divisé et successivement appliqué, pour la commodité du lecteur, aux diverses parties du livre principal, forme cependant en lui-même un création nouvelle, ne conviendra-t-il pas d'accorder à son auteur, ou à ses représentans, la jouissance complète de la propriété littéraire : et lorsqu'il s'agira de fixer la quotité des droits payables aux héritiers, ne devra-t-on pas faire l'évaluation approximative du nombre de volumes dont l'ouvrage accessoire serait composé s'il était réimprimé séparément?

QUINZIÈME QUESTION.

D'un autre côté, ne devra-t-on pas tenir compte aux nouveaux éditeurs d'un livre, des augmentations qu'ils y auront faites et dès commentaires qu'ils y auront joints, lorsque ces augmentations ou commentaires excéderont d'au moins un quart (1) l'étendue de l'ouvrage principal, et ne conviendra-t-il pas alors de compter la totalité de ces accessoires en déduction du droit payable aux représentans des auteurs?

SEIZIÈME QUESTION.

Toutes les questions relatives aux atteintes portées à la propriété littéraire, rentrant en raison de l'incertitude qui existera toujours quant à l'objet de cette propriété dans les questions de conscience et d'équité, et d'ailleurs la nature des occupations ordinaires des magistrats les rendant, en général, étrangers aux connaissances techniques, comme aux habitudes littéraires indispensables pour bien juger de ce genre de droit ou de délit, ne pensera-t-on pas devoir établir un jury spécial destiné à trancher les difficultés que pourrait faire naître l'application des lois sur la propriété littéraire? ne conviendra-t-il pas alors de choisir à cet effet, parmi les corps littéraires déjà constitués, celui qui, par sa position élevée et le mérite reconnu de ses membres, peut être regardé comme présentant l'élite de la littérature, des sciences et des arts? A cet effet, ne jugera-t-on pas à propos de choisir dans chacune des quatre académies qui composent l'institut une commission, à laquelle seront attribuées les fonctions de ce jury spécial dans toutes les questions de propriété relatives aux productions des lettres et des arts?

---

(1) Arrêt du conseil de 1777, art. 2.

Ou bien les juges seront-ils seulement autorisés à soumettre les difficultés de cette nature à l'arbitrage des gens de lettres, artistes ou savans, choisis également dans les quatre académies?

§ 2.

De la propriété dramatique.

DIX-SEPTIÈME QUESTION.

Les règles d'après lesquelles aura été déterminé l'exercice de la propriété litéraire relativement aux ouvrages imprimés devront-elles être admises pour les ouvrages dramatiques? en d'autres termes, la perception du droit proportionnel acquis aux auteurs sur les recettes des théâtres où leurs ouvrages auront été représentés et conservés, conformément à la législation actuelle, aux héritiers de ces auteurs, pendant dix ans après la mort de ces derniers, sera-t-elle désormais attribuée indéfiniment auxdits héritiers? Devra-t-on, pour l'extension de cette propriété, prendre en considération l'état moins favorable où se trouvent les auteurs vis-à-vis des comédiens, en raison des priviléges nécessaires de ceux-ci, pour accorder aux héritiers de ces auteurs des droits plus étendus qu'aux héritiers des auteurs d'ouvrages imprimés, ou devra-t-on considérer comme une compensation suffisante de ce désavantage le second produit assuré aux auteurs dramatiques par l'impression de leurs ouvrages?

DIX-HUITIÈME QUESTION.

Si l'on pensait devoir restreindre les prérogatives de la propriété dramatique dans les mêmes bornes que la propriété des ouvrages imprimés, ne conviendrait-il pas de laisser aux héritiers collatéraux la jouissance de dix ans qui leur est permise par la législation actuelle, de peur que la loi nouvelle n'encourût le reproche d'avoir diminué les droits précédemment accordés à la propriété littéraire?

DIX-NEUVIÈME QUESTION.

Si la perception des droits des auteurs est assurée à perpétuité à leurs représentans, conviendra-t-il de prendre en considération l'extension nouvelle donnée à la perception de ces droits, pour autoriser les comédiens à
diminuer la quotité de ceux qu'ils paient aux auteurs vivans ?

§ 3.

Sur la propriété des productions des arts.

VINGTIÈME QUESTION.

Pour l'application, aux productions des arts de dessin, des principes précédemment établis, conviendra-t-il de faire une distinction entre la propriété
de l'objet matériel qui constitue l'œuvre originale et les moyens accessoires
de reproduction qui en dépendent ; par exemple, entre le tableau du peintre,
le marbre ou le bronze travaillé par le sculpteur, le cuivre ou la pierre du
graveur, et le droit qui peut être inhérent à la personne du peintre ou du
sculpteur sur la reproduction de son ouvrage, par la copie, le moulage ou
la gravure ? Ne conviendra-t-il pas de remarquer que la propriété de l'œuvre
originale rentre de toute nécessité dans le droit commun, sauf la garantie
accordée par les lois contre les contrefaçons ; et quant au droit accessoire
dont nous venons de parler, sa nature, purement personnelle, ne doit-elle
pas le faire ranger parmi ceux que la loi nouvelle est appelée à garantir,
et pour lequel il est donc nécessaire de calculer les droits du domaine public, et de déterminer le cas de déchéance ? Enfin, relativement à l'exercice
de ce droit sur les copies, ne sera-t-il pas juste de distinguer entre les copies faites dans une vue de bénéfice, et celles qui n'ont que l'étude pour
objet ?

Le droit de moulage, de gravure et de copie ne sera-t-il pas, au contraire,
regardé comme inhérent à l'objet matériel que ces divers procédés sont destinés à reproduire, en sorte que l'acquéreur, par le seul fait de l'acquisition
de cet objet, devienne propriétaire de ces droits et de leurs accessoires ?

VINGT-UNIÈME QUESTION.

Les œuvres de musique offrant dans leur nature autant d'incertitude que les ouvrages imprimés, ne conviendra-t-il pas d'établir en faveur des compositeurs et de leur famille les règles que l'on aura adoptées pour la propriété des autres productions susceptibles d'être reproduites par la gravure et la typographie.

§ 4.

Dispositions transitoires.

VINGT-DEUXIÈME QUESTION.

Jusqu'à quel point le principe solennellement inscrit en tête de notre législation : « Que la loi n'a point d'effet rétroactif » paraîtra-t-il applicable aux droits résultant de la propriété littéraire ? Devra-t-on admettre qu'en conservant aux éditions déjà publiées, ou aux représentations précédemment données, l'affranchissement dont elles jouissent en vertu des lois actuelles, le vœu de la loi aura été rempli, et que rien n'empêche d'appliquer aux éditions et aux représentations postérieures à la loi nouvelle la perception des droits qu'elle aura établis ? Que devra-t-on décider à l'égard des héritiers des auteurs morts avant l'arrêt du conseil de 1777, qui le premier a confirmé la propriété des familles ; à l'égard de ceux qui sont morts sous l'empire de cette législation, de la loi de l'assemblée constituante et de la convention ou du décret de l'empire ?

Telle est, Messieurs, la réunion des difficultés que votre sagesse est appelée à résoudre.

En cela, une grande et noble tâche vous est imposée par la confiance d'un Roi, si juste appréciateur de tous les mérites, comme de tous les dévouemens. Cette confiance ne sera point trompée : en la justifiant complètement, vous aurez encore l'honneur d'avoir contribué à mettre nos lois en harmo-

nie avec notre civilisation sur un point qui tient de si près à la gloire nationale : vous aurez acquis de nouveaux titres au respect de vos concitoyens ;
et la société reconnaissante s'acquittera envers vous, par ses hommages,
du nouveau et important service que vous lui aurez rendu.

APRÈS avoir entendu la lecture du rapport qui précède,

Et par suite des observations faites par plusieurs membres,

L'ASSEMBLÉE arrête,

1° Que les diverses dispositions législatives qui y sont simplement énoncées seront rapportées textuellement pour tout ce qui, dans ces dispositions,
se rattache spécialement à la matière, et qu'il en sera fait un résumé, par
ordre chronologique, pour faire suite à la première partie du rapport ;

2° Que la question suivante sera ajoutée à celles déjà posées en la troisième partie, § 1er, savoir :
« Que sera-t-il décidé, quant aux droits du domaine public, à l'égard
» des ouvrages qui ont été produits et qui sont possédés par des collections
» d'individus constitués en corps publics, qui ne meurent pas ? »

Sur la proposition tendante à ouvrir la discussion,

L'ASSEMBLÉE,

Considérant que la matière est trop grave et présente des questions trop
importantes pour qu'il soit possible de se livrer de suite, avec quelque fruit,
à cette discussion.
Qu'il est indispensable que chacun puisse prendre, avant toutes choses,
une connaissance personnelle et réfléchie du rapport qui vient d'être com-
muniqué, afin de mûrir et de résumer ses idées, tant sur les principes qu'il
développe, que sur les nombreuses questions qui y sont posées,

ARRÊTE que le rapport dont il s'agit sera immédiatement imprimé pour être distribué à tous les membres de la commission, avec les corrections et additions ci-dessus indiquées.

Et pour l'ouverture de la discussion,

L'ASSEMBLÉE s'ajourne au lundi 26 janvier prochain.

CES décisions prises, M. LE PRÉSIDENT expose à l'assemblée que l'une des questions les plus graves à traiter sera celle qui se rapporte aux compositions dramatiques;

Que, dans l'examen de cette question, l'intérêt des théâtres vient naturellement se placer à côté de celui des auteurs;

Et que, du moment que ceux-ci sont représentés dans la discussion, peut-être il paraîtra juste à l'assemblée d'accorder au premier de ces intérêts une faveur égale;

Que, par ce motif, il lui semble qu'il conviendrait d'appeler aux séances où sera traitée la question dont il s'agit, l'homme que ses connaissances et un talent hors de ligne doivent faire considérer comme le représentant naturel de l'intérêt, aussi bien que de l'art théâtral, en France, M. Talma;

Et qu'il a cru devoir soumettre à L'ASSEMBLÉE cette proposition.

L'ASSEMBLÉE, consultée,

Adopte, à l'unanimité, la proposition dont il s'agit,

Et arrête, en conséquence, que M. Talma sera invité à se rendre à la prochaine séance, pour être entendu, dans l'intérêt des théâtres, sur les points de la discussion qui pourront toucher à cet intérêt.

AUCUNE autre matière n'étant à mettre en délibération, M. LE PRÉSIDENT déclare que la séance est levée.

Le président,

Signé le Vte DE LA ROCHEFOUCAULD.

Le secrétaire,

Signé JULES MARESCHAL.

TEXTE

DES

LOIS ET RÈGLEMENS

RELATIFS

A LA PROPRIÉTÉ LITTÉRAIRE,

ANNEXÉS AU RAPPORT

CONFORMÉMENT A LA DÉCISION PRISE PAR LA COMMISSION,
EN SA SÉANCE DU 12 DÉCEMBRE 1825.

TEXTE

DES LOIS ET RÈGLEMENS

RELATIFS A LA PROPRIÉTÉ LITTÉRAIRE.

ARRÊT

5o août 1777.

DU CONSEIL DU RÓI,

Portant règlement sur la durée des priviléges en librairie.

ARTICLE PREMIER.

Aucuns libraires et imprimeurs ne pourront imprimer on faire imprimer aucuns livres nouveaux sans avoir préalablement obtenu le privilége ou lettres scellées du grand-sceau.

Art. 2. Défend S. M. à tous libraires, imprimeurs ou autres, qui auront obtenu des lettres de privilége pour imprimer un livre nouveau, de solliciter aucune continuation de ce privilége, à moins qu'il n'y ait dans le livre augmentation au moins d'un quart, sans que, pour ce sujet, on puisse refuser aux autres la permission d'imprimer les anciennes éditions non augmentées.

Art. 3. Les priviléges qui seront accordés à l'avenir, pour imprimer des livres nouveaux, ne pourront être d'une moindre durée que de dix années.

Art. 4. Ceux qui auront obtenu des priviléges en jouiront non-seulement pendant tout le tems qui y sera porté, mais encore pendant la vie des auteurs, en cas que ceux-ci survivent à l'expiration des priviléges.

Art. 5. Tout auteur qui obtiendra en son nom le privilége de son ouvrage, aura droit de le vendre chez lui, sans qu'il puisse sous aucun prétexte vendre ou négocier d'autres

livres , et jouira de son privilége, pour lui et ses hoirs, à perpétuité, pourvu qu'il ne le
rétrocède à aucun libraire , auquel cas la durée du privilége sera, par le fait seul de la
cession , réduite à celle de la vie de l'auteur.

Art. 6. Tous les libraires et imprimeurs pourront obtenir, après l'expiration du privilége d'un ouvrage et la mort de son auteur, une permission d'en faire une édition, sans
que la même permission, accordée à un ou plusieurs , puisse empêcher aucun autre d'en
obtenir une semblable . . . .
. . . .

Art. 7. Les priviléges d'usage des diocèses et autres de cette espèce ne seront pas
compris dans le présent.

3o juillet 1778. **ARRÊT** *du conseil d'état du Roi, portant règlement sur les priviléges
en librairie et les contrefaçons.*

ARTICLE PREMIER.

L'art. 3 de l'arrêt du conseil du 3o août 1777, portant règlement sur la durée des
priviléges en librairie , sera exécuté selon sa forme et teneur ; en conséquence, ceux qui
obtiendront à l'avenir des priviléges pour imprimer des livres nouveaux en jouiront pendant tout le tems que M. le chancelier, garde des sceaux, aura jugé à propos d'accorder
suivant le mérite ou l'importance de l'ouvrage, sans qu'en aucuns cas ces priviléges
puissent être d'une moindre durée que de dix années.

Art. 2. L'art. 5 du même arrêt du conseil sera exécuté selon sa forme et teneur ; en
conséquence, tout auteur qui aura obtenu en son nom le privilége de son ouvrage non-
seulement aura le droit de le faire vendre chez lui, mais il pourra encore, autant de fois
qu'il le voudra, faire imprimer pour son compte son ouvrage par tel imprimeur, et le faire
vendre aussi pour son compte par tel libraire qu'il aura choisi, sans que les traités ou
conventions qu'il fera pour imprimer ou débiter une édition de son ouvrage puissent être
réputés cession de son privilége.

Art. 3. Les articles 65 de l'édit du mois d'août 1686; 109 du règlement de 1723;
1er et 3 de l'arrêt du conseil du 3o août 1777, concernant les contrefaçons, seront exécutés selon leur forme et teneur ; et pour en faciliter l'exécution, S. M. ordonne que dans
toutes les lettres-patentes de priviléges qui seront expédiées à l'avenir, il soit énoncé qu'il
sera procédé par voie de plainte et information contre tous auteurs, possesseurs, distri-
buteurs et fauteurs de contrefaçons, sans que les peines portées par les lettres-patentes
de priviléges puissent en aucun cas, et pour quelque cause que ce soit, être remises
ou modérées.

Art. 4. Ordonne.au surplus S. M. que tous les règlemens du 3o août dernier continueront d'être exécutés selon leur forme et teneur. Et sera, ce présent arrêté, imprimé, etc., etc.

LOI *sur les droits des auteurs dramatiques.* 13 janvier 1791.

L'assemblée nationale, ouï le rapport de son comité de constitution, décrète ce qui suit :

ARTICLE PREMIER.

Tout citoyen pourra élever un théâtre public et y faire représenter des pièces de tous genres, en faisant préalablement, à l'établissement de son théâtre, sa déclaration à la municipalité des lieux.

Art. 2. Les ouvrages des auteurs morts depuis cinq ans et plus, sont une propriété publique, et peuvent, nonobstant tous anciens priviléges, qui sont abolis, être représentés sur tous les théâtres indistinctement.

Art. 3. Les ouvrages des auteurs vivans ne pourront être représentés sur aucun théâtre public, dans toute l'étendue de la France, sans le consentement formel et par écrit des auteurs, sous peine de confiscation du produit total des représentations, au profit des auteurs.

Art. 4. La disposition de l'art. 3 s'applique aux ouvrages déjà représentés, quels que soient les anciens règlemens : néanmoins les actes qui auraient été passés entre les comédiens et les auteurs vivans, ou des auteurs morts depuis moins de cinq ans, seront exécutés.

Art. 5. Les héritiers ou les cessionnaires des auteurs seront propriétaires de leurs ouvrages durant l'espace de cinq années après la mort de l'auteur:

LOI *confirmative de la précédente:* 19 juillet 1791.

ARTICLE PREMIER.

Conformément aux dispositions des articles 3 et 4 du décret du 16 janvier dernier, concernant les spectacles, les ouvrages des auteurs vivans, même ceux qui étaient représentés avant cette époque, soit qu'ils fussent ou non gravés ou imprimés, ne pourront être représentés sur aucun théâtre public dans toute l'étendue du royaume ; sans le consentement formel et par écrit des auteurs, ou sans celui de leurs héritiers ou cessionnaires, pour les ouvrages des auteurs morts, depuis moins de cinq ans, sous peine de confiscation du produit total des représentations au profit de l'auteur ou de ses héritiers ou cessionnaires.

Art. 2. La convention entre les auteurs et les entrepreneurs des spectacles sera parfaitement libre, et les officiers municipaux ni aucuns autres fonctionnaires ne pourront taxer lesdits ouvrages, ni modérer, ni augmenter le prix convenu, et la rétribution des auteurs convenue entre eux ou les ayant-cause, et les entrepreneurs de spectacles, ne pourra être saisie ni arrêtée par les créanciers des entrepreneurs de spectacles.

---

19 juillet 1793. **DÉCRET** *de la convention nationale, qui étend à* DIX ANNÉES *le privilége, au profit des héritiers des auteurs.*

La convention nationale, après avoir entendu son comité d'instruction publique, décrète ce qui suit :

ARTICLE PREMIER.

Les auteurs d'écrits en tous genres, les compositeurs de musique, les peintres, dessinateurs, qui feront graver des tableaux ou dessins, jouiront pendant leur vie entière du droit exclusif de vendre, faire vendre, distribuer leurs ouvrages dans le territoire de la république, et d'en céder la propriété en tout ou en partie.

Art. 2. Leurs héritiers ou cessionnaires jouiront du même droit durant l'espace de dix ans après la mort des auteurs.

Les officiers de paix seront tenus de faire confisquer, à la réquisition et au profit des auteurs, compositeurs, peintres ou dessinateurs et autres, tous les exemplaires des éditions imprimées ou gravées sans la permission formelle et par écrit des auteurs.

Art. 4. Tout contrefacteur sera tenu de payer aux véritables propriétaires une somme équivalente au prix de trois mille exemplaires de l'édition orignale.

Art. 5. Tout débitant d'éditions contrefaites, s'il n'est pas reconnu contrefacteur, sera tenu de payer au véritable propriétaire une somme équivalente au prix de cinq cents exemplaires de l'édition originale.

Art. 6. Tout citoyen qui mettra au jour un ouvrage, soit de littérature ou de gravure, dans quelque genre que ce soit, sera obligé d'en déposer deux exemplaires à la bibliothèque nationale, ou cabinets des estampes de la république, dont il recevra un reçu signé par le bibliothécaire , faute de quoi il ne pourra être admis en justice pour la poursuite des contrefacteurs.

Art. 7. Les héritiers de l'auteur d'un ouvrage de littérature ou de gravure , ou de toute autre production de l'esprit ou de génie qui appartiennent aux beaux-arts, en auront la propriété exclusive pendant dix années.

DÉCRET *concernant les droits des propriétaires des ouvrages posthumes.* 1er germinal an 13.

ARTICLE PREMIER.

Les propriétaires par succession, ou à autre titre, d'un ouvrage posthume, ont le même droit que l'auteur, et les dispositions des lois sur la propriété exclusive des auteurs , et de ces droits sur la durée leur sont applicables , toutefois à la charge d'imprimer séparément des ouvrages posthumes , et sans les joindre à une nouvelle édition des ouvrages déjà publiés , et devenus propriété publique.

Art. 2. Le grand-juge, ministre de la justice, et le ministre de l'intérieur et de la police générale , sont chargés, chacun en ce qui le concerne , de l'exécution du présent décret.

DÉCRET *contenant règlement sur l'imprimerie et la librairie.* 5 février 1810.

TITRE VI.

De la propriété et de sa garantie.

Art. 39. Le droit de propriété est garanti à l'auteur et à sa veuve pendant leur vie , si les conventions matrimoniales de celle-ci lui en donnent le droit, et à leurs enfans pendant vingt ans.

Art. 40. Les auteurs, soit nationaux, soit étrangers, de tout ouvrage imprimé ou gravé, peuvent céder leur droit à un imprimeur , ou à toute autre personne qui est alors substituée en leur lieu et place pour eux et leurs ayant-cause, comme il est dit à l'article précédent.

CODE PÉNAL. 12 février 1810.

Art. 425. Toute édition d'écrit, de composition musicale, de dessin, de peinture, ou de toute autre production, imprimées ou gravées en entier ou en partie, au mépris

★

des lois et règlemens, relatifs à la propriété des auteurs, est une contrefaçon, et toute contrefaçon est un délit.

Art. 426. Le délit d'ouvrages contrefaits, l'introduction sur le territoire français d'ouvrages qui, après avoir été imprimés en France, ont été contrefaits chez l'étranger, sont un délit de la même espèce.

Art. 427. La peine contre le contrefacteur ou contre l'introducteur, sera une amende de 100 fr. au moins, et de 2,000 fr. au plus; et contre le débitant, une amende de 25 fr. au moins, et de 5oo fr. au plus.

La confiscation de l'édition contrefaite sera prononcée tant contre le contrefacteur que contre l'introducteur et le débitant.

Les planches, moules ou matrices, des objets contrefaits seront aussi confisqués.

Art. 428. Tout directeur, tout entrepreneur de spectacles, toute association d'artistes, qui aura fait représenter sur son théâtre des ouvrages dramatiques, au mépris des lois et règlemens relatifs à la propriété des auteurs, sera puni d'une amende de 5o fr. au moins, de 500 fr. au plus, et de la confiscation des recettes.

Art. 429. Dans les cas prévus par les quatre articles précédens, le produit de confiscations ou les recettes confisquées seront remis au propriétaire, pour l'indemniser d'autant du préjudice qu'il aura souffert; le surplus de son indemnité, ou l'entière indemnité s'il n'y a eu ni vente d'objets confisqués, ni saisie de recette, sera réglée par les voies ordinaires.

---

25 août 1811.

Avis du conseil d'état et Décret impérial, contenant interprétation du décret du 5 février.

Le conseil d'état, qui, d'après le renvoi ordonné par Sa Majesté, a entendu le rapport de la section de l'intérieur sur celui du ministre de ce département, relativement à la question de savoir si les dispositions du décret du 5 février 1810, art. 39 et 40, sont applicables aux auteurs d'ouvrages dramatiques.

Est d'avis

Que le décret n'a rien innové quant aux droits des auteurs des ouvrages dramatiques et des compositeurs de musique, et que ces droits doivent être réglés conformément aux lois existantes antérieurement audit décret du 5 février.

PROCÈS-VERBAL

DE LA DEUXIÈME SÉANCE.

DU VINGT-SIX DÉCEMBRE MIL HUIT CENT VINGT-CINQ.

MEMBRES présens à la séance,

MM.

Le comte PORTALIS, pair de France.
ROYER-COLLARD . . . . }
PARDESSUS . . . . } députés.
De VATIMESNIL, conseiller d'état.
VILLEMAIN . . . . }
DELAVILLE DE MIREMONT . . . . } maîtres des requêtes.
ANDRIEUX . . . . }
AUGER . . . . }
Le baron CUVIER. . . . . }
Le baron FOURRIER . . . . } membres des 4 académies.
PARSEVAL-GRANDMAISON. . . . . }
PICARD . . . . }
RAYNOUARD . . . . }
Le baron TAYLOR, commissaire royal près le Théâtre-Français.

LEMERCIER . . . . \
ETIENNE. . . . . \
MOREAU . . . . } commissaires des auteurs
CHAMPEIN. . . . . / dramatiques.

TALMA , sociétaire du Théâtre-Français.

M. LE VICOMTE DE LA ROCHEFOUCAULD , président.
M. JULES MARESCHAL , secrétaire.

A une heure et demie, la séance est ouverte.

M. LE PRÉSIDENT annonce que trois des membres de la commission, MM. de Lally-Tolendal, Lainé et Bellart n'ont pu se rendre à l'assemblée, pour cause d'indisposition.

SUR l'invitation de M. LE PRÉSIDENT , il est fait lecture, par M. le secrétaire, du procès-verbal de la dernière séance ; aucune réclamation n'étant faite sur la rédaction, le procès-verbal est adopté.

M. LE PRÉSIDENT donne communication d'une lettre écrite par les principaux libraires et imprimeurs de Paris , au nom de leurs confrères. Cette lettre contient une demande tendante à ce que plusieurs d'entre eux soient admis dans le sein de la commission à l'effet d'y représenter les intérêts du commerce de l'imprimerie et de la librairie, essentiellement liés à la question de la propriété littéraire. Les signataires de la lettre désignent, en conséquence , au choix de L'ASSEMBLÉE, MM. Renouard , F. Didot, Treuttel, Baudouin et Lefèvre.

L'ASSEMBLÉE, consultée, déclare adhérer aux motifs développés en la lettre de MM. les libraires ; mais , considérant que le nombre de ses membres, déjà fort élevé, ne permet pas qu'il lui soit adjoint cinq personnes de plus, elle exprime le regret d'être obligée de choisir , parmi les estimables chefs de maison qui lui sont désignés, et décide que MM. Renouard et F. Didot, l'un comme libraire et l'autre comme imprimeur , seront appelés à siéger dans le sein de la commission, et convoqués, en conséquence , pour la première séance.

M. LE PRÉSIDENT annonce que MM. Gay, de Cailly et Vezu font hommage à L'ASSEMBLÉE de différens ouvrages et Mémoires ; savoir : M. Gay,

63

d'un *Traité des papiers publics* : M. de Cailly , d'un *Discours au Roi sur les propriétés de l'esprit*, et M. Vezu, d'un *Projet de loi sur la propriété littéraire*.

L'ASSEMBLÉE agrée ces hommages , et arrête qu'il en sera fait mention au procès-verbal.

M. LE PRÉSIDENT ayant déclaré la discussion ouverte ,

M. Auger obtient la parole pour le développement de quelques principes sur la nature de la propriété littéraire , et fait, en conséquence, lecture du travail par lui préparé à cet effet (1).

L'ASSEMBLÉE, après avoir entendu cette lecture,

ARRÊTE que ce travail sera imprimé pour être distribué à chacun des membres de la commission.

UN membre appelle l'attention de l'assemblée sur les principes contenus dans les première et deuxième parties du rapport fait à la première séance , et demande, afin qu'on s'entende sur les bases de la question , s'il y a divergence d'opinion sur ces principes.

M. LE PRÉSIDENT propose d'établir la discussion sur cette proposition : *Qu'est-ce qu'une propriété littéraire ?*

Un membre observe que cette proposition est implicitement énoncée par la première question posée dans le rapport; il appelle , en conséquence, et pour l'ordre de la discussion , l'attention de l'assemblée sur cette première question.

L'ASSEMBLÉE décide qu'elle va s'occuper de la première question , qui consiste à savoir si l'on doit ou non placer en tête de la loi une définition de la propriété littéraire.

M. *** pense que cette définition, quelle qu'elle soit, doit résulter de la discussion et de la reconnaissance définitive des principes comme des effets. Il ajoute , à l'appui de son opinion, que , puisqu'on veut régler l'exercice de la propriété littéraire, on en reconnaît implicitement l'existence.

Un autre membre demande si cette propriété sera considérée comme une propriété matérielle , ou comme un don de la société.

____

(1) Voir, à la suite du procès-verbal, les Réflexions de M. Auger.

M. *** rappelle la distinction entre *l'œuvre* et *l'ouvrage*, que contient la brochure de M. Desprez.

M. *** propose d'inscrire en tête de la loi une déclaration ainsi conçue : « *Les produits de l'esprit sont une propriété.* »

M. *** demande sur quoi porterait cette déclaration.

M. *** observe qu'en l'admettant il faudrait rapporter la législation existante.

M. *** pense que, si l'on employait dans le premier article de la loi le mot de propriété dans un sens absolu, on serait obligé de le démentir dans les articles suivans par les dispositions destinées à apporter les restrictions à cette propriété. L'honorable membre adopte l'opinion énoncée par l'un des préopinans, qu'il ne doit point être fait de définition. Il observe, à ce sujet, qu'il serait dangereux et inutile de s'engager dans la question métaphysique ; qu'on ne doit pas s'occuper davantage des considérations historiques ; que ces considérations ne sont d'aucun poids, puisque, avant la charte, la publicité étant le droit exclusif du gouvernement, la propriété basée sur une concession arbitraire, devait être considérée sous un point de vue tout différent : aujourd'hui, ajoute l'honorable membre, la charte a garanti à chacun le droit d'émettre ses pensées par la publication ; la propriété littéraire résulte actuellement de ce droit ; c'est l'exercice et la garantie qu'il s'agit d'en préciser.

Revenant à la nature de la propriété littéraire, le même membre pense que, quand bien même ce mot de propriété serait pris dans un sens absolu, il faudrait dire qu'elle change de maître, c'est-à-dire qu'elle appartient successivement à l'auteur pendant sa vie, et après sa mort au public, sauf une portion de la propriété matérielle réservée à la famille de l'auteur ; enfin, quelle que soit l'opinion de L'ASSEMBLÉE sur cette question, l'honorable membre estime qu'une définition de principes serait inutile ; que la loi ne tient pas thèse, et qu'il faut, avant tout, s'occuper d'établir solidement les droits des auteurs et de leur famille.

M. *** appuie l'opinion émise par le préopinant ; il ajoute, en sa faveur, des observations tirées du point de vue sous lequel les nations civilisées considèrent la propriété littéraire dans leurs rapports mutuels. D'où viendrait, en effet, que la propriété respectée par tous les peuples cessât de l'être seulement sous le rapport des produits de l'esprit ? Voudrait-on que nos libraires demandassent aux étrangers l'autorisation d'imprimer, en France, les ouvrages qui sont en propriété chez eux? Les divers gouvernemens garantissent à leurs sujets l'exercice de la propriété littéraire dans les limites de leurs territoires, mais aucune règle de droit public n'a pu et n'a dû s'établir entre les peuples à cet égard.

Du reste, l'honorable membre pense que, si la propriété était définie, les héritiers de l'auteur auraient droit à son exercice absolu, et que la loi nouvelle devrait alors se borner à cette définition.

M. *** pense que les opinions ne sont pas formées : il est donc d'avis que la discussion s'étende et se développe. Entrant dans l'examen de la question, il estime qu'on doit, avant tout, considérer l'intérêt de l'esprit humain, et ses progrès qu'il ne faut pas arrêter. Sans doute il est important, il est juste de ménager les droits légitimes des familles; mais si l'auteur travaille pour ses enfans, il travaille encore plus pour la postérité; s'il a des héritiers de ses biens, il en a d'autres de ses pensées; M. de Tracy, par exemple, a plus de droit à l'héritage de Montesquieu que M. de Secondat.

M. *** appuie l'opinion du préopinant. Il croit de plus que le mot de *propriété* est impropre, qu'on ne doit pas s'en servir, et que la loi ne doit parler que des *droits* des auteurs et de leurs familles. Il observe, d'ailleurs, qu'il existe une différence essentielle dans leur origine et par conséquent dans leur nature, entre la propriété de droit commun et le droit que l'on désigne ordinairement sous le nom de *propriété littéraire*; qu'en effet, les objets qui constituent une propriété sont toujours une portion des biens communs que l'on s'est appropriée par occupation ou par tout autre acte légitime, tandis que l'objet de la propriété littéraire est toujours une création tirée du fonds de l'auteur, et qu'il met, par le fait de la publication, au nombre des biens communs.

M. LE PRÉSIDENT, après avoir consulté l'assemblée, déclare qu'il ne sera point fait de définition de la propriété littéraire.

L'ASSEMBLÉE passe à la discussion de la deuxième question du rapport.

M. *** la précise en ces termes : « Jusqu'à quel point celui qui a émis une » pensée par l'impression, et ses héritiers ont-ils droit au bénéfice résultant ». de cette publication? jusqu'à quel point la société voudra-t-elle garantir » ce bénéfice aux auteurs et à leurs héritiers? » La charte, ajoute l'honorable membre, en assurant à toute personne le droit de première publication, n'a rien statué sur les publications postérieures. La question à résoudre se divise en deux considérations principales : celle de l'auteur et celle de ses héritiers. Quant à la première, il n'y a jamais eu de doute sur sa solution ; l'honorable membre ne croit pas qu'elle rencontre d'opposition dans l'assemblée. L'usage actuel donne à l'auteur un droit exclusif sur les produits de sa pensée pendant sa vie ; ce droit lui sera maintenu ; ce sera l'objet du premier article de la loi. Reste à résoudre la seconde, la seule difficulté. Jusqu'à quel point la loi concèdera-t-elle ce droit à d'autres personnes qu'à l'auteur?

M. *** réclame contre le mot de concession dont s'est servi le préopinant, comme peu favorable aux auteurs.

M. *** répond qu'il a voulu se servir de celui de *garantie*.

M. *** observe que ce dernier mot se trouve dans la législation actuelle.

L'honorable membre lit l'article 1er de la loi du 19 juillet 1793, ainsi conçu :

« Les auteurs d'écrits en tous genres, les compositeurs de musique, les
» peintres, les dessinateurs qui feront graver des tableaux ou dessins, joui-
» ront, durant leur vie entière, du droit exclusif de vendre, faire vendre,
» distribuer leurs ouvrages dans le territoire de la république et d'en céder
» la propriété en tout ou en partie. »

M. *** n'approuve pas la rédaction de cet article, qu'il trouve louche et incomplète.

M. *** pense que le moyen de faire cesser toute incertitude, est d'en restreindre l'application aux ouvrages imprimés et aux compositions musicales, reproduites par l'impression ou la gravure. Les dispositions relatives à ces deux applications de la propriété littéraire formeraient en conséquence le premier titre de la loi. Le second serait consacré aux ouvrages de l'art, pour lequel il semble nécessaire d'établir des règles différentes.

MM. *** réclament la même distinction en faveur de la propriété dramatique.

L'ASSEMBLÉE adopte ces diverses propositions.

La discussion s'établit en conséquence *sur la propriété des ouvrages imprimés et des compositions musicales, après la mort des auteurs.*

M. *** pense qu'il faut établir, en principe, qu'après la mort d'un auteur, la société est la véritable et seule héritière de son ouvrage, sauf les droits à accorder à sa famille sur les bénéfices.

M. *** observe qu'il est à désirer qu'on ne rende pas la condition des auteurs pire qu'elle ne l'est, d'après la législation existante.

M. le président insiste sur cette considération, que l'assemblée doit s'occuper avant tout d'améliorer, autant que possible, le sort des auteurs et de leurs familles.

M. *** fait remarquer le vice du terme accordé par la législation actuelle : c'est de n'assurer, aux ayant-cause des auteurs, qu'une jouissance éventuelle eu égard au jour de la publication, ce qui met un obstacle aux bénéfices résultant des cessions. L'honorable membre pense que les lois anglaises ont statué plus sagement en accordant aux auteurs un tems déterminé pour les cessions, à compter du jour de la publication.

M. le président communique, à cette occasion, une lettre de M. le baron Séguier, consul-général de France à Londres, par laquelle ce magistrat, répondant à l'invitation qui lui avait été faite, de faire connaître à l'assemblée la législation anglaise sur cette matière, énonce les principales dispositions de cette législation. Aux termes d'un acte de la quarante-troisième année du règne de Georges IV, dont un exemplaire est annexé à cette lettre, le délai pendant lequel la faculté de cession absolue est accordée aux auteurs est de vingt-huit ans.

M. *** demande qu'application soit faite de ce principe dans l'établissement de la loi nouvelle.

M. *** exprime le désir que, relativement à cette application, l'exercice exclusif de la propriété soit accordé aux ayant-droit des auteurs, pendant un terme fixe, à dater du jour de la publication, et indépendamment de toute cession.

M. *** ne voudrait pas que la faculté de supprimer un ouvrage ou d'en retarder la réimpression fût accordée aux héritiers de l'auteur. Il insiste, en conséquence, sur les principes de liberté de publication émis par un des préopinans, sauf les droits à payer aux héritiers. L'application de ces principes lui semble inconciliable avec le terme fixe, indépendamment de toute cession ; en spécifiant ce dernier cas, l'honorable membre a voulu éviter toute suppression de la part des héritiers.

M. *** observe qu'une décision aussi rigoureuse serait en contradiction avec l'esprit présumé de la loi, qui doit être paternelle pour les auteurs. Il craint que l'opinion précédemment émise, et qu'on vient de préciser, ne conduise à une véritable dépossession des droits acquis des héritiers.

M. *** soutient, au contraire, que, si l'ouvrage est tombé dans le domaine public, la concurrence assurera aux familles des bénéfices considérables et même supérieurs à ceux qui résulteraient de la propriété absolue.

Un membre remarque que, si l'auteur a fait imprimer lui-même son ouvrage, les dispositions ci-dessus proposées en faveur des cessionnaires, doivent lui être applicables, car c'est alors un droit de libraire et d'entrepreneur qui lui est dévolu.

M. *** combat l'opinion déjà plusieurs fois rappelée ; l'ordre établi garantit aux héritiers une possession exclusive de vingt ans. Lorsqu'on a l'intention d'améliorer, par la loi nouvelle, la part des héritiers des auteurs, doit-on y porter atteinte au contraire en les privant de droits acquis pour les remplacer par des bénéfices incertains ? L'honorable membre pense qu'on a le tort de raisonner presque toujours dans l'hypothèse d'ouvrages du premier ordre. La loi s'appliquera bien plus souvent à des productions d'un mérite secondaire, et alors, dans le plus grand nombre des cas, la veuve et les héritiers de l'auteur n'éprouveront-ils pas un préjudice réel en perdant le droit exclusif dont ils jouissent actuellement ? L'honorable membre est donc d'avis qu'il faut respecter, non-seulement les droits existans, ce qui est incontestable, mais encore les expectatives légitimes qui peuvent résulter des lois actuelles.

M. *** propose d'ôter aux héritiers le droit de supprimer l'ouvrage.

M. *** pense qu'on ne doit statuer que pour deux cas, celui où l'auteur aura cédé son ouvrage et celui où il l'aura publié lui-même.

M. *** observe à ce sujet que la plupart des cessions que l'on fait aujourd'hui ne sont que temporaires.

M. *** lui répond qu'une loi nouvelle, qui détruirait l'éventualité des traités, ferait cesser cet état de choses.

M. *** pense que le moyen-terme proposé par un des préopinans doit être pris en considération. Il estime qu'en accordant aux héritiers un délai pour la réimpression des ouvrages dont ils seraient propriétaires, faute de quoi ils seraient déchus de leur droit exclusif, on remédierait à l'inconvénient capital qui résulte de la propriété absolue.

M. *** ne pense pas que cette précaution soit nécessaire ; il demande si le cas s'est jamais présenté où la réimpression d'un ouvrage ait éprouvé un obstacle de la part des héritiers de l'auteur.

M. *** cite l'exemple des ouvrages de Chénier, qu'une discussion entre les héritiers a long-tems empêché de réimprimer.

M. *** reprend la proposition déjà faite, d'après laquelle la loi dénierait formellement aux héritiers le droit de supprimer l'ouvrage, et les motifs allégués à l'appui de cette proposition par l'un des préopinans. Il pense que le cas de suppression, s'il est rare, n'est pas impossible à rencontrer ; d'ailleurs, s'il est incontestable que l'auteur a un véritable droit de paternité sur son ouvrage, il est au moins exorbitant de conserver ce droit à d'autres représentans qu'à ses héritiers directs. Il ne le conserverait pas même à ceux-ci si la législation actuelle ne les leur accordait pas.

M. *** observe que les collatéraux en jouissent également.

M. *** ne partage pas l'opinion des préopinans. Il lui semble que l'assemblée n'a point été formée pour prendre pour bonnes toutes les lois actuelles, mais pour préparer une loi rationnelle et fondée sur les principes ; or, si l'on reconnaît que la propriété littéraire est un droit purement personnel, elle n'est pas plus transmissible aux héritiers directs qu'aux collatéraux. Le droit absolu de l'auteur sur son ouvrage n'est pas contesté ; mais c'est aller trop loin que de l'accorder aux héritiers. La propriété littéraire est divisible en deux parties, l'une matérielle et qui peut être dévolue aux représentans de l'auteur, l'autre intellectuelle, et qui appartient au public. Le droit de suppression fait partie du domaine intellectuel ; on ne peut, en aucun cas, le laisser aux héritiers. Au reste, relativement à l'opinion précédemment émise par M. *** sur le délai de trois ans qui serait accordé aux héritiers pour les réimprèssions, l'honorable membre pense que les droits acquis doivent être seuls respectés.

M. ***, répondant au préopinant, développe les motifs de son système : deux hypothèses se présentent ; ou l'auteur transmet à ses héritiers la propriété absolue de ses ouvrages, pendant un tems, c'est la législation actuelle ; ou cette propriété exclusive sera remplacée par une rétribution proportionnelle, c'est le système proposé. L'honorable membre pense que l'on peut

établir un moyen-terme entre ces opinions opposées. Ce mode de conciliation consisterait à fixer un délai de trois ans, par exemple, pendant lequel
les héritiers de l'auteur seraient tenus de réimprimer les ouvrages dont l'é-
dition serait épuisée.

M. *** appuie cette opinion. Il observe, à ce sujet, que le public est persuadé qu'on s'occupe d'améliorer le sort des auteurs, et que si la loi
nouvelle l'empirait, au contraire, le résultat du travail de l'assemblée produirait un effet fâcheux.

M. *** observe qu'en prorogeant au-delà de vingt ans le droit des héritiers
de l'auteur sur un ouvrage, on leur accorderait un avantage capable de
compenser et de surpasser même le bénéfice de publication exclusive garanti
par la loi actuelle.

M. LE PRÉSIDENT fait lecture de la série de propositions qui suit, rédigées
par M. le baron Cuvier.

*Des ouvrages littéraires et des compositions musicales, publiés par la voie
de l'impression ou de la gravure.*

ARTICLE PREMIER.

« Le droit exclusif de publier un ouvrage ou d'en autoriser la publication
» est garanti à l'auteur pendant la durée de sa vie.

ART. II.

» L'auteur peut céder ce droit pour un tems déterminé qui pourra être
» de trente ans, et qui sera indépendant de la durée de sa vie.
» Si l'auteur a fait imprimer son ouvrage pour son compte, ses héritiers
» jouiront, à dater du jour de la première publication, du même droit que
» les cessionnaires.

ART. III.

» S'il n'a point disposé de son droit, ou si l'édition qu'il a faite pour

» son compte est épuisée, ses héritiers en ligne directe jouiront du droit
» exclusif de publication pendant vingt ans ; ses héritie rs collatéraux en
» jouiront pendant dix ans.

Art. IV.

» Après ces délais, le droit de publier de nouveau l'ouvrage appartiendra
» à tout le monde , sauf une rétribution. (A déterminer.)

Art. V.

» Le droit des héritiers sera transmissible comme toute autre propriété ,
» pendant une durée de .... (A déterminer.)

Art. VI.

» Si les héritiers , pendant la durée de leur droit exclusif et après l'épui-
» sement de l'édition , étaient trois ans sans réimprimer l'ouvrage, toute
» autre personne, après les avoir mis en demeure de le faire , pourrait le
» réimprimer, sauf à leur payer la rétribution fixée par l'art. 4. »

———

La lecture de cette série d'articles donne lieu à une observation de M. ***.
L'honorable membre pense que si, conformément au système développé par
l'un des préopinans , la crainte de voir supprimer un ouvrage disparaît ,
il n'existe aucune raison de ne point augmenter le bénéfice des familles en
leur accordant le droit exclusif de propriété pendant un tems beaucoup
plus long , cent ans , par exemple.

M. *** répond que, s'il a proposé un moyen d'éviter la suppression des
ouvrages, il a prétendu remédier au vice principal de la législation existante;
qu'en effet , cette législation ne lui semble devoir être respectée que comme
consacrée par l'usage, et non comme rationnelle ; que, si l'on avait trouvé la
table rase , il eût appuyé , au contraire, le système développé, dans le sens
contraire au privilége exclusif des héritiers. A l'appui de son opinion , l'ho-

norable membre allègue les avantages résultant, au profit du public, de la concurrence pour la réimpression des ouvrages, avantages d'autant plus sensibles que l'ouvrage a plus de mérite et devient d'une utilité plus générale.

M. *** pense que l'opinion de l'assemblée n'est pas entièrement formée sur les graves questions agitées dans cette séance; il propose, en conséquence, que copie soit envoyée, à domicile, du projet d'articles rédigés par M. le baron Cuvier, afin que chaque membre puisse en examiner mûrement les principes et la rédaction.

L'ASSEMBLÉE, consultée, adopte cette proposition, et décide qu'à la prochaine séance elle s'occupera de la discussion du projet d'articles de M. le baron Cuvier. Elle s'ajourne, en conséquence, au lundi 2 janvier.

La séance est levée à cinq heures.

Le président,
Signé LE VICOMTE DE **LA ROCHEFOUCAULD**.

Le secrétaire,
Signé JULES MARESCHAL.

OBSERVATIONS

Lues par M. AUGER,

en la séance du 26 décembre 1825.

OBSERVATIONS

Lues par M. AUGER,

A LA SÉANCE DU VINGT-SIX DÉCEMBRE MIL HUIT CENT VINGT-CINQ.

« MESSIEURS,

» Quand on veut construire solidement, il faut creuser jusqu'au roc.
» Réunis pour traiter de la *propriété littéraire*, nous ne devons pas l'ad-
» mettre comme un préjugé, sans examen, sans délibération avec nous-
» mêmes. Hors de cette assemblée, quelques personnes hésitent à la
» reconnaître; quelques autres la nient formellement. Pour pouvoir leur
» prouver qu'elles ont tort, prouvons-nous à nous-mêmes que nous avons
» raison. Soyons incertains un moment de ce dont nous sommes convain-
» cus; et que le raisonnement, s'il se peut, nous conduise de ce doute
» volontaire à une certitude que chacun soit forcé d'avoir comme nous.
» Permettez-moi de vous faire considérer, en peu de mots, le principe de
» la propriété littéraire, sous le jour où je l'envisage moi-même. Je lais-
» serai de côté l'histoire du passé, curieuse à connaître sans doute; mais
» plus propre peut-être à égarer qu'à guider l'esprit dans cette discussion.
» Je prendrai la question telle qu'elle est aujourd'hui; telle que le tems l'a
» faite, et je l'examinerai dans sa nature, dans son essence même, en pro-
» mettant de renoncer à la ressource des analogies, genre d'argumentation

» faux, décevant, et où les deux opinions contraires peuvent également
» trouver des armes.

» Un homme conçoit l'idée d'un ouvrage littéraire ; il médite son sujet,
» il le féconde, il l'ordonne, il l'exécute enfin, en lui donnant cette forme
» de la diction sous laquelle il doit le communiquer aux autres esprits.
» Quoi qu'on puisse dire de la diffusion des lumières, de la communauté
» des idées et des faits, le tout qui résulte de cette suite d'opérations est
» certainement un produit des facultés de l'auteur, le plus direct, le plus
» personnel, le plus exclusif qu'on puisse imaginer. Pour soutenir le con-
» traire, il faudrait oser dire qu'*Athalie* n'appartient pas à Racine ; *Tar-*
» *tuffe*, à Molière ; les *Lettres provinciales*, à Pascal, et le *Discours sur*
» *l'histoire universelle*, à Bossuet. L'ouvrage dont je parle a été tracé avec
» la plume sur le papier ; sous cette forme de manuscrit, il n'est pas seule-
» ment une propriété spirituelle ; il est aussi une propriété matérielle, une
» sorte de meuble, d'effet, qui appartient uniquement à l'auteur, dont il
» peut disposer à son gré, et qui doit, après sa mort, appartenir à ses
» héritiers. De toute propriété, on peut tirer un lucre, un avantage, soit
» en vendant les fruits, soit en louant la jouissance. Certes, l'auteur, le
» propriétaire du manuscrit, peut le prêter successivement à dix, à vingt,
» à cent, à mille personnes, et exiger de chacune d'elles une rétribution,
» pour le plaisir ou l'instruction qu'il lui aura procurée. En quelques mains
» que le manuscrit se trouve, il ne cesse pas d'être la propriété de l'auteur.
» Ce mode de communication est long et incommode. Heureusement, un
» art merveilleux, inventé au quinzième siècle, donne les moyens de faire
» promptement, et à peu de frais, un grand nombre de copies du manus-
» crit, qui peuvent être distribuées, en même tems, à toutes les personnes
» qui veulent goûter et payer la jouissance de l'ouvrage. Si l'auteur possé-
» dait les instrumens, et connaissait les procédés de cet art, il pourrait
» fabriquer lui-même ses copies ; s'il avait l'habitude et les moyens du
» négoce, il pourrait lui-même les vendre ; mais il ne peut ni l'un, ni l'autre.
» Il s'adresse donc à un imprimeur et à un libraire. L'intervention de l'im-
» primeur est celle d'un ouvrier qu'on paie pour son travail ; l'intervention
» du libraire est celle d'un commissionnaire qu'on indemnise de ses soins.
» L'industrie de l'un et de l'autre est salariée par l'auteur lui-même, quels
» que soient les arrangemens pris.

» Cependant l'auteur a distribué ses copies et en a reçu le prix. Chacune
» d'elles devient, à son tour, dans les mains de celui qui la possède, une
» propriété mobilière dont il peut user comme bon lui semble, et qui,
» après sa mort, deviendra la propriété de ses héritiers. Cette propriété (re-
» marquons bien ce point ici), cette propriété est une copie seulement,
» c'est-à-dire une communication du manuscrit qui diffère de la première,
» en cela seulement que le propriétaire conserve entre ses mains un moyen
» de renouveler, autant de fois qu'il le voudra, l'espèce de jouissance que
» peut procurer l'ouvrage. Or, toute copie suppose un original, sorte de
» matrice d'où peuvent être tirées d'autres copies encore. L'original subsiste,
» quel que soit le nombre des copies : celles-ci ne l'ont pas détruit, non
» plus que le droit de propriété qui y est attaché. Si le possesseur d'une
» copie imprimée voulait la multiplier par les mêmes procédés qui
» l'ont produite, il attenterait à cette propriété de l'original, il irait la dé-
» truire ou la diminuer dans les mains du propriétaire. C'est un délit que
» les lois doivent punir, et qu'elles punissent en effet, du moins tant que
» l'auteur existe. Si cet auteur vivait éternellement, qui oserait nier qu'é-
» ternellement aussi il ne fût le propriétaire exclusif de son original et du
» droit d'en produire des copies? Mais il meurt : sa propriété doit-elle
» mourir avec lui? Si son ouvrage, si son original est sa propriété durant
» toute sa vie, quelque longue qu'elle puisse être, pourquoi ne serait-il pas
» la propriété de ses héritiers après sa mort, et jusqu'à l'extinction de sa
» race, aussi bien que son champ, sa maison ou son lit? On n'en peut
» concevoir le motif. J'en suis maintenant profondément convaincu, un
» ouvrage littéraire est une propriété, d'une nature particulière sans
» doute, une propriété *sui generis,* mais une propriété tout aussi incon-
» testable qu'aucune autre, et devant avoir toutes les conséquences d'une
» propriété ordinaire, quelles que puissent être les difficultés de l'applica-
» tion. Ce sont ces difficultés, j'en suis persuadé, qui ont seules empêché
» jusqu'ici la franche déclaration du principe, ou qui ont forcé le législateur
» à en restreindre, à en borner l'effet, comme si une chose, par la simple
» volonté de l'homme, pouvait, après un certain tems, cesser d'être cette
» chose, quand sa nature n'a subi aucun changement, aucune altération
» quelconque.
» Je n'aperçois entre la propriété littéraire et les autres propriétés qu'une

» seule différence essentielle, et je me hâte de la dire, parce qu'elle me
» paraît être une réponse péremptoire à certains soupçons que M. le vicomte
» de La Rochefoucauld a repoussés l'autre jour avec une sensibilité qui ho-
» nore infiniment son caractère.

» La propriété, si je ne me trompe, emporte le droit d'user, de ne pas
» user, et même d'abuser, pourvu qu'on ne préjudicie pas à la société. L'au-
» teur, propriétaire d'un ouvrage, réunit tous ces droits ; il peut l'anéantir,
» le donner, le vendre ; il peut en vendre seulement la communication, et,
» après l'avoir publié une première fois par l'impression, il peut ne pas
» vouloir le publier une seconde. Mais, après sa mort, l'ouvrage qu'il a
» publié de son vivant, sans cesser d'être, comme objet matériel, la pro-
» priété des héritiers, est devenu, comme objet intellectuel, la propriété du
» public ; il est entré dans le domaine commun des lumières et des jouissances
» de l'esprit ; il est devenu même quelquefois une partie de la gloire natio-
» nale. C'est une sorte d'héritage mixte et indivis, dont le produit pécu-
» niaire appartient à la succession, et la jouissance spirituelle à la grande
» communauté. L'héritier qui empêcherait la réimpression de l'ouvrage ,
» attenterait au droit du public, dont il gênerait, bornerait ou arrêterait
» l'exercice : il renoncerait par là à son propre droit ; il renoncerait à son
» héritage même, dont il méconnaîtrait la nature, puisque cet héritage est
» un livre que l'auteur a fait pour le public, qu'il a livré au public, et dont
» il a eu certainement l'intention que le public pût jouir indéfiniment. »

PROCÈS-VERBAL

DE LA TROISIÈME SÉANCE.

DU LUNDI DEUX JANVIER MIL HUIT CENT VINGT-SIX.

MEMBRES présens à la séance :

MM.

Le marquis de LALLY-TOLENDAL, pair de France.
ROYER-COLLARD. . . . . } membres de la chambre des
PARDESSUS. . . . . } députés.
De VATIMESNIL, conseiller d'état.
VILLEMAIN . . . . } maîtres des requêtes.
DELAVILLE de MIREMONT . . . . }
Le baron CUVIER. . . . .)
Le baron FOURRIER . . . . |
MICHAUD . . . . } membres des 4 académies.
PICARD . . . . |
PARSEVAL-GRANDMAISON . . . .)
Le baron TAYLOR, commissaire royal près le Théâtre-Français.
LEMERCIER, de l'académie française . .)
ETIENNE, homme de lettres. . . . . . . } commissaires des auteurs
MOREAU, *id.* . . . . } dramatiques.
CHAMPEIN, compositeur. . . . .)

Talma, sociétaire du Théâtre-Français.

Firmin Didot . . . . } délégués des libraires.
Renouard . . . . }

M. le vicomte DE LA ROCHEFOUCAULD, président;
M. Jules Mareschal, secrétaire.

La séance est ouverte à une heure et demie.

M. LE PRÉSIDENT donne lecture à l'assemblée de lettres contenant les excuses de trois des membres, MM. le vicomte Lainé, Bellart et Andrieux, qui n'ont pu s'y rendre.

Il est fait, par M. le secrétaire, lecture du procès-verbal de la séance du 26 décembre 1825.

La rédaction n'ayant donné lieu à aucune réclamation, le procès-verbal est en conséquence adopté.

M. le PRÉSIDENT annonce que M. Desprez fait hommage à l'assemblée d'un ouvrage ayant pour titre : Des Fabricans de bronze, et M. de Saint-Priest, de sa Lettre sur la propriété littéraire.

L'ASSEMBLÉE déclare agréer ces hommages, et arrête qu'il en sera fait mention au procès-verbal.

M. LEMERCIER lit un résumé de son opinion sur la propriété littéraire, présenté sous la forme d'un tableau synoptique divisé en trois colonnes, par principes, conséquences, et applications faites ou à faire.

Sur la proposition de M. le PRÉSIDENT, l'assemblée arrête à l'unanimité que le travail de M. Lemercier sera imprimé, et qu'un exemplaire en sera immédiatement adressé à chacun des membres de la commission (1).

Le même membre propose à l'assemblée, pour l'ordre de la discussion, d'examiner successivement les questions du rapport fait par M. Jules Mareschal, au nom de M. le vicomte de La Rochefoucauld, lesquelles lui semblent rangées avec méthode et clarté. Le projet d'articles rédigé à la dernière séance trouverait naturellement sa place dans cet ordre de discussion.

Un autre membre pense que la marche la plus simple consisterait à rédiger provisoirement les mesures proposées à mesure de leur discussion, et

-----

(1) Voir, à la suite du procès-verbal, l'opinion de M. Lemercier.

de renvoyer ensuite le projet d'articles adopté, à une commission de cinq membres, qui serait chargée de la rédaction définitive.

L'ASSEMBLÉE adopte la proposition de l'honorable membre.

M. LE PRÉSIDENT déclare que la discussion est ouverte sur le premier article du projet rédigé par M. le baron Cuvier.

Un membre pense qu'il ne peut y avoir de difficulté sur cet article.

Un autre membre regrette qu'on ait précipitamment écarté ce qui lui semble devoir être le premier objet de la loi, c'est-à-dire le principe que l'ASSEMBLÉE adopte pour base de la propriété littéraire. L'honorable membre pense que l'on a eu raison de ne point inscrire de définition en tête de la loi, mais il lui semble qu'on ne peut s'entendre sur les dispositions à adopter sans être d'accord sur le principe. Il propose en conséquence de rédiger en ces termes le premier article de la loi : « La propriété littéraire » est garantie par les lois civiles du royaume, tant en ce qui concerne les » droits des auteurs et de leur famille qu'en ce qui concerne ceux du public. »

M. *** exprime l'embarras qu'il éprouve à revenir sur une discussion déjà écartée par l'ASSEMBLÉE. La loi de 1793 a consacré le principe précédemment adopté. Pourquoi ferait-on donc une loi nouvelle? Est-ce, au contraire, un nouveau principe que l'on veut établir? C'est là le point à discuter. Il s'agit de savoir si on conçoit une autre espèce de propriété que celle qui résulte du droit exclusif de publication. L'honorable membre examine successivement les diverses théories exposées tour à tour sur la nature de la propriété littéraire. Il regarde comme puérile l'opinion qui tendrait à faire considérer l'auteur comme le propriétaire de sa pensée; il ne pense pas que la distinction entre le domaine intellectuel et la propriété matérielle soit plus fondée, puisque, dans le fait, ces deux droits sont inséparables. Le public, en effet, ne saurait être associé à la pensée de l'auteur, si la partie intellectuelle n'entraînait pas la partie matérielle. Il est dans l'intérêt du public, comme des particuliers, que l'auteur d'un ouvrage conserve un droit exclusif sur la publication de son livre, non-seulement pendant sa vie, mais encore quelques années après sa mort. Pense-t-on devoir conserver la législation existante qui assure un terme fixe, à compter de la mort de l'auteur, à ses représentans? Préfère-t-on déterminer un délai, à partir du jour de la publication de l'ouvrage, pour son exploitation exclusive, ainsi qu'on l'a décidé en Angleterre. Ce dernier moyen paraît plus rationnel à l'honorable membre ; mais quelle que soit l'opinion adoptée par l'ASSEMBLÉE, il lui semble qu'il ne faut pas, pour la résoudre, un grand étalage de principes. L'honorable membre insiste seulement sur cette considération, qui doit toujours diriger l'ASSEMBLÉE, que l'intérêt général exige la plus grande publicité possible, une fois que le terme de la récompense décernée à l'auteur s'est écoulé, et que cette publicité ne peut résulter que de la concurrence. Mais afin que l'assemblée choisisse entre les deux déterminations, avec pleine connaissance de cause, il est une troisième question à décider, c'est celle de savoir si l'on peut frapper la réimpression des ouvrages d'une contribution à perpétuité, en faveur des familles des auteurs. L'honorable membre pense qu'il faut se hâter d'arriver à l'examen de cette question.

M. *** abonde dans le sens du préopinant sur cette opinion, qu'il est inutile de discuter les principes. L'honorable membre rappelle que le point en discussion est celui-ci : Le droit des auteurs doit-il se terminer au bout d'un délai fixe à compter de leur mort ? doit-on leur accorder un terme de jouissance, à compter du jour de la publication de leurs ouvrages ?

M. *** fait observer, pour le cas ou le second système serait adopté, qu'en Angleterre, le terme accordé à compter du jour de la publication se renouvelle intégralement, si l'auteur existe encore au jour ou ce délai est épuisé.

M. LE PRÉSIDENT donne itérativement lecture du premier article du projet rédigé à la séance précédente.

Deux membres font, sur cet article, quelques observations de rédaction.

Sur la proposition de M. LE PRÉSIDENT, l'examen des questions élevées par les honorables membres est renvoyé à la future commission.

M. *** demande pourquoi un droit aussi incontestable que celui que garantit cet article aurait besoin d'être rappelé dans la loi.

M. *** répond que la nécessité de sortir autant que possible du chaos du *Bulletin des lois*, a fait penser qu'il serait nécessaire de présenter l'ensemble de toutes les dispositions sur la matière.

L'article premier est adopté, sauf rédaction définitive.

M. LE PRÉSIDENT donne lecture du deuxième article.

M. *** propose la division.

Cette proposition étant adoptée, la discussion s'établit sur le premier paragraphe ainsi conçu :

« L'auteur peut céder ce droit pour un tems déterminé qui pourra être
» de trente ans, et qui sera indépendant de la durée de sa vie. »

M. *** rappelle l'observation de fait qu'il a précédemment faite sur le cas de renouvellement du terme fixe en Angleterre.

M. *** observe que cette question devra être l'objet d'une disposition supplémentaire.

M. *** pense que les deux paragraphes de l'article sont connexes, et qu'ils doivent être discutés ensemble. Cette proposition n'a pas de suite.

Sur l'observation d'un membre, M. *** développe les motifs du premier paragraphe. Le but de la disposition qu'il contient est de créer, en faveur des auteurs, un droit d'exploitation, indépendant de l'éventualité des termes de la législation existante.

L'honorable membre est d'avis que cette création ne préjudicie pas aux droits actuellement garantis aux héritiers, et que l'assemblée est dans l'intention de maintenir.

M. *** doute que le terme de trente ans soit reçu avec plus de faveur que l'éventualité de la législation existante qui permet d'espérer une jouissance beaucoup plus longue.

M. *** prétend, au contraire, que la certitude d'un terme fixe offre beaucoup plus d'avantages ; en effet, l'éventualité de l'autre système, en faveur des cessionnaires, ne se borne pas aux chances qui peuvent résulter de la mort de l'auteur, mais encore de celle de sa veuve ou de ses enfans.

M. *** ajoute que le terme de trente ans offre l'avantage d'assurer les spéculations, l'incertitude étant telle aujourd'hui, à cet égard, que les plus longs traités ne dépassent guère huit ou dix ans. Le terme de trente ans est tout-à-fait favorable, car, si au bout de ce tems le libraire n'a pas tiré parti de la propriété qu'il a acquise, il ne le tirera jamais.

M. *** demande si les dispositions testamentaires seront comprises dans les cas de cession, spécifiés par le premier paragraphe.

M. *** observe que c'est une nouvelle question, et propose que les cas spécifiés soient restreints aux dispositions entre vifs.

Le premier paragraphe de l'article second est adopté avec cet amendement, et sauf rédaction.

L'assemblée décide également que le droit de renouvellement, proposé par un des membres, sera énoncé à la suite du premier paragraphe.

M. le président donne lecture du second paragraphe, ainsi conçu :

« Si l'auteur a fait imprimer son ouvrage pour son compte, ses héritiers » jouiront, à dater du jour de la première publication, du même droit que » les cessionnaires. »

Sur l'observation d'un membre, qui trouve de l'obscurité dans la rédaction de cet article, M. le baron Cuvier propose d'ajouter ces mots : « Si » l'auteur a publié lui-même son ouvrage. » Cette proposition est renvoyée à la commission de rédaction.

M. *** demande une explication sur les intentions de l'assemblée. Quant à lui, il n'a pas entendu que le droit personnel à l'auteur et celui qui échéait par transmission aux héritiers, pussent marcher ensemble.

M. *** prétend, au contraire, qu'il n'y a pas incompatibilité entre les deux droits. D'un côté, l'assemblée reconnaît l'avantage du terme fixe, adopté par la loi anglaise ; de l'autre, elle s'est prononcée sur l'intention de maintenir les droits consacrés par la législation existante ; les deux espèces de droit, loin de se nuire, s'absorberont mutuellement.

M. *** voit, dans ce cumul, l'inconvénient de faire durer trop long-tems le droit exclusif de propriété. Il semble à l'honorable membre qu'on fait aujourd'hui trop bon marché du domaine public. Quant à lui, il ne peut considérer du même œil l'auteur et ses héritiers. Si, par le terme de trente ans, on arrive à faire retirer à l'auteur tout le bénéfice qu'il peut raisonnablement espérer, l'honorable membre ne pense pas qu'on doive laisser subsister un droit qu'on n'a laissé aux héritiers que parce que l'auteur ne l'avait pas.

M. *** rétablit la question : il observe que l'objet en discussion étant le second paragraphe du deuxième article, on ne doit pas s'occuper encore du cumul, qui fait l'objet de l'article suivant.

M. le président met aux voix le second paragraphe, qui est adopté par l'assemblée, toujours sauf rédaction.

M. *** demande si l'on doit entendre ce paragraphe dans ce sens que, si l'auteur a publié son livre lui-même, on devra le considérer comme ayant droit au *maximum* du terme de cession.

Réponse affirmative.

M. **LE PRÉSIDENT** met en discussion l'article 3, ainsi conçu :

« Si l'auteur n'a point disposé de son droit ou si l'édition qu'il a faite
» pour son compte est épuisée, ses héritiers en ligne directe jouiront du
» droit exclusif de le publier pendant vingt ans ; ses héritiers collatéraux
» en jouiront pendant dix ans. »

M. *** observe que cet article contient une contradiction avec les principes précédemment adoptés ; qu'en effet ces mots : « *Si l'édition qu'il en a faite pour son compte est épuisée,* » prononcent contre l'auteur une déchéance anticipée et dénuée de motifs. Il est en effet un grand nombre d'ouvrages pour lesquels des avances considérables sont nécessaires, et dont plusieurs éditions seulement peuvent couvrir les frais.

L'ASSEMBLÉE ordonne que ces mots : « Si l'édition qu'il en a faite pour son
» compte est épuisée » seront retranchés de l'article.

M. *** rappelle l'opinion précédemment émise par un autre membre, et demande si l'ASSEMBLÉE adopte le cumul que l'honorable membre a combattu.

M. *** propose, pour en finir, d'accorder aux héritiers un terme de trente ans après la mort des auteurs ; il pense que cette décision apaiserait les plaintes, simplifierait la loi et empêcherait de se jeter dans le labyrinthe des contributions.

M. *** remarque qu'en adoptant cette mesure, on préjudicierait aux droits du domaine public ; qu'on a déclaré vouloir, avant tout, ménager.

M. *** ajoute de nouveaux développemens à l'opinion qu'il a précédemment émise ; il lui semble que parler du cumul des droits, c'est comme si on parlait du cumul des principes. Si on établit un droit fixe et personnel à l'auteur pour faciliter les cessions ; ce droit est aléatoire relativement à à l'époque de sa mort, puisque ses ayant-cause courent les chances de jouir du droit exclusif de publication, pendant un jour, ou pendant trente ans après cette mort.

Si on admet donc en principe que le droit ne sera transmissible aux héritiers que comme continuant la personne de l'auteur ; il serait exorbitant de conserver un autre droit personnel aux héritiers. Que si on veut accorder à ceux-ci une indemnité quelconque, il faut la chercher hors des cas où la publication peut rencontrer des obstacles ; car la mise en demeure proposée à la dernière séance serait absolument impraticable. Enfin, la raison de l'honorable membre repousse le cumul; la loi qui le contiendrait lui semble une mauvaise loi ; il le repoussera avec d'autant plus de confiance qu'il sera plus certain de pouvoir dédommager les héritiers d'une autre manière.

M. *** pense que, s'il faut opter entre les deux espèces de droits., la législation actuelle est plus favorable aux auteurs, qu'il vaut donc mieux s'en tenir à cette législation que d'empirer leur condition par l'adoption de l'autre système.

M. le secrétaire fait observer qu'on ne peut être amené à regarder le terme fixe, à compter du jour de la publication, comme nuisible aux intérêts des auteurs et de leur famille, que si l'on repousse la contribution proportionnelle dont l'article suivant du projet en discussion contient l'établissement

M. *** remarque que cette contribution ne peut être favorable qu'à certains ouvrages destinés à devenir immortels ; que d'autres livres par leur nature, et indépendamment de leur mérite, voient tout leur effet borné à un tems beaucoup plus court. L'honorable membre cite pour exemple les ouvrages relatifs aux sciences exactes, qui, supérieurs à tous ceux qui les ont précédés à l'époque où on les publie , sont bientôt devancés par les progrès de la science et cessent d'être réimprimés au bout d'un terme souvent très-court.

M. *** pense que les questions contenues dans les articles 3 et 4 doivent être examinées simultanément. En effet, si on reconnaît que la rétribution est impossible à établir, on sera conduit à revenir au système de la législation actuelle, et à adopter le cumul; si on trouve un moyen facile de fixer la rétribution, il sera permis de le repousser.

M. *** s'étonne aussi qu'on ait jusqu'ici séparé les deux questions. Quant à lui, il trouverait d'autant plus d'avantage à remplacer le système de la législation actuelle par une rétribution à perpétuité, que les précautions proposées à la dernière séance, contre la destruction des ouvrages, lui semblent absolument inexécutables. L'honorable membre avertit l'assemblée de se défier des obstacles qui s'opposeraient en apparence à l'établissement du droit proportionnel ; on sait combien la contribution sur les représentations théâtrales a été fructueuse aux auteurs, et pourtant on en regardait la création comme illusoire, et l'établissement comme impossible.

M. *** propose de subordonner la question de l'art. 3 à celle de l'art. 4.

L'Assemblée décide que l'art. 4 sera discuté préalablement à l'art. 3.

M. *** pense que la rétribution, pour être justement appliquée, ne peut s'établir que sur le prix indiqué par les libraires. Ce mode aurait l'avantage de remédier aux remises excessives qui sont un scandale dans l'état actuel de la librairie, et de frapper les ouvrages en raison de leur valeur réelle.

M. *** estime que, quelle que soit l'opinion de l'Assemblée sur la manière de fixer la rétribution, le moment où elle doit frapper les livres ne peut être douteux; c'est celui de la fabrication et non celui de la vente successive des exemplaires; ce dernier mode serait inexécutable, en ce sens que la plupart des ventes en librairie ne sont que conditionnelles, et que, quand même on les considérerait comme définitives, il serait impossible de constater scrupuleusement une émission de tous les instans.....

Quant à la nature de la rétribution en elle-même, l'opinant fait observer qu'un impôt analogue fut établi sous le dernier gouvernement, et qu'il frappa le commerce de la librairie d'un marasme complet.

D'ailleurs l'exécution d'une pareille mesure semble impossible à l'honorable membre; qui pourrait garantir aux auteurs et aux libraires réciproquement le nombre des exemplaires tirés? Il faudrait des observations, des commis fiscaux : ce serait une servitude acquise pour la librairie.

On doit aussi considérer les dommages qui pourraient résulter des contrefaçons étrangères. L'influence de ces causes n'est pas insensible dans l'état de liberté où se trouve aujourd'hui la librairie française; quel ne serait pas leur effet après l'établissement du nouvel impôt?

L'opinant pense que cette contribution ruinerait entièrement le commerce sans procurer un avantage réel aux héritiers. A cette occasion, il se livre à des réflexions sur le sort de la rétribution une fois perçue, sur les formalités de consignation, sur ce qu'il y a de spécieux et pourtant de chimérique dans l'établissement d'une caisse de secours pour les veuves et enfans des gens de lettres, etc.

M. *** pense que les difficultés alléguées d'abord par le préopinant sont beaucoup plus dignes d'attention que celles par lesquelles il a terminé son exposé. L'établissement et le succès de l'agence des auteurs dramatiques répond victorieusement à celles-ci. Quant aux obstacles qui empêcheraient la perception, c'est une question politique et commerciale qui semble à l'honorable membre solliciter toute l'attention de l'ASSEMBLÉE.

M. *** déclare que l'établissement de la contribution ferait sortir, au bout de deux ans, quatre mille ouvriers et trois millions de numéraire du commerce de la librairie.

L'honorable membre revient sur le rapprochement tiré, par un des préopinans, de l'impôt sur les ouvrages dits de *labeur*.

M. *** répond que la censure rigoureuse qui existait alors a été bien plus défavorable au commerce que cet impôt.

M. *** pense que le rapprochement est défectueux, en ce sens qu'il tend à faire considérer, sous le même point de vue, un impôt illimité, et une contribution qui ne s'étendra que sur un petit nombre d'ouvrages.

L'honorable membre pense, d'ailleurs, que le droit à établir devrait être minime pour ne point nuire au commerce, et que, dans ce cas, il ne procurerait aux familles qu'un bien faible bénéfice.

M. *** estime que la rétribution qui frapperait à mesure de la vente des exemplaires, serait beaucoup plus juste. Peut-être serait-elle encore plus difficile à constater, mais, au moins, détruirait-elle en partie la force des objections des libraires. Ce serait alors un droit assimilable à celui qui se perçoit en faveur des pauvres, sur les représentations théâtrales.

M. *** revient sur les difficultés déjà opposées à ce mode de perception. L'honorable membre pense qu'il entraînerait à créer un droit de recours, de l'éditeur contre les héritiers, pour les exemplaires commissionnés et non vendus; ce qui serait la source d'interminables discussions.

M. *** regarde comme impossible l'établissement de la contribution. Le mode de surveillance semble à l'honorable membre tout-à-fait impraticable; quant à celui du timbre, il aurait besoin d'être exercé au fur et à mesure du tirage des feuilles; il déshonorerait l'art typographique et ruinerait le commerce de la librairie.

L'honorable membre revient sur les obstacles qui s'opposent à ce que le nombre des exemplaires tirés soit compté avec exactitude. Il cite pour exemple les contributions indirectes, où la perception offre tant de difficultés, quoique les objets qu'elle frappe soient bien plus faciles à déterminer. L'honorable membre fait observer qu'il est à peu près indifférent, pour l'examen de ces difficultés, que le droit de timbre ou de surveillance soit confié à l'administration ou à une agence spéciale. Qu'en effet, si l'on doit craindre, d'un côté, d'augmenter les rouages administratifs, de l'autre, les frais de l'agence absorberaient immanquablement tous les bénéfices de la contribution.

M. *** observe à ce sujet qu'on ne pourrait créer une agence spéciale pour quatre ou cinq ouvrages seulement.

M. *** pense que la question de la difficulté doit être regardée comme secondaire; qu'une simple déclaration produira toujours des bénéfices certains, et que, dans tous les cas, la fraude est pour celui qui la commet.

M. *** répond qu'une loi qui exciterait à la fraude serait repoussée comme immorale.

M. *** revient sur la proposition qu'il a faite de porter le terme de jouissance des héritiers à trente ans pour en finir.

Sur les observations d'un membre, qui demande pourquoi ce délai ne serait pas porté à quarante ans, le préopinant fait observer qu'il a choisi trente ans, comme étant le terme de la prescription légale.

M. *** demande si, pour augmenter ce terme, on a lieu de croire que le droit de publication soit déjà trop restreint.

M. *** renouvelle la proposition de la mise en demeure.

M. *** propose, si la conscience de tout le monde est rassurée, et si la perception est jugée impossible, qu'on s'en tienne à la législation existante.

M. *** observe que l'opinion de l'assemblée ne peut être entièrement formée sur cette importante question; il demande, en conséquence, que la discussion en soit remise à la prochaine séance.

Cette proposition est adoptée, et l'assemblée s'ajourne au 9 janvier.

La séance est levée à cinq heures.

Le président,
Signé le Vte DE LA ROCHEFOUCAULD.

Le secrétaire,
Signé JULES MARESCHAL.

PRINCIPES
ET DÉVELOPPEMENS

PRÉSENTÉS

PAR M. LEMERCIER,

EN LA SÉANCE DU 2 JANVIER 1826.

TABLEAU SYNOPTIQUE.

PRINCIPES.	CONSÉQUENCES.	APPLICATIONS FAITES OU A FAIRE.
La jouissance de tout ce qui est créé dans la nature, sans l'aide de l'industrie humaine, appartient à tous. La lumière, la chaleur, l'air, l'eau, etc., appartiennent à la généralité des hommes. Il en est ainsi de la pensée, faculté sensible, mais incorporelle, insaisissable, impondérable, inappréciable comme la clarté du jour.	Puisque la pensée, étant une faculté naturellement immatérielle, appartient généralement à tous, et n'est susceptible d'être la propriété de personne, l'émission et la propagation des œuvres incorporelles de la pensée entrent dans le domaine public.	Les lois, les règlemens et les mœurs n'ont, dans aucun pays et dans aucun tems, régi ni restreint la libre expression de la pensée que par des raisons, ou vraies ou fausses, d'utilité publique.
Ce que l'homme produit par ses facultés propres lui appartient individuellement : il en est de même de la production résultante d'une culture quelconque.	L'usage que les hommes font des choses et de leurs élémens, et les produits qui résultent de cet emploi deviennent des propriétés acquises par l'invention, par le travail et par l'industrie physique ou morale. Par exemple, l'emploi que l'opticien fait des rayons de la lumière n'appartient qu'à lui. De même, l'usage qu'un musicien fait du son, et qu'un auteur fait de la pensée, devient leur propriété.	Les brevets d'invention et de perfectionnement, les priviléges d'imprimer, et de vendre et de débiter, accordés aux auteurs ou à leurs cessionnaires, et garantis par l'autorité royale et par les tribunaux civils, en ont reconnu implicitement et constaté la propriété personnelle, malgré les restrictions qui la rendent temporaire par nécessité d'utilité générale.
Les restrictions ne peuvent équitablement rendre un droit temporaire que par absolue nécessité d'en borner l'exercice.	Or, on limite la durée des conditions exclusives des brevets d'invention par impossibilité absolue de les prolonger sans nuire au bien de la société entière.	Termes prescrits et diversement fixés aux brevets d'invention et de perfectionnement, et aux priviléges, par les ordonnances et par les règlemens administratifs.
Tout droit exclusif accordé à qui n'est pas propriétaire est un privilége ; et le droit exclusif reconnu et maintenu dans la personne d'un propriétaire, est	Or, la faculté exclusive d'exploiter à leur profit personnel accordée aux libraires, aux comédiens et aux directeurs de spectacles, ne constitue pas un	Les anciennes ordonnances, les lois récentes de l'assemblée constituante et de la convention, et les arrêtés de l'empire, n'ont fait que transporter aux

PRINCIPES.

la garantie légale de sa propriété même.

Aucune prétention illusoire de possession ne doit arrêter le cours de la pensée humaine exprimée dans les œuvres édites, du moment de la publication d'un écrit, après la vie de l'auteur, qui seul est propriétaire de la chose entière tant qu'il ne l'a pas concédée, et qui garde une forme invariable après sa mort. Le fonds intellectuel demeure inaliénablement en propre à la société humaine ; mais le produit pécuniaire et palpable des œuvres de la pensée compose un bien matériel et positif, semblable à toutes les valeurs mobilières et immobilières sur lesquelles ont statué nos lois.

Le *domaine public* n'appartient à personne, parce qu'il appartient à tous : tels les ports, les grandes voies, les rivières navigables, etc.

Le *domaine de l'état* diffère en

CONSÉQUENCES.

droit de propriété, mais un monopole autorisé par un privilége temporaire et révocable : au contraire, le pouvoir exclusif d'exploiter les bénéfices de ce qu'on a fait soi-même ou acquis, est un droit personnel imprescriptible, qu'on a très-abusivement nommé privilége, à l'égard des auteurs, puisque ce droit exclusif de propriété est même une partie du prix par lequel le public les rémunère des ouvrages qu'ils lui cèdent, à la charge de cette juste rétribution préalable.

Or, en distinguant l'essence de la chose du produit de la chose même, le fonds principal des ouvrages livrés à l'impression est une réelle donation entre-vifs, faite, par les auteurs et compositeurs, au public ; donation dont l'objet capital est inaliénable après leur décès, parce que sa valeur éventuelle, précaire, et produite par le public même, n'est plus précisément appréciable et peut s'atténuer ou s'accroître indéfiniment par l'effet du tems et de la variation des idées. Mais le produit matériel ou revenu effectif de ce fonds doit, après les auteurs, être transmissible perpétuellement à leurs héritiers ou à leurs cessionnaires, seulement possesseurs de la jouissance des fruits, et non propriétaires absolus et primitifs du fonds.

Puisque tout ce qu'on ne peut posséder personnellement appartient à la généralité des hommes, le fonds de la littérature et des arts est propriété publique et richesse nationale

APPLICATIONS.

libraires et aux entrepreneurs de théâtres le droit exclusif de propriété, qui appartient personnellement aux auteurs et à leurs familles , et qui ne doit être ni temporaire ni révocable, mais transmissible à perpétuité, selon qu'on le déclarait même dans les motifs des vieux édits royaux.

Notre législation sur la liberté de la presse est conforme , en partie , à cette conséquence , puisqu'elle autorise tous les éditeurs à imprimer, graver, débiter et vendre les écrits et la musique des auteurs défunts, après une époque déterminée.

Cette conséquence recevrait son application complète par la transmissibilité perpétuelle du produit pécuniaire des ouvrages à tous les héritiers ou ayant-causes, ou légataires, des auteurs et des compositeurs.

L'article 538 du Code civil déclare que tous les objets qui ne sont pas susceptibles d'une propriété privée, sont considérés comme des dépendances du domaine public.

PRINCIPES.

cela qu'il est possédé par le gouvernement, qu'il s'accroît par les successions de déshérence ; qu'il peut être concédé, échangé, aliéné suivant un intérêt particulier et par les lois politiques : il rentre ainsi dans les conditions du *domaine privé*, dont les propriétaires disposent selon leur volonté, soumise aux lois de la société, autrement dites lois civiles.

La pensée est incorporelle, mais la pensée écrite, imprimée ou gravée reçoit un corps de la main d'œuvre, et c'est en cela qu'elle devient une propriété lucrative de son auteur et de ses éditeurs par le manuscrit et par l'impression, propriété qui peut avoir une valeur convenue et déterminée entre eux ; mais la pensée écrite de l'auteur défunt peut se dérober à toute appréciation fixe et même approximative, et devenir susceptible d'un produit variable à l'infini.

CONSÉQUENCES.

et même universelle. Selon les différences établies entre les trois genres de propriétés du public, de l'état et des individus, chacune d'elles est passible de lois restrictives, très-distinctes et particulières, tendant à leur plus grand profit mutuel et à leurs garanties respectives.

Il y a des propriétés dépendantes des trois espèces de domaines. Par exemple, la propriété des canaux et des ponts est, à la fois publique à l'égard du droit de libre navigation et de passage qu'on ne peut interdire, moyennant un prix payé d'après le tarif, et particulière à l'égard des actionnaires qui disposent personnellement et commercialement de leurs actions et des intérêts qu'elles rapportent.

Or, l'auteur étant maître de la chose qu'il a créée, a droit d'en disposer par vente absolue ou partielle, par donation, par testament, et aussi d'en transmettre le produit à ses héritiers. Si les ouvrages publiés paraissent trop difficiles à soumettre aux estimations précises ou volontaires, on peut former le revenu successif de ces ouvrages en établissant le tarif d'une redevance proportionnelle au nombre d'éditions, de volumes et à la mesure du format, droit perpétuel qui deviendra le seul héritage régulier qu'on puisse attribuer aux successeurs légitimes.

APPLICATIONS.

Les lois générales ne permettent pas à l'état de s'emparer du domaine de la société tout entière, ni du fonds, ni des fruits du domaine privé, sans indemnité préalable ; mais des sujétions, des gênes et des redevances imposées les atteignent diversement dans leurs droits distincts que la législation limite et circonscrit.

Ordonnances royales, déclarations, priviléges et lettres-patentes de 1586, 1626, 1627, 1629, 1643, 1686 et 1701, arrêts du conseil de 1777 et 1778 ; tous ces actes cités sur la matière et sur l'espèce, dans les Mémoires des jurisconsultes, consacrent, en vertu de l'ancienne législation française, la transmissibilité indéfinie de la propriété littéraire non définie, relativement à son produit matériel et lucratif qui, bien qu'elle n'ait pas été précisément exprimée dans nos lois insuffisantes, ne fut jamais contestée, ni contestable, ni problématique.

Nos lois ont reconnu ce principe et cette conséquence (quoique très-imparfaitement), en statuant la propriété des auteurs vivans, et en étendant ses droits à leurs veuves et à leurs familles, jusqu'à cinq et dix et vingt ans après leur mort. L'inconséquence et l'arbitraire de l'application citée n'apparaît que dans les limites qui ont borné ces mêmes droits et transigé sur celui des vrais propriétaires.

PRINCIPES.	CONSÉQUENCES.	APPLICATIONS.

Le fonds littéraire étant du domaine public et non du domaine de l'état, celui-ci n'en peut disposer, user ni abuser; le produit de ce fonds étant considéré comme dépendance du domaine public, ne peut échoir ni rentrer dans la propriété du gouvernement par déshérence, ainsi que les autres biens du domaine privé; et le revenu de ce fonds ou principal, à défaut d'héritiers privés, ne peut non plus lui revenir, étant considéré comme dépendance de la propriété publique.

Or, en cas de déshérence, le produit usufructuaire doit être attribué à un profit général, tel que celui qui résulterait d'une caisse commune, spéciale, de secours perpétuels et d'indemnités pour les écrivains, les artistes, les éditeurs et les acteurs, afin de servir au bien commun résultant des sciences, des belles-lettres et des beaux-arts, puisque, après décès de producteurs et extinction de leurs descendans et d'ayant-causes, les fruits du fonds littéraire et scientifique retournent à la société tout entière, autant que le capital.

Organisation d'une caisse spéciale destinée, après extinction d'héritiers légitimes, à recevoir et à payer le revenu perpétuel des ouvrages, revenu consacré à l'intérêt général de la littérature, des sciences et des arts, dont elle soutiendra la puissance et l'éclat en alimentant les hommes qui les cultivent et leurs familles.

Les fruits transmissibles de la propriété intellectuelle et littéraire ne doivent être versés qu'aux mains des personnes qui augmentent le revenu de cette richesse publique; et ce revenu, qui n'est point reversible par déshérence dans le domaine de l'état, doit profiter à l'accroissement des avantages littéraires qu'en retire généralement la société.

Or, la caisse spéciale, étant créée uniquement à l'avantage des producteurs de la richesse littéraire et scientifique, dépendante du domaine public, ne doit être confiée, régie, administrée que par des dépositaires choisis par les savans, les écrivains et les artistes, et proposés par eux et non par les administrateurs du domaine de l'état, qui pourraient en affecter les sommes et les rentes à divers services étrangers aux lettres, aux sciences et aux arts.

La caisse littéraire recevra les produits des ouvrages, après la mort des auteurs et après l'extinction de leurs familles et de celles de leurs cessionnaires; elle sera dépositaire de consignations faites par les éditeurs. On y puisera les pensions et secours accordés aux écrivains et aux artistes qui lui présenteront un titre approuvé par les académies, les universités, et par la communauté des auteurs et des compositeurs. Son caissier, ses régisseurs, seront élus à la majorité des votes des littérateurs et des artistes convoqués en leurs bureaux. La caisse sera surveillée par un commissaire du gouvernement, nommé par le Roi.

Aucune loi, aucun contrat, aucune transaction, ne doit avoir d'effet rétroactif.

La reprise que le domaine public fait de ses droits imprescriptibles, dont il a été frustré, ou dont la jouissance a été pour lui suspendue, par suite de per-

Or, les contrats passés, les marchés conclus, les transactions antérieurement souscrites, les lois déjà rendues ne peuvent subir nulle atteinte et nul préjudice de la nouvelle reconnaissance de la propriété littéraire.

Nos lois ont arbitrairement limité à dix ans pour les œuvres théâtrales et à vingt ans pour les écrits imprimés, la jouissance du droit de succéder. Ces dispositions sont attentatoires au principe de la propriété; mais, par suite de leur effet, des mar-

PRINCIPES.

missions temporaires et de priviléges accordés à autrui, n'est point une *rétroactivité*, lorsqu'elle n'est préjudiciable à aucun droit de possesseur, à aucun tiers et à aucune convention légalisée.

Le produit positif du fonds incorporel de la littérature, soumis à la transmission perpétuelle et au partage entre un nombre indéfini de collatéraux, peut recevoir son estimation, par arbitrage ou par expertise, en cas où la subdivision de la chose rendrait une licitation nécessaire au profit d'un acquéreur unique, pour que le droit de redevance ne devienne pas illusoire à l'égard de tous les héritiers co-partageans.

Le domaine public est régi par des lois et règlemens qui le modifient autrement que le do-

CONSÉQUENCES.

La conséquence du second principe établit le droit de la nation à rentrer dans les fruits de l'ancienne littérature et de l'ancien répertoire, à défaut d'héritiers de leur produit. La société reste donc maîtresse de régler, de reprendre en partie ou d'abandonner totalement la jouissance de ces fruits littéraires, selon l'intérêt de ses propres convenances, de la libre expansion et circulation des lumières, et de la facile exploitation des libraires, et après l'examen attentif de la balance commerciale.

Or, la propriété littéraire, devant rester inaliénable pour exister publiquement, et l'émission des œuvres de la pensée ne devant être arrêtée par aucun obstacle de chicane, ni entravée par aucun procès litigieux, ni hypothéquée d'aucune façon, puisque son cours non interrompu en forme et en augmente la valeur, il faut qu'on imprime, qu'on grave, et qu'on publie sans qu'il soit besoin d'obtenir l'autorisation et la permission des propriétaires du revenu perpétuel, lequel, en cas de difficultés, sera versé et consigné dans la caisse d'état ou dans la nouvelle caisse commune, à l'effet d'être touché par les ayant-causes ou ayant-droits, sans que nulle contestation judiciaire puisse suspendre la publicité des éditions et des représentations fructueuses au public et aux héritiers.

Or, les anciens ouvrages des auteurs morts, et sans héritiers aujourd'hui, étant considérés

APPLICATIONS.

chés ont été volontairement contractés, et des achats faits dans l'espoir du bénéfice de ces lois. Tout le passé restera donc invariablement maintenu, et les applications du principe de la propriété, tant publique que privée, ne dateront et ne seront exécutoires qu'après l'expiration des clauses de toute vente conclue, et des termes fixés par les règlemens antérieurs au jour de la nouvelle déclaration légale et seulement promulguée pour l'avenir.

Etablissement d'un droit, sous le nom de redevance proportionnelle de publication, payable par les éditeurs sur la vente progressive des impressions, à l'instar de celui que paient les directeurs de spectacles et les comédiens aux auteurs dramatiques. Le taux en sera fixé sur les bases qu'on jugera le plus équitablement profitables aux deux parties, après le prélèvement réglé des frais d'imprimerie comme de théâtre, et seulement sur les bénéfices graduels de vente de librairie ou de caisse théâtrale.

Le droit nommé redevance proportionnelle de publication et de représentation pourra,

PRINCIPES.　　CONSÉQUENCES.　　APPLICATIONS.

maine de l'état et que le domaine privé.

comme une richesse nationale, doivent être à l'abri de tout règlement qui tendrait à les anéantir, et doivent être réimprimés, publiés et représentés librement, ainsi que les ouvrages nouveaux le seront sans la permission des héritiers, moyennant un droit payé d'après le tarif; mais si les redevances de publication étaient appliquées à l'ancienne littérature dans une proportion égale à celles que recevraient les propriétaires vivans, la préférence quelquefois donnée aux nouveautés finirait par faire tomber la culture des grands modèles en désuétude, ou changerait l'équilibre du commerce à l'avantage de l'étranger. Il faut donc prévenir ces dommages par des restrictions au droit général et commun des redevances bénéficiaires.

comme ci-devant, être abandonné entièrement, et s'il est perçu, ne s'élèvera proportionnellement qu'à une valeur moindre ou qu'à la moitié de la redevance payable aux successeurs des auteurs vivans, et versable après leur extinction, dans la caisse spécialement instituée au profit des lettres et des arts en France.

La propriété littéraire, dont les ordonnances et les priviléges ont déversé parfois ou borné la jouissance, est originellement imprescriptible, incontestable, et n'a jamais été mise en problème. (*Discours de l'ancien avocat-général Séguier.*)

Or, puisqu'elle existe, il faut qu'elle soit clairement définie et garantie comme les autres propriétés, par les lois dont la définition et déclaration du principe est la première base.

Déclaration légale qui institue expressément la propriété littéraire en sa double espèce, intellectuelle et appartenant au public, matérielle et appartenant aux auteurs et à leurs familles, en ligne ascendante et descendante, directe et collatérale. Lois qui fondent ses garanties nécessaires, conformément aux autres droits reconnus et établis dans notre code constitutif.

Aucune loi n'est maintenue et fidèlement exécutée si des règlemens répressifs de contraventions ne la défendent et ne l'appuient.

Or, les attentats au droit de la propriété littéraire héréditaire, tels que le plagiat, la fraude, les contrefaçons, les refus de paiement des redevances, doivent être sévèrement punis pour que la loi rendue ne soit point une protection illusoire.

Loi pénale appliquée à la matière, conformément aux règles du Code civil.

CONSIDÉRATIONS FINALES.

LES fruits de la pensée peuvent s'assimiler, sous tous les rapports, aux fruits territoriaux : le renouvellement continu des éditions en multiplie les bénéfices par la publicité, comme la culture multiplie ceux des biens fonciers.

Or, les éditeurs et directeurs qui cultivent les biens littéraires doivent être regardés comme les fermiers généraux du public et les fermiers directs des auteurs et de leurs représentans : ces biens sont matières commerciales, négociables à l'étranger, sujettes à l'importation et à l'exportation, et propres à enrichir nos voisins après nous avoir enrichis. Les héritiers sont dans la même condition que ceux des terres, qui n'ont plus de droit sur les bénéfices des graines céréales vendues et exportées pour ensemencer les champs dans toutes les parties du monde où le cultivateur les sème après les avoir acquises. La multiplication infinie des quintaux de blé vendus au dehors du pays par le propriétaire foncier cesse de lui valoir un surplus de profit personnel, depuis qu'ils sont exportés après le premier paiement convenu et effectué.

D'après ces considérations, les héritiers et ayant-causes des auteurs toucheraient le produit des ouvrages littéraires, et la caisse commune, où seraient puisés les secours, pensions et récompenses, recevrait le versement du revenu de ces ouvrages, seulement dans l'intérieur de la France, sans que ce droit pût donner lieu à nulle prétention d'en poursuivre les redevances au dehors du pays et dans les contrées régies par d'autres lois que les nôtres.

PROCÈS-VERBAL

DE LA QUATRIÈME SÉANCE.

DU LUNDI NEUF JANVIER MIL HUIT CENT VINGT-SIX.

MEMBRES présens à la séance :

MM.

Le comte PORTALIS, pair de France.

ROYER-COLLARD . . . . }
PARDESSUS . . . . } députés. —

De VATIMESNIL, conseiller d'état.

VILLEMAIN . . . . }
DELAVILLE DE MIREMONT . . . . } maîtres des requêtes.

RAYNOUARD . . . .)
PARSEVAL-GRANDMAISON . . . .)
PICARD . . . .)
ALEXANDRE DUVAL . . . . } membres des 4 académies.
MICHAUD . . . .)
Le baron CUVIER. . . . .)

Le baron TAYLOR, commissaire royal près le Théâtre-Français.

LEMERCIER, de l'académie française. . . }
MOREAU, homme de lettres. . . . . . . } commissaires des auteurs
CHAMPEIN, compositeur. . . . . } dramatiques.

Talma , sociétaire du Théâtre-Français.

Firmin Didot . . . . }
Renouard . . . . } délégués des libraires.

M. le Vte de La Rochefoucauld , *président.*

M. Jules Mareschal , *secrétaire.*

La séance est ouverte à une heure et demie.

M. le président annonce que M. Lainé est absent de Paris ; que MM. de Lally-Tolendal et Bellart sont indisposés, et que MM. Fourrier et Etienne sont retenus ailleurs par des travaux urgens.

Sur l'invitation de M. le président, il est fait lecture , par le secrétaire, du procès-verbal de la séance du 2 janvier dernier.

Cette lecture donne lieu à une observation de M. Picard, tendante à réparer l'omission qui a été faite d'une observation sur les termes du décret du 5 février 1810.

M. le secrétaire répond que cette observation, n'ayant d'autre but que d'expliquer la distinction, que fait l'article du décret, entre les enfans de l'auteur et ses autres héritiers, on a cru devoir s'abstenir d'une explication sur laquelle l'opinion des jurisconsultes et du conseil d'état est, depuis long-tems, fixée. Toutefois M. le secrétaire annonce que, d'après le désir exprimé par l'honorable membre, et si l'assemblée n'en juge autrement, l'omission qu'il a signalée sera réparée par une mention au procès-verbal de la présente séance.

Cette observation ayant été approuvée unanimement, la rectification demandée est ordonnée ;

Et le procès-verbal est, au surplus, adopté dans toutes ses parties.

M. le président annonce que M. le secrétaire a désiré soumettre à l'assemblée des observations sur l'état actuel de la discussion, et que la parole lui est accordée.

M. Jules Mareschal donne, en conséquence, lecture de ses observations, qui tendent à rappeler, d'une manière toute spéciale, l'attention de l'assemblée sur la proposition, déjà faite, d'établir une taxe perpétuelle, au profit des héritiers, sur les réimpressions ; et à démontrer que les difficultés d'application qu'on a cru apercevoir dans ce système n'existent pas d'une manière aussi absolue qu'on l'a pensé, et que ces difficultés ne sont pas insolubles.

L'assemblée, consultée, ordonne l'impression et la distribution à domicile des Observations présentées par M. le secrétaire (1).

Après cette décision, M. le président annonce que M. le marquis de Lally-Tolendal, retenu chez lui par une indisposition grave, l'a chargé d'exprimer à la commission le sincère regret qu'il éprouve de ne pouvoir se rendre à la séance; qu'en même tems l'honorable membre lui a adressé des réflexions écrites sur la question qui doit faire l'objet de la délibération de l'assemblée en cette séance.

M. le président, pensant que l'assemblée ne peut qu'accueillir, avec le plus vif intérêt, ces Réflexions, en propose la lecture.

L'assemblée, à l'unanimité, déclare adopter, avec empressement, cette proposition.

En conséquence, et sur l'invitation de M. le président, M. Jules Mareschal donne lecture des réflexions dont il s'agit (2).

Ouï cette lecture:

L'assemblée témoigne, avec la même unanimité, toute la satisfaction que lui ont fait éprouver les idées judicieuses, exprimées d'une manière à la fois si piquante et si noble, par M. le marquis de Lally-Tolendal;

Et considérant ce travail comme l'un des élémens les plus précieux de la discussion,

Arrête qu'il sera imprimé et distribué.

La discussion étant ouverte,

M. *** annonce qu'il a préparé un projet tendant à régler la mise en demeure, dont l'assemblée a paru sentir la nécessité aux précédentes séances, relativement à la réimpression des ouvrages, mais que les dispositions qu'il propose se trouvant naturellement subordonnées à l'issue que doit avoir la discussion ouverte en ce moment sur la rétribution des familles, il pense que son projet ne pourra être soumis à l'assemblée qu'après cette décision.

---

(1) Voir ces Observations, à la suite du procès-verbal.
(2) Voir ces Réflexions, à la suite du procès-verbal.

M. *** pense que, pour établir un ordre régulier dans cette discussion, il importe d'épuiser entièrement l'examen du système, où la jouissance exclusive de la propriété, sauf la mise en demeure dont on a déjà parlé plusieurs fois, pourrait être assurée aux héritiers des auteurs, à perpétuité, ou pour un terme beaucoup plus long que celui de la législation existante. Quant à lui, cette mise en demeure lui semble facile à établir; l'intérêt des héritiers lui répond de l'exécution de la loi; enfin l'honorable membre croit que ces précautions détruisent les objections les plus fortes, et il demande pourquoi l'on n'accorderait pas aux héritiers la propriété absolue, sauf ces restrictions

M. *** fait observer que, pour savoir si le droit exclusif de propriété doit être conservé aux héritiers pendant un espace de tems plus ou moins long, il importe de considérer la nature de ce droit. Or, s'il est vrai de dire que cette propriété soit personnelle à l'auteur, la personne de celui-ci serait injustement perpétuée, si ses héritiers pouvaient anéantir ou mutiler son ouvrage.

Ces derniers ne peuvent donc prétendre qu'aux bénéfices de la publication; ces bénéfices leur seront-ils exclusivement dévolus? ne leur en sera-t-il accordé qu'une partie, à titre de rétribution, sur la reproduction libre des ouvrages? c'est ce qu'il faudra examiner. Mais, avant tout, il est nécessaire d'attribuer aux héritiers un droit exclusif en ce sens, qu'il ne pourra être possédé par d'autres que par eux, quels qu'en soient d'ailleurs la nature et les effets.

M. *** conçoit bien que le droit de ravir un ouvrage au public ne puisse appartenir qu'à l'auteur; mais il se trouve que ce droit même, avec tous ceux de la propriété, appartient aux héritiers; et il a été dit que la législation existante serait maintenue; si donc on établissait aujourd'hui que la propriété lucrative resterait seule aux héritiers de l'auteur, on rendrait la position des héritiers pire qu'elle ne l'est maintenant, et on manquerait ainsi au vœu exprimé par l'assemblée.

M. *** observe que la discussion, d'après la tournure qu'elle a prise, roule maintenant dans un cercle vicieux, dont elle pourrait bien ne pas sortir.

Pour rétablir les choses sous leur véritable point de vue, l'honorable membre fait remarquer que trois systèmes principaux ont été présentés;

les deux premiers absolus, et le troisième intermédiaire entre les deux autres.

Par le premier, on voudrait attribuer aux héritiers de l'auteur un droit exclusif et perpétuel sur la propriété de ses ouvrages. Par le second, on prétendrait déclarer que cette propriété absolue ne peut appartenir, en aucun tems, aux héritiers. Par la troisième, enfin, on voudrait l'assurer contre les dangers d'une possession trop longue du droit de propriété exclusive, en séparant, de ce droit, celui de supprimer les ouvrages. On conçoit que la solution de cette troisième question soit subordonnée à celle de la seconde. L'honorable membre propose donc de discuter d'abord la proposition la plus absolue, puis la seconde et puis enfin la troisième.

M. *** pense que le préopinant a défini avec netteté la difficulté de la discussion; cependant il aurait été préférable de subordonner l'examen de la première question à la solution de la seconde; car, si l'on déclare en principe que le droit est perpétuel, et qu'ensuite on reconnaisse que la rétribution est impossible à établir, il faudra, de toute nécessité, revenir sur ses pas.

M. *** fait observer que la proposition dont a parlé le préopinant était toute différente de celle qu'il vient d'énoncer. Cette proposition ne tendait pas à faire établir une rétribution sur les ouvrages, mais à en attribuer l'exploitation exclusive aux héritiers, sauf les précautions à prendre pour assurer la réimpression. Enfin elle tendait à ranger cette propriété dans la classe ordinaire, sauf une servitude envers le public. C'est cette première question qu'il importe de vider; pour arriver à cette solution, l'honorable membre pense qu'il faut en revenir aux principes émis à la première séance. Il a été reconnu qu'il fallait distinguer l'origine des droits de l'auteur de l'origine de la propriété commune; que, par la publication, l'auteur était considéré comme ayant livré son ouvrage à la société sous la seule réserve, outre la faculté d'en percevoir les bénéfices, de disposer de cet ouvrage tant qu'il n'est pas censé avoir reçu sa forme définitive, c'est-à-dire tant que l'auteur, encore vivant, peut vouloir le corriger, le modifier ou même l'anéantir; que, dès lors, ce droit devait être considéré comme purement personnel, intransmissible et incommunicable;

Que l'on était conduit par là à déclarer le droit exclusif de publication borné à la vie de l'auteur, sauf à reconnaître aux héritiers le droit de jouir des avantages matériels de cette publication. Cependant, il a été observé qu'il ne fallait pas empirer la législation existante ; on a donc admis, par exception, le droit exclusif des héritiers comme dérivant du bienfait d'une loi actuellement en vigueur. Dès ce moment, il faut écarter l'idée d'en étendre la jouissance au-delà des termes de cette loi.

La proposition faite à cet égard n'est donc pas admissible, même avec les précautions qu'elle contient.

M. *** pense que la proposition dont il s'agit, déjà présentée par un autre membre à une séance précédente, a été rejetée par l'assemblée ; que, s'il était nécessaire d'apporter de nouveaux motifs à l'appui de cette idée, on pourrait observer que l'emploi seul du mot de propriété a perpétué l'illusion sur la nature de ce droit : il n'existe de véritable propriété que celle de l'auteur, avant la publication. Par le fait de la publication, l'auteur associe le public à sa propriété, si même il ne la lui transmet pas tout entière : il faut donc renoncer au mot de propriété pour caractériser le droit des héritiers. Le droit de propriété est inhérent à la publication, mais en reconnaissant ce droit comme dévolu au public, tout n'est pas fini pour les héritiers ; on peut leur attribuer une indemnité, une récompense, etc.

Tels sont les principes rigoureux de la matière ; mais on n'a point table rase. Il existe une législation basée sur d'autres idées, et il y a d'autant moins d'inconvénient à maintenir cette législation, que le changement qu'on voudrait opérer, en l'honneur de la raison, ne produirait que bien peu d'effet.

Mais, avant tout, c'est la perpétuité du privilége qu'il faut repousser. On a dit, avec raison, qu'il ne fallait pas troubler les droits acquis des familles ; mais on ne s'est pas assemblé non plus pour porter atteinte à ceux du public.

M. *** appuie l'opinion du préopinant. Il remarque, à ce sujet, qu'il n'est pas juste de dire que l'auteur soit propriétaire de sa pensée ; il est propriétaire seulement des droits que la loi lui accorde, après la publication.

M. LE PRÉSIDENT fait observer que l'ASSEMBLÉE est revenue involontairement sur ses pas en rouvrant la discussion sur une question déjà résolue : dans la séance précédente, il a été décidé d'abord, que le droit exclusif de publier appartenait à l'auteur pendant sa vie ; ensuite, que ce droit ne pouvait se conserver à perpétuité entre les mains de ses héritiers. La pro-

position qu'on discute en ce moment est donc devenue inutile et sans
objet.

Cependant, pour lever toute incertitude, M. LE PRÉSIDENT remet aux voix
cette question : « Le privilége sera-t-il perpétuel dans la personne des hé-
» ritiers? »

La négative est prononcée à l'unanimité par l'ASSEMBLÉE.

M. LE PRÉSIDENT annonce que la question à résoudre est maintenant
celle-ci : « A partir du moment où le droit exclusif cessera, les héritiers d'un
» auteur jouiront-ils ou non d'une rétribution sur la réimpression des
» ouvrages? »

M. *** pense que le seul point à discuter est la possibilité de la rétribution ; si ce projet ne présente que des difficultés, il est du devoir de l'ASSEM-
BLÉE de les franchir. Et pourquoi rencontrerait-on, dans cette perception
d'une taxe sur les ouvrages littéraires proprement dits, plus de difficultés
que dans la perception de la contribution dramatique?

L'honorable membre développe un projet très-étendu, qui tendrait à
frapper tous les ouvrages imprimés, sans distinction, d'un droit de deux
pour cent sur les prix de vente. Cet impôt, qui produirait plusieurs millions,
fournirait non-seulement la rétribution légitime des héritiers des auteurs,
mais encore des secours aux gens de lettres, libraires, artistes et comédiens.
On pourrait même y puiser les subventions à accorder aux grands théâtres.
L'administration en serait confiée à un comité composé des deux plus anciens
littérateurs, de deux libraires et d'un comédien. Ce comité, choisi par les
quatre académies, se réunirait, toutes les fois qu'il serait nécessaire, pour
régler la part des héritiers et celle des secours, etc.; ses agens se borneraient
à deux ou trois pour la perception de l'impôt; il ne faudrait ni inspecteurs, ni
surveillans ; *le Journal de la Librairie* pourrait servir de contrôle; on s'en
rapporterait d'ailleurs à la déclaration des libraires, qui trouveraient dans
le sein du comité des confrères attentifs à reconnaître et à prévenir la fraude.
« On pourrait, dit l'opinant, arriver, par ce moyen, à une justice sinon
» entière, au moins partielle; ce qui, comme l'a dit précédemment M. le
» secrétaire, vaut encore mieux que la perpétuité d'une injustice. »

M. *** fait observer que le préopinant a étendu la question au-delà de ses
limites; il pense que le plan développé par lui peut sans doute mériter
l'attention d'un gouvernement éclairé et protecteur; mais qu'il sort tout-à-

fait de la compétence de l'ASSEMBLÉE ; d'ailleurs, relativement aux droits des héritiers eux-mêmes, ce plan offrirait un grand inconvénient, puisqu'il ne leur accorderait qu'à titre de secours ce qu'ils peuvent réclamer comme leur propriété. Pour arriver à une loi pratique sur la matière, ajoute l'opinant, il ne faut pas s'occuper des ouvrages qui sont tombés dans le domaine public. Toute loi rétroactive serait mal reçue. Il demande en conséquence que la discussion soit circonscrite dans les bornes de la compétence de l'ASSEMBLÉE.

M. *** appuie le sentiment du préopinant ; quant au fond de la question, il regarde la perception d'abord comme impossible, ensuite comme inutile, ce qui le détermine à la rejeter sous l'un et l'autre rapport.

Sous le premier point de vue, l'honorable membre ne pense pas que la déclaration des libraires puisse tenir lieu, au moins en partie, de la surveillance. On a proposé de s'en rapporter au *Journal de la Librairie*, qui est rédigé avec beaucoup d'exactitude ; mais personne, dans l'état actuel, n'a intérêt de tromper l'administration ; tandis qu'un nouvel impôt créerait un intérêt, et l'exactitude des déclarations pourrait cesser ; d'ailleurs, il est un inconvénient beaucoup plus grave, c'est celui qui résulterait, au détriment des libraires de bonne foi, de la fausse déclaration d'un confrère de mauvaise foi, qui, en conséquence, donnerait l'ouvrage à beaucoup meilleur marché.

Enfin, sous le rapport de l'utilité, si l'impôt doit être limité au petit nombre d'ouvrages qui entreront dans le domaine public, l'administration qu'il faudrait établir en absorberait, et au delà, le produit, et le gouvernement d'ailleurs ne pourrait faire les fonds de cette administration.

M. *** demande s'il n'y aurait pas aussi quelque danger à grever l'imprimerie en France d'une condition qui n'existe pas ailleurs ; et s'il ne serait pas à craindre que cette différence ne préjudiciât grandement aux intérêts du commerce français : peut-on se séparer ainsi de ses voisins ?

M. *** fait observer que cette différence existe déjà pour les ouvrages des auteurs vivans.

M. *** ne regarde pas le mode d'inspection comme redoutable. Il ne s'agirait que de transporter aux héritiers la faculté que les auteurs ont déjà, de droit et de confiance, sur l'exécution des engagemens des libraires. D'ailleurs, dans ces engagemens faits avec les auteurs vivans, la différence est bien plus forte, et devrait bien plus exciter à la fraude. De plus, il ne faut pas s'imaginer que la perception de la contribution dramatique ait présenté, si peu d'obstacles dans l'origine, et pourtant l'on est arrivé à un résultat certain. Quant à la manière d'établir cette contribution, l'honorable membre pense qu'il y aurait de l'injustice à faire payer un droit plus fort pour les éditions de luxe que pour les éditions communes, car dans celles-là l'industrie particulière du typographe doit compter pour beaucoup.

M. *** déclare que, pour sa part, la difficulté de la perception ne l'avait point frappé, parce qu'il l'avait conçue comme une rétribution résultant d'une convention directe entre les héritiers de l'auteur et les libraires; qu'il avait toujours, dans sa pensée, repoussé les frais énormes qu'entraînerait la création d'un état-major pour la perception de la taxe. L'honorable membre avait estimé qu'il devait être établi un *maximum* pour chaque classe d'ouvrages, dans les limites duquel les ayant-cause auraient à traiter de gré à gré. C'est dans ce sens seulement qu'il semble à l'opinant que le droit des familles puisse être entendu.

M. *** demande au préopinant s'il pense que le tarif puisse avoir des bases.
Celui-ci répond affirmativement.

M. *** pense qu'il n'y aura point de difficultés à l'exécution de la loi pendant les premières années qui suivront la mort de l'auteur, mais que les obstacles deviendront insurmontables par la suite. Suivant le cours de la société, on ne peut guère suivre la filiation d'un individu au delà de trente ans : il faudra donc une caisse et une administration pour les héritiers qui ne se représenteront pas.

Le projet de soumettre la réimpression de toutes œuvres littéraires anciennes ou nouvelles à une rétribution, pour en créer une caisse générale de secours, n'est qu'une illusion, et pourtant il a excité la terreur de l'ASSEMBLÉE par l'extension de droit qu'il contenait ; si on le repousse, on a dit avec raison que le produit de la taxe se réduirait à zéro. Il faut songer que la loi ne se fait pas pour un quart d'heure. Quel en sera l'effet dans cent ans ? D'ailleurs, qui nous dit que les subalternes de l'administration ne profiteront pas d'un commencement d'impôt pour lui donner une extension effrayante ? L'honorable membre, après avoir dit qu'il fallait sonder le cœur humain, renouvelle toutes les objections déjà présentées à la dernière séance, et les rapprochemens déjà tirés des contributions indirectes.

M. *** soutient l'opinion précédemment émise, sur la possibilité d'établir une rétribution ; il pense que pour mettre à exécution son projet , il suffirait de ranger tous les ouvrages en quatre classes. Si le libraire n'avait pas traité de gré à gré avec les héritiers, une commission spéciale déciderait dans quelle classe l'ouvrage devrait être rangé. Quant au besoin de constater l'existence des héritiers, ceux-ci seraient obligés à une déclaration de filiation, qui pourrait se renouveler de dix ans en dix ans; s'ils n'avaient pas rempli cette formalité, le *Bulletin des lois* prononcerait la déchéance.

M. *** voudrait que le droit pour les réimpressions fût aussi déterminé que le péage d'un pont.

M. le secrétaire fait observer qu'il serait facile d'établir ce droit sur les feuilles d'impression.

M. *** répond que le droit dépend aussi du nombre des exemplaires ; que ce nombre ne peut être connu que par la déclaration des éditeurs ; que certains ouvrages sont de nature à être reproduits à l'infini ; que, par conséquent, là où il y aurait intérêt, il y aurait abus.

M. le secrétaire répond qu'on pourrait constater ce nombre par la marque apposée en tête des ouvrages.

M. *** demande pourquoi l'on parle des héritiers absens ; il n'est pas question de statuer pour eux ; il n'y aura pas plus d'entraves à la transmission du droit d'auteur qu'à celle de la propriété commune ; en tout état de cause celle-ci ne retourne qu'aux héritiers connus. Les vérifications sont également inutiles, on ne déléguera point une partie des intérêts privés à une branche d'administration parasite. Ces intérêts seront placés sous la protection du droit commun, et les contrevenans traduits devant les tribunaux. Si l'on est d'accord sur ces points principaux, il ne restera plus qu'à établir le tarif, et cet établissement ne présentera que peu de difficultés.

M. *** pense que, quand même on ne retirerait rien ou peu de chose de la rétribution, ce serait toujours un bel hommage rendu aux principes et à la littérature.

M. LE PRÉSIDENT demande si l'assemblée admet en principe le droit de perception.

M. *** observe que beaucoup de membres se sont prononcés pour ce principe, dans le cas où son exécution serait praticable, et que cette possibilité n'est pas encore démontrée.

M. *** déclare qu'il ne peut émettre qu'un vote conditionnel. Il ne s'agit pas de savoir seulement si la perception est possible, il faut décider aussi si elle est contraire aux droits du domaine public. L'honorable membre ne voudrait point d'une contribution établie à la pointe d'un procès.

M. LE PRÉSIDENT rappelle à l'ASSEMBLÉE la proposition déjà faite par M. le comte Portalis, de mûrir et de rédiger son projet en forme d'articles. Ce projet serait imprimé et distribué à domicile avant la première séance, il deviendrait l'objet de la discussion ultérieure de l'assemblée.

Cette proposition est adoptée. L'ASSEMBLÉE s'ajourne au 10 janvier.

La séance est levée à cinq heures.

Le président,

Signé LE Vᵗᵉ DE LA ROCHEFOUCAULD.

Le secrétaire,

Signé JULES MARESCHAL.

OBSERVATIONS

DE M. LE Mⁱˢ DE LALLY-TOLENDAL,

LUES DANS LA SÉANCE DU 9 JANVIER 1826.

OBSERVATIONS

DE M. LE Mⁱˢ DE LALLY-TOLENDAL,

LUES A LA SÉANCE DU NEUF JANVIER MIL HUIT CENT VINGT-SIX.

L'ARTICLE qui occupe actuellement la commission est d'une telle importance, qu'on pourrait dire que là est toute la question de la nouvelle loi qu'on prépare.

Maintenant, quel est le motif impérieux et transcendant de cette loi ? Dans quelle intention et pour quel but a été appelée une commission aussi nombreuse et aussi distinguée dans tous les genres, que celle dont j'ai l'honneur de me trouver membre ?

Autant j'aime à suivre Locke, Condillac et tous leurs émules, à me promener, m'avancer, ou m'égarer avec eux dans les sentiers innombrables et croisés de la métaphysique, quand il s'agit de deviner les développemens de toutes les facultés intellectuelles, ou de combiner théoriquement la pondération des pouvoirs politiques, autant je crains jusqu'à l'approche de la métaphysique, quand il est question de porter une loi pratique, simple, positive, dont le but et l'utilité sautent aux yeux de tout le monde.

Améliorer les lois qui régissent la propriété littéraire, établir des règles plus conformes à l'équité, et plus conséquentes avec elles-mêmes que n'a été la loi de la convention ; faire une *garantie pour les auteurs* de ce qui, trop long-tems, n'avait été qu'une *garantie pour le gouvernement ; constituer ces auteurs dans un état d'indépendance à l'égard des libraires ; empêcher qu'on ne voie se renouveler l'injustice qui a fait que la renommée*

des ecrivains du grand siècle est restée inutile à leurs descendans; effa-
cer l'affreux scandale de la petite-nièce de Corneille, réduite à mendier
son pain; attribuer enfin à la propriété littéraire l'espèce d'hérédité dont
elle est susceptible, voilà le premier et prédominant objet pour lequel le
Roi nous a convoqués. J'ai transcrit, dans l'exposé qui nous a été lu au
nom de Sa Majesté, toutes les définitions que je viens de parcourir, et
j'avoue que je ne puis m'accoutumer à l'idée qu'il serait possible qu'une
commission telle que celle-ci se séparât sans avoir amélioré la condition
des auteurs de toutes les classes, sans avoir consacré irrévocablement leur
propriété, sans l'avoir étendue autant qu'elle peut s'étendre, et en disant
pour excuse de notre inutilité : « Il n'y a rien de mieux à faire que ce qu'a
» fait la convention. »

La question du domaine public viendra après celle-là. Sans doute, il faut
s'en occuper; mais elle n'est que secondaire. Elle sort déjà du droit naturel
et positif, et entre dans le labyrinthe de la métaphysique. Quand je dirai
en une seule phrase : *Cet auteur a un droit de propriété sur cet ouvrage
qu'il a créé,* tout le monde me comprendra, depuis le ministre d'état jusqu'au paysan, depuis l'académicien jusqu'à l'ignorantin. Quand j'ajouterai
avec le rapporteur de l'assemblée dite *constituante :* « La plus sacrée, la
» plus inattaquable, la plus personnelle de toutes les propriétés est l'ou-
» vrage, fruit de la pensée d'un écrivain, » je serai encore compris. Peut-
être quelques personnes trouveront un peu d'exagération dans cette manière
de m'exprimer; peut-être m'objecteront-elles qu'il n'y a point de degrés
dans le respect dû aux différens genres de propriétés; que la propriété est
sacrée partout et toujours. Cependant, au superlatif près, je serai encore
entendu. Mais si, continuant à répéter ce même rapporteur, j'arrive à dire
avec lui : « Cette propriété, la plus sacrée, la plus inattaquable, la plus
» personnelle de toutes, est cependant d'un genre tout différent. Quand
» un auteur a livré son ouvrage au public, quand cet ouvrage est entre les
» mains de tout le monde, que tous les hommes instruits le connaissent,
» qu'ils se sont emparés des beautés qu'il contient, qu'ils en ont confié à leur
» mémoire les traits les plus heureux, il semble que dès ce moment l'écri-
» vain a associé le public à sa propriété, ou plutôt elle lui A ÉTÉ TRANSMISE
» TOUT ENTIÈRE, » ce qui signifierait, en dernier résultat, que *la plus
sacrée, la plus inattaquable et la plus personnelle de toutes les propriétés,*

est, de toutes les propriétés, la moins sacrée, la plus attaquable et la moins personnelle; alors les uns me jetteront au nez de toutes les contradictions la plus palpable; les autres me diront qu'ils ne me comprennent pas; et pour peu que mon plaidoyer dure, je suis sûr que le nombre de mes auditeurs sera infiniment restreint quand je finirai de parler.

Je ne me défends pas de quelque prévention sur les abus qu'on a faits si souvent de l'opposition entre les droits des individus et ceux du domaine public. J'ai vu tant d'individus dépouillés de leurs propriétés territoriales et mobilières, à qui l'on disait : *C'est pour la nation*, (et l'on sait comme elle en a profité!) que je répugne à dire aux auteurs, en les dépouillant, eux et leurs familles, de leurs propriétés littéraires : *C'est pour le public.*

Oh! il est un cas dans lequel je m'étais préparé à porter l'œil de la surveillance la plus sévère sur ce domaine public littéraire; c'eût été celui où l'on eût songé à établir une rétribution perpétuelle sur la *littérature morte*, qui est peut-être la plus vivante. Une pareille disposition eût menacé la liberté de la presse; elle nous eût menacés, par exemple, de la raréfaction des ouvrages de ce Montesquieu, qui a retrouvé les titres du genre humain; de ce Montesquieu, objet de dérision pour les meneurs de nos trois assemblées désorganisatrices, objet aujourd'hui de terreur pour tout ce qui peut rester encore de niveleurs et de factieux, d'ennemis de la liberté, de l'ordre et de la monarchie : elle nous eût menacés encore de voir passer à l'étranger ce commerce si brillant de la librairie française, qui, dans l'échelle des objets commerciaux, s'est élevé de l'avant-dernier numéro au second, et qui, dans l'année dernière, a produit pour la France vingt millions d'exportations.

Mais aucune clause de cette nature ne nous a été présentée dans les projets qui nous sont soumis. Partout, au contraire, la liberté de la presse a été posée pour base dans l'exposé qui nous a été offert par M. le commissaire du roi en cette partie. Je reviens donc à la propriété individuelle des auteurs, sur les ouvrages créés par leur génie, leurs études, leur travail de tout genre.

Je raisonne ici beaucoup plus d'après ce que j'apprends que d'après ce que je sais; mais les assertions étant vraies, les citations exactes, et les faits positifs, je puis en tirer sans témérité toutes les conclusions que dictent la saine raison et le simple bon sens.

Je désire de tout mon cœur qu'il soit démontré possible de perpétuer dans toute la race d'un auteur une portion quelconque de sa propriété littéraire par une rétribution attachée à chaque nouvelle édition de son ouvrage ; et comme les descendans de l'illustre Riquet conservent, de génération en génération, un droit pécuniaire sur ce canal que le génie patriotique de leur aïeul a creusé pour la prospérité de tant de provinces françaises, et qui assurément est aujourd'hui, dans ces contrées, une brillante partie du domaine public ; de même quand de grands écrivains ont ouvert à l'instruction, à la morale, à la vraie philosophie, enfin à l'utilité des sciences et au charme des beaux-arts des routes sans nombre, dont la borne est celle du monde', j'aimerais que leur postérité conservât un droit de péage à l'entrée de ces routes, qui, de toutes parts, conduiront l'espèce humaine à la civilisation, à la richesse, à la gloire et au bonheur.

Ce but me paraît facile à obtenir pour tout ce qui concerne la littérature dramatique. On a déjà fait de grands pas pour y arriver, et ce n'est pas là qu'on peut craindre de grandes difficultés pour perfectionner cet ouvrage. Partout où brûle la passion de la gloire, les petites et sordides passions s'éteignent. Cicéron pressait Roscius dans ses bras. Ceux qui ont écrit dans leur cabinet *Cinna*, *Britannicus*, *Zaïre*, *le Misantrope*, et ceux qui les font vivre sur la scène, ont entre eux une attraction irrésistible. Pour ne parler que des vivans, il y avait une association fraternelle entre le génie de Voltaire et le génie de Le Kain. Ils se respectaient, se chérissaient et s'agrandissaient l'un l'autre. J'étais chez Voltaire le lendemain du jour de son arrivée à Paris ; j'y étais avec Malesherbes, Turgot, Élie de Beaumont, défenseur des Calas, tous les illustres personnages du tems. A ses côtés était l'Académie française ; derrière son fauteuil, les acteurs français auxquels il allait distribuer son *Irène*, et auxquels il ne cessait de répéter : *C'est vous qui me faites vivre.* Nous tressaillîmes tous, lorsque, les yeux pleins de feu et de larmes, il s'écria tout à coup : *Plaignez-moi ! plaignez-moi ! j'arrive à Paris, et le premier mot que j'entends, c'est :* LE KAIN EST MORT ! *Et je lui crie :* «*Attends-moi, attends-moi, nous partirons ensemble !* » Et en prononçant ces mots, il étendait et promenait ses bras comme s'il eût cherché la main de son compagnon, ou pour le retenir encore quelques momens sur la terre, ou pour descendre avec lui dans la tombe..... Non, je le répète, il ne peut y avoir ni obstacle ni difficulté à la conclusion d'un traité parfait entre les auteurs et les acteurs dramatiques (1).

Mais dans toutes les autres carrières de la littérature, j'ai été effrayé, je l'avoue, de toutes les difficultés qu'on a trouvées à l'exécution d'une taxe établie à perpétuité sur toutes les éditions successives d'un ouvrage livré une fois au domaine public. J'ai été effrayé de la difficulté jusqu'à désespérer de la possibilité ; et quand ces objections innombrables nous ont été déduites par des hommes (2) que leur instruction, leur délicatesse, leur noble industrie ont placés au premier rang de leur profession, que leur caractère public et privé a mis au dessus du soupçon de sacrifier la vérité à leur intérêt, j'ai trouvé, je l'avoue, leurs objections insurmontables. Si la discussion qui va s'ouvrir les surmonte, si elle dissipe leurs craintes et les nôtres, je déclare que mon esprit va s'ouvrir avec joie à une nouvelle conviction, en convenant que je ne la prévois pas encore dans ce moment.

Mais si les objections restaient triomphantes ; si, bien malgré nous, il nous fallait renoncer à étendre sur les générations éloignées d'un auteur les fruits utiles de son domaine, de sa propriété littéraire, la conséquence que j'en tirerais, c'est qu'au moins les générations voisines de cet auteur propriétaire, ses fils et petits-fils, ses neveux et petits-neveux, ses héritiers et légataires dans les mêmes degrés, devraient être traités avec plus de faveur, disons avec plus de justice qu'ils ne le sont par les lois existantes ; c'est qu'en mettant de côté toutes ces distinctions de lignes directes et de lignes collatérales, toutes ces partitions et fractions arithmétiques de trente, de vingt-cinq, de vingt, de dix ans, je dirais, comme M. Raynouard l'a dit dans notre dernière séance, après une discussion qui m'a paru lumineuse :
« Point de taxe établie à perpétuité sur la réimpression des ouvrages qui ne
» vivent que par l'impression ; mais droit exclusif de deux fois trente ans,
» ou plutôt pour trois vies, celle de l'auteur et celle de chacune des deux
» générations qui le suivront dans sa ligne, soit directe, soit collatérale. »
Cette durée de tems a paru exciter quelques ombrages, respectables sans

---

(1) Non plus qu'entre les auteurs des paroles et ceux de la musique, entre Quinault et Lully, Bernard et Rameau, Marmontel et Grétry ou Piccini.

(2) MM. Didot et Renouard.

doute par le motif qui les élevait, puisqu'ils provenaient d'une inquiétude trop tendre pour le domaine public. Mais, Messieurs, mettons toujours les faits à la place des hypothèses.

Dans les documens authentiques qui nous ont été présentés, ne vois-je donc pas notre immortel La Fontaine, ses enfans et ses petites-filles, jouir du droit exclusif de réimprimer ses ouvrages? N'y a-t-il donc pas là trois générations?

S'agit-il de la durée du tems? Mais n'est-ce donc pas en 1761 que des lettres du roi, et un jugement de la chambre syndicale, du 14 septembre, confirmèrent aux petites-filles d'un si grand homme le droit exclusif de réimprimer les ouvrages de leur aïeul, les en reconnurent *propriétaires par droit d'hérédité*, et déclarèrent cette *propriété insaisissable ?* En 1761, n'y avait-il pas soixante-six ans que la France avait pleuré ce bon La Fontaine? Il n'est certainement pas déraisonnable de supposer que ces petites-filles, alors jeunes, aient pu vivre trente-trois ans après les soixante-six. Voilà un droit exclusif héréditaire de quatre-vingt-dix-neuf ans : c'est en général la durée des baux emphythéothiques à long terme.

Le domaine public y a-t-il perdu quelque chose? C'est, Messieurs, ce que je vous laisse à juger.

Certes, s'il y a jamais eu un ouvrage *entre les mains de tout le monde, un ouvrage que connussent tous les hommes instruits, et même non instruits, un ouvrage des beautés duquel ils s'emparassent, et dont ils confiassent les traits heureux à leur mémoire*, ce sont les fables de La Fontaine.

Eh bien! si, au lieu de ces lettres impétrées et de ce jugement obtenu par les demoiselles de La Fontaine, en 1761, aux applaudissemens de la littérature et de la société entière, un arrêt du conseil ou un jugement de la chambre syndicale eussent prononcé dans le style du rapporteur de l'assemblée constituante : *Attendu que le feu sieur de La Fontaine, en livrant son ouvrage au public, a associé ledit public à sa propriété, ou plutôt la lui a* TRANSMISE TOUT ENTIÈRE, *les demoiselles ses petites-filles sont déboutées de toute prétention à la propriété paternelle de leur aïeul; permis à tout quidam de courir sus à ladite propriété, de saisir les exemplaires étant chez les susdites demoiselles, pour qu'ils soient vendus par d'autres, sans s'embarrasser si ce sont leurs alimens qu'on leur enlève;* SI, *mandons au premier huissier sur ce requis, nonobstant* CLAMEUR DE HARO, *etc.*, je demande si un prononcé de ce genre eût été reçu avec le concert d'applaudissemens qui, dans dans toute la France, qui, dans tout le monde littéraire, accueillirent en 1761 et les lettres-patentes, si dignes de la bonté du prince, et le jugement si honorable pour la chambre syndicale ? Je demande si la *clameur de haro* eût été étouffée par le *nonobstant.*

Encore un mot sur le domaine public. Ne voit-on pas combien lui-même est intéressé au respect religieux de la propriété des auteurs ; combien il lui importe que tous ceux que la nature a doués des moyens de l'enrichir et de le fertiliser voient à côté de la gloire au moins un peu de fortune en perspective, au moins quelque chose qui ressemble à l'*aurea mediocritas*, au moins la sécurité de quelque aisance pour leur vieillesse, pour leurs enfans, pour leur veuve, même pour leurs amis ? Messieurs, il n'est personne de nous qui n'ait lu cette touchante élégie d'un fameux poète anglais se promenant mélancoliquement dans le cimetière d'une église rurale, et se disant à lui-même : *Peut-être sous cette tombe grossière repose quelque Hambden de village, auquel il n'a manqué, pour être le rival de l'autre, que d'être placé par le sort dans la région qui eût fait jaillir les éclairs de son génie patriotique !* Combien de génies littéraires ont été enfouis de même par la crainte de la perspective que présentait à son fils le père du Métromane ! Lorsqu'un libraire (celui-là n'était pas français) abusait de l'indigence, de la faiblesse, de la cécité de Milton, pour lui payer huit guinées son *Paradis perdu*, on ne devait pas être, autour de lui, fort encouragé à composer des poëmes épiques. N'avons-nous pas vu mourir de misère et de faim ce Gilbert, fait pour ressusciter Juvénal, et pour être, comme lui, le fléau des vices de son siècle ? On a dit autrefois : *Sint Mœcenates, non deerunt, Flacce, Marones.* Ce n'est pas encore là le genre d'existence entièrement conforme à la dignité de l'homme de lettres, telle que je la sens ; ce ne sont pas des libéralités, quelque respectables qu'elles soient, c'est son propre bien qu'il lui faut ; c'est ce qu'il a semé qu'il doit recueillir. Ce sont ses créations qui doivent honorer, soutenir et embellir sa vie et celle de sa famille. Je dis sa famille, parce qu'encore une fois je ne puis admettre de morcellement de sa propriété entre sa ligne directe ou collatérale. Lorsque Voltaire eut résolu de faire un fonds pour doter la petite-nièce du grand Corneille, au moment de délivrer la dot, il ne se reprit pas en disant : *Elle n'est que nièce, elle n'aura que la moitié;* il dit : *C'est le sang du grand Corneille;* et il donna la dot entière.

Je me résume, et je dis, sur le troisième article du projet qui nous occupe : « Ou établir une rétribution à perpétuité, si l'on parvient à la » démontrer possible, ou, dans le cas contraire, établir le droit exclusif » d'imprimer un ouvrage pour trois vies, celle de l'auteur, et celle de » chacune des deux générations d'héritiers qui le suivront, sauf les conven- » tions particulières que les auteurs pourront établir par contrats avec leur » libraire ou tous autres. »

OBSERVATIONS

LUES PAR M. JULES MARESCHAL,

EN LA SÉANCE DU 9 JANVIER 1826.

OBSERVATIONS

Lues par M. JULES MARESCHAL,

EN LA SÉANCE DU NEUF JANVIER MIL HUIT CENT VINGT-SIX.

MESSIEURS,

Au point où est maintenant arrivée la discussion, j'ai pensé que l'assemblée me pardonnerait de croire quelques observations nécessaires ; non pas pour éclairer une réunion, centre de toutes les lumières, mais pour appeler plus spécialement son attention sur un point qui semble n'être qu'une des spécialités de la grave question livrée à sa sagesse, et qui, dans le fait, se rattache si étroitement à la substance même de cette question, que le sort du projet en discussion dépend, on peut le dire, de la manière dont sera résolue la difficulté que présente le point dont il s'agit : je veux parler de la possibilité de perception d'un droit pécuniaire, au profit des familles d'auteurs morts, sur les éditions successives des œuvres de ceux-ci.

Vous avez sagement décidé, à votre dernière séance, qu'avant de poser définitivement le principe, il fallait examiner si des impossibilités de fait ne faisaient point obstacle à son application.

Vous avez entendu, sur le développement des causes d'où pourraient résulter ces impossibilités, les observations des honorables mandataires que le commerce de librairie a chargés de stipuler, près de vous, ses intérêts, dans les points où ils s'écartent de ceux des auteurs ou de leur descendance. Ces observations judicieuses, énergiques surtout, ont fait naître dans vos esprits beaucoup de doutes, de scrupules ; et la difficulté s'est compliquée de toute l'importance que vous avez dû naturellement attacher à des notions, produites de bonne foi, par des hommes dont le caractère mérite à tous égards votre confiance, et dont la longue pratique des matières, comme des usages de la librairie, garantit l'habileté.

Mais, Messieurs, si les représentans des libraires et du commerce ont dû trouver en vous des auditeurs bienveillans, à son tour, l'intérêt des gens de lettres réclame de vous une faveur égale, et votre justice ne croira pas devoir moins d'attention à l'examen des objections présentées, lorsque cet examen aura pour but d'en diminuer la gravité, que vous ne lui en avez accordé lorsqu'il s'est agi d'en développer toute l'importance ; c'est, Messieurs, pour cette controverse que j'ose vous demander quelques-uns de vos instans.

Certes, je rends hommage tout le premier au zèle que MM. les représentans des libraires ont mis à faire valoir les intérêts dont la défense leur a été confiée, et je trouverais non-seulement naturel, mais encore honorable que ce zèle, dominant la discussion à laquelle ils se sont livrés, les eût entraînés malgré eux dans quelques erreurs, dans quelques exagérations de fait ou de raisonnement ; j'ai du moins la conviction que, sans le devoir rigoureux d'accomplir leur mandat, le sort des familles de tant d'hommes auxquels la société doit ses plus nobles jouissances, comme la librairie ses richesses, les eût trouvés moins sévères, et faisant une juste distinction entre leurs sentimens personnels et leurs obligations comme mandataires, j'en appelle avec confiance à eux-mêmes, de l'opinion qu'ils ont manifestée devant vous sur le point en question.

Ainsi donc, tout en accordant aux objections présentées par MM. les représentans des libraires, l'intérêt qu'elles méritent sous plusieurs rapports, il m'a semblé que, sous quelques autres, elles appelaient non pas la défiance, mais le besoin d'une discussion, qui n'aurait pas plus, pour point de départ, un intérêt direct et spécial à repousser les droits des auteurs et de leurs familles, que l'intérêt de faire valoir ces droits aux dépens des libraires et du commerce en général.

C'est avec cette complète indépendance d'opinion que je me propose d'examiner les questions dont il s'agit. Loin de prétendre sacrifier les droits des uns à ceux des autres, mon vœu le plus sincère est d'arriver au point où, par une conciliation désirable, ils se trouveront mutuellement satisfaits, autant qu'ils peuvent et doivent l'être.

Avant d'aborder la réfutation que j'entreprends, il me paraît utile de rappeler très-sommairement quelques idées sur lesquelles l'assemblée s'est, ce me semble, généralement accordée.

Bien qu'elle n'ait encore fait aucune déclaration explicite de principes, il est facile cependant de tirer des dispositions qu'elle a, au moins provisoirement, adoptées, un ensemble de vues fondamentales qui doit naturellement servir de règle à ses déterminations ultérieures ; et sous ce rapport les judicieuses réflexions soumises par M. Lemercier à l'assemblée, lors de sa dernière séance, et unanimement approuvées par elle, ont fait faire un grand pas à la discussion, l'ont mûrie, pour ainsi dire, quant aux principes, et ne lui ont plus guère laissé de place que pour les difficultés d'application.

Ainsi, par exemple, il a été reconnu que le droit appelé du nom de *propriété littéraire*, n'était que bien imparfaitement assimilable au droit de propriété, tel qu'on l'entend ordinairement, et que cette différence excluait l'application de règles communes ; il a été reconnu que l'on devait assigner pour principe au droit dont il s'agit, le sentiment de justice qui oblige la société à récompenser les travaux qui contribuent à son instruction ou à ses plaisirs ; que la publication d'un ouvrage devait être considérée comme établissant un lien de droit entre l'auteur qui livre à la société le fruit de ses méditations, et la société, qui, en échange de cette jouissance, doit garantir à l'auteur le bénéfice attaché à la publication de son livre ; et l'on a vu, avec raison, dans ce quasi-contrat véritable une sorte de donation entre vifs, dont l'irrévocabilité ne s'applique pas moins aux droits que le public acquiert sur l'ouvrage, qu'à la réserve des avantages que l'auteur a dû se promettre en le lui livrant, avantages nécessairement transmissibles, communicables ; et dont la jouissance ne doit subir d'autre limitation que celle de l'intérêt social.

De là on a dû conclure que tous les bénéfices résultant des réimpressions successives, qui pourraient être perçus sans nuire à la liberté de la presse et aux intérêts généraux du commerce, devaient, en bonne justice, passer, après la mort d'un auteur, à ceux qui le représentent suivant la nature ou suivant la loi.

Une fois parvenus à ce point, ce qui restait à faire c'était de déterminer le mode de perception : à cet égard l'idée d'une rétribution proportionnelle sur les exemplaires des ouvrages réimprimés, est assurément celle qui devait se présenter d'abord, et c'est en effet sur cette idée que s'est engagée la discussion qui a occupé une partie de la dernière séance.

Deux objections principales ont été développées dans cette discussion.

On a dit, en premier lieu, que la mesure serait inexécutable, et en second lieu, qu'à supposer le contraire elle aurait, sur le commerce de la librairie, une influence désastreuse.

Je vais examiner sommairement les difficultés élevées sous chacun de ces rapports; et en signalant celles qui peuvent être réelles, comme en cherchant à résoudre celles qui me paraissent solubles, j'essaierai d'indiquer les moyens qui me semblent pouvoir conduire à l'exécution d'une mesure que l'on a représentée comme absolument impraticable.

Abordant la discussion du premier point, une question s'est d'abord présentée, celle de savoir sur quoi l'on pourrait baser la contribution à établir.

On a proposé comme terme d'évaluation, d'abord le nombre des volumes, ensuite le prix du livre.

Cette dernière proposition a paru sourire à l'esprit d'un grand nombre des membres. On a cru voir dans le choix qui en serait fait un moyen de porter remède à la disproportion qui existe entre le prix annoncé des livres et leur valeur réelle; on a trouvé en même tems que, par ce moyen, les éditeurs ne seraient pas détournés d'entreprendre des éditions de luxe; éditions qui, dans l'état actuel des choses, sont devenues une source de prospérité pour le commerce français, et un objet de première nécessité pour les consommateurs.

Il est douteux, pour moi, qu'aucun de ces avantages puisse résulter du mode d'évaluation proposé. La nécessité d'établir des remises en faveur des libraires qui prennent les ouvrages en commission, oblige l'éditeur d'élever le prix marqué au dessus du prix réel; si cette élévation est exagérée par quelques-uns d'entre eux, ce mode de déception tourne rarement à leur avantage ; le prix réel est bientôt connu, et l'éditeur ne tarde pas à être forcé d'abandonner, en faveur du premier venu, ses prétentions à un supplément de prix. Quant à l'effet qu'on attendrait, en faveur des éditions de luxe, de l'établissement de la contribution proportionnelle sur le prix annoncé des ouvrages, elle aurait, ce semble, un effet tout contraire. Il est évident que la quotité de la contribution s'élevant graduellement avec ce prix, le libraire trouvera beaucoup plus d'avantages à entreprendre des éditions moins chères, et pour lesquelles, dès lors, cette contribution sera moins élevée.

Le prix moyen des livres n'est nullement en rapport avec la différence qui existe entre les frais des éditions communes et ceux des livres bien exécutés ; or, l'éditeur qui entreprend une édition de luxe, s'il ne veut éloigner les acheteurs, se gardera bien d'élever le prix de son livre en proportion des soins et des dépenses supplémentaires qu'exige la perfection de son travail. Il est hors de doute qu'on demande et qu'on obtient, pour les éditions courantes, un prix proportionnellement plus élevé que pour les ouvrages exécutés avec magnificence. Quel désavantage n'éprouveront donc point les éditeurs habiles et scrupuleux, obligés qu'ils sont déjà de compter, en compensation des bénéfices qui leur échappent, l'honneur que leur promettent leurs entreprises, si les soins même qu'ils jugeront à propos de donner à leur ouvrage les obligent à payer aux familles des auteurs un droit graduellement plus élevé ?

Il est donc nécessaire de choisir une base plus matérielle : le nombre des volumes, ou plutôt des feuilles d'impression, est le seul moyen qui réunisse en apparence les conditions exigées. Il en avait semblé ainsi au dernier gouvernement, qui en avait fait la base de la perception d'un impôt sur la librairie ; ce mode, cependant, appliqué d'une manière aussi générale, présenterait plus d'inconvéniens encore que celui que je viens de combattre. Il est évident que, s'il était adopté, les éditeurs, afin de payer moins de droits, ne feraient plus que des éditions compactes, désavantage immense pour les bibliothèques choisies, comme pour la perfection de l'art typographique. Pour remédier à cet inconvénient, on a proposé de prendre pour point de départ la première édition du livre : le remède serait pire que le mal ; s'il procurait aux familles un bénéfice plus élevé, combien ne nuirait-il pas au commerce de la librairie ! Ce n'est pas dans un siècle ou l'on a poussé si loin le charlatanisme des points et des blancs, la déception des interlignes et des feuilles vides, qu'on peut, en y réfléchissant, insister sur une semblable proposition.

Il n'y a réellement qu'un moyen d'aplanir toute difficulté, c'est de baser l'estimation sur la nature des caractères qu'aura employés l'imprimeur. Ces caractères, soit qu'on se serve des termes arbitraires usités dans les anciennes fonderies, soit qu'on adopte l'échelle mathématique que MM. Didot ont introduite dans leur classification, offrent entre eux des points de comparaison rigoureusement appréciables. L'évaluation qui serait basée sur leurs dimensions graduelles suivrait le libraire dans toutes ses entreprises, et frapperait avec une justice égale et relative toute espèce de formats, tout emploi de caractères, depuis les volumes les plus exigus et les plus remplis, jusqu'aux moins serrés et aux plus étendus. Si, comme il arrive chaque jour, l'éditeur avait employé deux sortes de caractères à la fois, l'un, par exemple, pour la prose et l'autre pour les vers, l'un pour le texte et l'autre pour les notes, il faudrait considérer quel serait celui qui offrirait l'emploi le plus fréquent, et en faire dépendre l'évaluation ; sinon, et si les deux sortes de caractères se trouvaient employés dans une proportion à peu près égale, on établirait entre eux un prix moyen, qui deviendrait la base de la contribution.

Une fois donc fixé sur ce point, que le droit à payer aux familles peut s'appliquer à un objet rigoureusement appréciable, une question a dû s'élever, celle de savoir à quel moment la contribution frapperait les ouvrages ; si ce devait être à l'instant même de l'impression ou au fur et à mesure de la vente. Cette question a paru diviser l'assemblée ; cependant j'ai cru remarquer que les motifs allégués par les partisans du second système faisaient moins d'impression sur l'esprit de la grande majorité des membres. En y réfléchissant davantage, un pareil projet ne peut, en aucune manière, supporter l'analyse : il est donc inutile de répéter ici les raisons déjà présentées avec tant d'avantages pour le combattre. Reste à examiner les moyens par lesquels cette application serait réglée et garantie, et les formalités dont l'accomplissement serait jugé nécessaire ; c'est sur ce point principalement qu'ont paru s'élever les plus graves difficultés. Deux modes se sont présentés simultanément aux esprits, celui de la surveillance et celui du timbre. Je ne dois point dissimuler que les raisons alléguées pour les combattre ont paru la plupart très-fondées ; que plusieurs ont présenté des obstacles, au premier abord, insurmontables. L'examen ultérieur et approfondi n'a pas été plus favorable, dans mon esprit, au mode de surveillance.

Nul doute qu'une pareille mesure ne présente de graves inconvéniens dans ses exigeances journalières; nul doute qu'alarmant l'industrie dans son exercice le plus intime, elle ne puisse porter atteinte à la prospérité du commerce sur lequel elle viendrait peser; nul doute qu'indépendamment de ce qu'elle offre de repoussant et de dangereux, elle ne soit entièrement illusoire, puisque, pour être exécutée avec quelque fruit, elle exigerait la vigilance et l'incorruptibilité d'Argus; et que, quand bien même on rencontrerait des agens pourvus de ces qualités indispensables, le nombre en deviendrait rigoureusement trop élevé pour ne point absorber et au delà les bénéfices de la contribution.

On a dit, pour répondre à ces objections, qu'il importait peu que cette surveillance fût incomplète ou tout-à-fait nulle ; que, dans l'impossibilité d'arriver à la connaissance de toutes les fraudes qui pourraient être commises, on devait se contenter de la simple déclaration des éditeurs; que ce mode produirait à lui seul des bénéfices certains, et que les avantages qui pourraient en résulter étaient trop dignes de considération pour qu'on n'abandonnât pas volontiers ceux qu'il deviendrait impossible de saisir; que la fraude était pour ceux qui la commettaient, et qu'enfin il importait peu qu'une nouvelle proie fût offerte à la mauvaise foi, si la société pouvait acquitter, au moins en partie, une dette incontestable à presque tous les yeux.

Ces raisons, toutes judicieuses qu'elles soient, n'ayant point suffi pour convaincre et ramener l'assemblée à l'idée qu'elles appuient, il a fallu chercher un autre moyen d'asseoir la contribution.

Il serait peut-être assez extraordinaire que l'idée du timbre eût été repoussée presque aussitôt que proposée, si naturellement ce moyen ne semblait aggraver encore, par les formalités fiscales qu'il entraîne, l'espèce d'impôt dont la librairie devrait être frappée. En y réfléchissant bien cependant, il reste dans l'esprit comme le plus simple, le plus certain et le moins sujet aux inconvéniens signalés.

Sans doute le projet de frapper chaque feuille d'impression d'une marque spéciale, comme on en use pour les affiches, serait absurde : il déshonorerait l'art typographique, et sans parler du préjudice qu'il porterait à l'élégance de cet art, il aurait dans son exercice journalier quelque chose d'aussi fâcheux que la surveillance ; il nécessiterait enfin des dépenses et un personnel hors de proportion avec les bénéfices présumés ; mais je ne sais trop pourquoi cet emploi du timbre a paru réclamer une aussi grande extension. Un livre est un ensemble de parties distinctes, mais nécessairement liées entre elles ; un volume dépareillé, une feuille séparée, un ouvrage sans titre ne présentent pas une idée complète, et n'offrent aucune chance de bénéfices. Lorsque les cartes à jouer ont été mises en régie, on n'a pas pensé qu'il fût nécessaire, pour obvier à la fraude, de frapper toutes les cartes qui composent un jeu, d'une marque particulière ; on a jugé avec raison qu'on ne pouvait jouer sans *as* de trèfle, et la marque apposée sur cet *as* a servi à constater la fabrication légale du jeu tout entier.

Presque tous les éditeurs propriétaires ont coutume de signer chaque exemplaire du livre qu'ils publient ; et l'on n'a jamais prétendu que cette signature, apposée en regard ou au *verso* du titre, nuisît à la beauté du livre. Si l'on adopte la même méthode pour les ouvrages à soumettre à la contribution nouvelle, les libraires ne penseront pas à débiter des exemplaires dépourvus de la formalité requise, surtout si cette contribution est faible, et la contravention sévèrement punie. Si donc il est vrai que la marque destinée à constater chaque exemplaire puisse être placée une seule fois sur le livre, il ne reste plus qu'à choisir entre les signes propres à cet usage : que l'on préfère une estampille, à frapper en regard ou au *verso* du titre ; que, pour l'élégance typographique, on aime mieux faire graver avec soin un cachet analogue au bienfait de la loi, et le placer, à mesure du tirage des titres, à l'endroit où les imprimeurs ont coutume de placer leur chiffre, l'exécution du mode adopté n'en sera ni moins aisée ni plus coûteuse. Le dernier moyen présenté semble offrir plus d'avantages ; car une estampille est un objet facile à contrefaire ; un cachet soigneusement gravé, et susceptible de contenir des marques arbitraires et secrètes, donne toute la sécurité désirable contre les falsifications. Enfin, quel que soit le signe que choisisse l'assemblée, toujours est-il à peu près démontré qu'elle peut s'arrêter à un mode certain, facile et peu dispendieux.

Reste à déterminer à quel pouvoir serait dévolu l'exercice de ce droit de contrôle.

Il existe un précédent en faveur de l'hypothèse d'une délégation privée : L'agence, qui gère avec tant de succès les intérêts des auteurs dramatiques, quant à la perception des droits sur les représentations théâtrales, pourrait fournir un modèle à celle qui s'établirait pour le recouvrement de la rétribution applicable aux ouvrages imprimés ; elle pourrait même, jusqu'au moment où l'application des dispositions nouvelles aurait pris une extension assez considérable pour alimenter un établissement particulier, cumuler le double exercice de la propriété littéraire.

Peut-être objectera-t-on que la perception des droits n'est si simple et si facile, relativement aux auteurs dramatiques, qu'en raison de deux circonstances qui n'existent pas relativement aux auteurs ordinaires ; savoir : le fait matériel, simple, incontestable, de la représentation, qui sert de base à la perception du droit ; et, presque toujours, l'existence des auteurs, ce qui simplifie d'autant cette perception à leur égard ; et fait disparaître la difficulté tirée de la divisibilité des droits des héritiers.

Si l'on pense que ce soient là en effet des motifs qui puissent faire renoncer aux avantages d'une agence privée, quel motif empêcherait de déléguer l'exercice du droit en question à la direction de l'imprimerie et de la librairie ? N'y a-t-il point entre les attributions actuelles de cette autorité, et celles qu'on propose de lui confier, une connexité qui serait une facilité de plus ? Les inspecteurs de la librairie ne pourraient-ils pas être chargés de constater, au tirage, dans la forme précédemment indiquée, le nombre des exemplaires ? Ne pourrait-on statuer que la direction, qui déjà reçoit les déclarations des libraires, serait également chargée de percevoir la redevance et d'en faire la distribution aux ayant-droit ?

Au reste, ces divers moyens ne sont présentés ici qu'à défaut de ceux plus convenables et plus faciles encore, que les lumières de l'assemblée ne peuvent manquer de lui suggérer.

Il me reste à prouver comment la contribution dont il s'agit, loin de porter, comme quelques-uns l'ont pu penser, un coup fatal au commerce de la librairie, doit au contraire ajouter à la considération qu'il mérite, en le lavant, à tout jamais, du reproche d'injuste possession, sans que sa prospérité en éprouve la moindre atteinte. Ma tâche sera d'autant plus facile, qu'on se sera plus fermement fixé sur ce point, que la rétribution n'a pas besoin, pour procurer un bénéfice considérable aux familles, de s'élever de manière à augmenter immodérément les dépenses des éditeurs. Il est hors de doute qu'un ouvrage soumis, par exemple, à un droit *d'un centime* par feuille imprimée en caractère *cicéro*, ce qui ferait 15 centimes par volume in-8° de quinze feuilles, ne peut arrêter aucun libraire dans ses entreprises. Ce n'est pas dans un commerce où nulle opération ne se fait qu'avec des avances de fonds très-considérables, où l'on ne spécule que sur des rentrées tardives et incertaines, qu'une nouvelle dépense si peu importante peut arrêter un essor industriel immense, fondé sur les causes les plus durables.

Impossible, du reste, d'établir raisonnablement quelque analogie entre les effets probables de la rétribution proposée, et la taxe précédemment établie dans un intérêt, comme dans un tems, tout autres, sur le commerce de la librairie : l'impôt d'un centime par feuille sur les ouvrages dits de *labeur*, créé par le gouvernement impérial, n'était que la moindre cause de la paralysie qui frappait la librairie française, sous ce gouvernement ; quand bien même la rétribution à établir s'étendrait au plus grand nombre des livres imprimés, il y aurait bien moins à craindre, pour les intérêts du commerce français, de cette espèce de rétablissement d'un impôt aboli, que du retour de causes plus fâcheuses pour cette industrie, et dont la charte a marqué le terme, je veux dire la censure préalable des livres.

Après ces réflexions bien naturelles, qui n'ont point échappé à la sagacité de l'assemblée, est-il nécessaire de remarquer sur quelles bases est fondée aujourd'hui la prospérité de la librairie en France ; quelle influence la paix a exercée sur l'augmentation des fortunes particulières ; et combien cette augmentation des fortunes a développé le goût des beaux livres ? Le danger des contrefaçons méritait une attention sérieuse à une époque où les bibliophiles formaient une classe distincte et peu nombreuse ; où les bibliothèques étaient rares et mal composées; où le plus grand nombre des lecteurs recherchaient les éditions à vil prix, et préféraient, aux éditions bien exécutées, des contrefaçons, qui, si elles ne représentaient aucune valeur matérielle entre leurs mains, ne faisaient du moins subir à leur fortune qu'une insensible dépense. Il n'y a plus d'intérêt à contrefaire quand les livres n'ont plus de succès par cela même qu'ils sont mal exécutés, et quand l'avantage à retirer de la fraude ne peut se compenser avec les dangers qu'elle entraîne. L'impulsion donnée, par ces causes incontestables, au commerce français est à l'épreuve d'un choc beaucoup plus violent que celui auquel , même en admettant des craintes évidemment chimériques , la contribution des familles pourrait donner lieu.

Je ne me flatte pas, Messieurs, d'avoir complètement résolu le problème, mais je crois avoir mis sur la voie de sa solution , et démontré qu'elle n'est point impossible. J'ajoute qu'en admettant, ce qui se peut, que la force des choses repousse une application parfaite de la mesure proposée, mieux vaut encore, à mes yeux, une justice incomplète, que la perpétuité d'une injustice.

J'oserai vous supplier d'accorder , à cette partie du projet qui vous est soumis, la plus sérieuse attention , car elle est, à elle seule, pour ainsi dire , tout le projet.

En effet, du moment où vous avez reconnu que la propriété littéraire se résout, quant aux héritiers de l'auteur, en un simple droit de prélèvement pécuniaire sur les réimpressions; si, parallèlement à ce principe , vous déclarez, en fait , que ce prélèvement est impraticable , vous anéantissez par cela même le droit que vous aviez reconnu, vous détruisez votre propre ouvrage , et vous trompez bien cruellement les espérances que tous les amis de la justice, des lettres , je dirai même de l'humanité, avaient placées dans le résultat de vos méditations!

Qu'il me soit donc permis d'insister pour que , avant tout vote définitif sur le point dont il s'agit, l'assemblée veuille bien, attendu les notions spéciales et matérielles, pour ainsi dire , qu'il est indispensable de rassembler pour juger en pleine connaissance de cause une question, toute de fait et d'application , nommer une commission de trois membres , chargée de recueillir ces renseignemens et de lui en présenter l'ensemble.

PROJET
DE M. LE COMTE PORTALIS.

§ 1er.

Du droit personnel des auteurs.

ARTICLE PREMIER.

Le droit exclusif de publier un ouvrage, ou d'en autoriser la publication,
est garanti à l'auteur pendant la durée de sa vie.

Art. II.

L'auteur peut céder ce droit pour un tems déterminé, qui pourra être
de trente ans, et qui sera indépendant de la durée de sa vie.

Si l'auteur a fait imprimer son ouvrage pour son compte, ses héritiers
jouiront, à dater du jour de la première publication, du même droit pendant trente ans.

§ 2.

Du droit temporaire des héritiers et de la veuve d'un auteur.

Art. III.

Si l'auteur n'a point disposé de son droit, ou si l'édition qu'il a faite
de son ouvrage pour son compte est épuisée, ses descendans, ascendans et
parens collatéraux aux degrés successibles, les uns à défaut des autres, dans

l'ordre où ils sont appelés par la loi à recueillir les successions, jouiront pendant vingt ans du droit exclusif de publier cet ouvrage.

Sa veuve en jouira pendant toute la durée de sa vie.

Art. IV.

Le droit des héritiers de l'auteur sera transmissible comme toute autre propriété pendant vingt ans, à dater de l'époque où ils en seront entrés en possession.

§ 3.

Du droit perpétuel des héritiers d'un auteur.

Art. V.

Après l'expiration des délais déterminés par les art. 1, 2, 3 et 4, le droit exclusif de publier ou d'autoriser la publication ne pourra plus appartenir à personne.

Néanmoins les descendans, ascendans et parens collatéraux, au degré successible de l'auteur, auront droit, dans l'ordre réglé par l'art. 3, à une portion du produit de chaque édition de ses ouvrages qui seront faites dans le royaume à dater de cette époque.

Art. VI.

A défaut de parens, au degré successible, de descendans, ascendans et héritiers collatéraux d'un auteur, il sera libre à toute personne de publier ses ouvrages, sans être tenue d'aucune rétribution en faveur de qui que ce soit.

Art. VII.

La portion du produit de chaque édition ou la rétribution établie par l'art. 6 au profit des héritiers des auteurs, sera égale au quarantième du produit brut de l'édition.

Art. VIII.

Pour parvenir à l'exécution des dispositions précédentes, dans l'année qui précèdera l'expiration de leur droit exclusif, les héritiers d'un auteur seront tenus de faire élection de domicile, soit chez l'un d'eux, soit chez un notaire royal ou un avoué.

Ils adresseront cet acte d'élection de domicile, avec les pièces qui établiront leur qualité, au ministre secrétaire d'état au département de la justice, lequel le rendra public dans la même forme que les jugemens intervenus en matière d'absence.

Art. IX.

Quand il y aura lieu par lesdits héritiers, pour quelque cause que ce soit, à procéder à une nouvelle élection de domicile, ils le feront en la forme prescrite par l'article précédent.

Art. X.

Les héritiers appelés à recueillir la rétribution, autres que ceux sur la tête desquels le droit exclusif de publication aura expiré, devront établir leur qualité et la faire constater dans les formes prescrites par l'art. 116 du Code civil.

Art. XI.

Toute personne qui voudra entreprendre une nouvelle édition d'un ouvrage, que nul n'aura plus le droit exclusif de publier, sera tenue de le déclarer aux héritiers de l'auteur, au domicile par eux élu.

Art. XII.

Cette déclaration contiendra : 1° l'indication du nombre d'exemplaires que l'éditeur se propose de faire tirer ; celle des caractères et du papier employé, ainsi que du format des volumes ; 2° l'évaluation du produit brut, présumé, de l'édition projetée et le prix de vente.

Elle sera accompagnée, à peine de nullité, d'offres réelles du quarantième de la somme représentant l'évaluation du produit présumé de l'édition.

Art. XIII.

Si les héritiers refusent les offres , l'éditeur pourra consigner la somme
offerte en observant les formalités prescrites par l'art. 1259 du Code civil.

Au moyen de cette consignation , il sera autorisé à passer outre à l'impression et à la publication de l'ouvrage.

Art. XIV.

S'il y a consignation préalable , aucune contestation sur la quotité de
l'évaluation du produit brut présumé de l'édition, ou de la somme offerte,
ne pourra suspendre l'impression ou la publication de l'ouvrage.

Art. XV.

Si les héritiers de l'auteur établissent qu'il a été tiré par l'éditeur un quart
en sus du nombre d'exemplaires énoncé dans sa déclaration, ou que ces
exemplaires ont été vendus un quart en sus du prix indiqué dans la même
déclaration, il leur sera adjugé une rétribution supplémentaire, dont le
montant sera arbitré par les juges, et qui pourra être portée par eux, selon
les circonstances, jusqu'à une somme égale au produit net de l'édition
entreprise.

PROCÈS-VERBAL

DE LA CINQUIÈME SÉANCE.

DU LUNDI VINGT-TROIS JANVIER MIL HUIT CENT VINGT-SIX.

Membres présens à la séance :

MM.

Le marquis de LALLY-TOLENDAL. . . . } pairs de France.
Le comte PORTALIS . . . . }

ROYER-COLLARD . . . . } membres de la chambre des
PARDESSUS. . . . . } députés.
Le comte de MONTBRON. . . . .)

De VATIMESNIL , conseiller d'état.

VILLEMAIN . . . . } maîtres des requêtes.
DELAVILLE de MIREMONT . . . . }

Le baron CUVIER. . . . .)
Le baron FOURRIER . . . . |
MICHAUD . . . . } membres des 4 académies.
PICARD . . . . |
RAYNOUARD. . . . .).

Le baron TAYLOR , commissaire royal près le Théâtre-Français.

Etienne, homme de lettres. . . . . . . ⎫
Moreau,   *id.* . . . . ⎬ commissaires des auteurs
Champein, compositeur. . . . - . . . ⎭ dramatiques.
Talma, sociétaire du Théâtre-Français.
Renouard, délégué des libraires.

M. le Vte DE LA ROCHEFOUCAULD, *président.*

M. Jules Mareschal, *secrétaire.*

M. le PRÉSIDENT annonce à l'assemblée que M. le comte de Montbron, étant maintenant de retour à Paris, a bien voulu témoigner le désir de suivre avec assiduité les travaux de la commission.

L'ASSEMBLÉE exprime la satisfaction qu'elle en éprouve.

Et M. le comte de Montbron prend séance.

M. le secrétaire donne lecture du procès-verbal de la dernière séance : la rédaction en est adoptée.

M. le PRÉSIDENT annonce ensuite qu'un anonyme fait hommage d'un *Mémoire sur la propriété des ouvrages dramatiques.*

L'ASSEMBLÉE agrée cet hommage, et arrête qu'il en sera fait mention au procès-verbal.

M. le PRÉSIDENT communique à l'asssemblée une lettre de M. Dacier, secrétaire perpétuel de l'académie des inscriptions et belles-lettres, que l'état de sa santé a empêché de se rendre aux réunions, et qui annonce que, voulant témoigner sa gratitude profonde pour la confiance dont le roi l'a honoré, en l'appelant à prendre part aux travaux de la commission, il s'est livré, sur l'importante matière dont il s'agit, à un examen dont il prie l'assemblée d'agréer le résultat, qui est une série d'observations sur les vingt-trois questions du rapport.

M. le secrétaire ayant donné lecture de ce Mémoire, l'assemblée charge M. le président de transmettre à M. Dacier l'expression de sa reconnaissance et de sa satisfaction ; elle décide également que ce travail sera imprimé et distribué à domicile (1).

----

(1) Voir, à la suite du procès-verbal, les Observations de M. Dacier, page

Il est également fait lecture d'une lettre de M. F. Didot, qui, en annonçant qu'une indisposition le retient chez lui, soumet à l'assemblée quelques réflexions sur les transactions habituelles qui ont lieu entre les libraires et les auteurs pour la publication des ouvrages.

Après ces opérations préliminaires,

M. le président rappelle à l'assemblée que M. le comte Portalis a bien voulu rédiger un projet d'articles, qui a été imprimé et distribué, et il propose d'ouvrir la discussion sur ce projet. Il fait observer que les dispositions contenues dans les deux premiers paragraphes ne sont autres que celles qui ont déjà été adoptées par l'assemblée, sauf rédaction ; il propose, en conséquence, d'entamer immédiatement la discussion sur l'article 5, qui est le premier du troisième paragraphe.

M. le comte Portalis annonce qu'il a reçu de M. Bellart un nouveau projet d'articles qui se rapporte aux deux premiers paragraphes, et qui diffère, sur plusieurs points, des dispositions du projet ; il propose, en conséquence, d'en réserver la communication pour le moment où l'assemblée s'occupera de l'examen définitif de la question traitée aux deux premiers paragraphes.

Cette proposition est adoptée.

M. le président donne lecture de l'article 6 du projet de M. le comte Portalis, ainsi conçu :

« A défaut de parens au degré successible, de descendans, ascendans et
» héritiers collatéraux d'un auteur, il sera libre à toute personne de publier
» ses ouvrages, sans être tenue d'aucune rétribution en faveur de qui que
» ce soit. »

M *** demande si c'est à dessein que l'auteur du projet a omis les mots de légataires ou ayant-cause.

Celui-ci répond que cette addition ne peut être faite qu'après une mûre délibération ; c'est une question accessoire d'une grande importance, et même elle fait partie des modifications proposées par M. Bellart. En effet, si, sous ce rapport, on rentrait dans le droit commun, n'en résulterait-il pas trop souvent l'inconvénient qu'on veut éviter, de voir un grand nom privé de l'appui qu'il doit attendre de la société? N'y aurait-il pas une sorte de monstruosité à laisser les légataires ou tous autres ayant-droit jouir des bienfaits de la loi aux dépens des héritiers naturels de l'auteur ?

M. le président fait remarquer que la marche synthétique, à laquelle le

rédacteur du projet a dû s'astreindre, ne peut se concilier avec l'ordre ana-
lytique de discussions que doit suivre l'assemblée. Il propose, en conséquence, de passer immédiatement à l'examen de l'article 8, qui détermine
les moyens d'exécution, et auquel se rattache dès lors la question de possibilité.

Cette proposition est adoptée.

La discussion s'établit en conséquence sur l'art. 8, qui est ainsi conçu :

« Pour parvenir à l'exécution des dispositions précédentes, dans l'année
» qui précèdera l'expiration de leur droit exclusif, les héritiers d'un auteur
» seront tenus de faire élection de domicile soit chez l'un d'eux, soit chez
» un notaire royal ou avoué.

» Ils adresseront cet acte d'élection de domicile, avec les pièces qui éta-
» bliront leur qualité, au ministre secrétaire d'état au département de la
» Justice, lequel le rendra public dans la même forme que les jugemens
» intervenus en matière d'absence. »

M. *** observe que deux systèmes se présentent dans l'hypothèse du droit
perpétuel des héritiers, celui d'un droit fixe et d'un droit proportionnel.
C'est dans le choix qui sera fait entre ces deux systèmes que gît toute la
question. Or, pour la résoudre, il importe de remarquer à quel principe se
rapporte la part perpétuelle des héritiers. De la teneur des procès-verbaux
approuvés par l'assemblée, ajoute l'honorable membre, il résulte qu'elle n'a
reconnu un droit véritable de propriété que dans l'auteur, antérieurement
à la publication. Elle est convenue que l'indemnité légitime de l'auteur et de
ses héritiers, après la publication, ne pouvait résulter que du bienfait de
la loi ; c'est donc, sauf l'opinion définitive que l'assemblée voudrait consacrer, à titre de privilége seulement, que la concession est faite à l'auteur
et à ses héritiers. Or, le privilége peut être temporaire ou perpétuel.
Dans tous les gouvernemens il existe des priviléges temporaires : les brevets
d'invention, qui offrent une analogie frappante avec le droit désigné sous
le nom de propriété littéraire, ont été partout réglés de cette manière ;
partout aussi le privilége perpétuel a été repoussé comme contraire aux
principes et à la raison. Mais voici qu'aujourd'hui on propose un système
intermédiaire qui consisterait à établir une participation perpétuelle aux
bénéfices de publication, pour remplacer le privilége exclusif perpétuel. On
a espéré remédier aux inconvéniens de cette dernière hypothèse, regardée

avec justice comme inconciliable avec la propriété publique, par une attribution de bénéfices, insensible à la masse et fructueuse pour les particuliers. L'honorable membre pense que cet avantage peut résulter d'un droit fixe; mais il lui semble impossible qu'un droit proportionnel ne porte pas atteinte à la liberté de publication. Le droit proportionnel implique la nécessité des vérifications; les vérifications amènent les contestations; les chances de procès arrêtent les entreprises. Peu importe pour cet inconvénient que les contestations arrivent avant ou après la publication.

L'honorable membre convient qu'il n'entrevoit pas la possibilité d'établir un droit fixe, tel qu'il le conçoit, c'est-à-dire, aussi liquide, aussi déterminé que le péage d'un pont; mais il désire que cette possibilité soit démontrée par un autre membre, et alors il s'empressera d'y donner son assentiment; sinon l'extension du privilége temporaire, malgré les inconvéniens qu'elle entraîne et qu'il a déjà signalés à une séance précédente, lui semble infiniment préférable. Après avoir exprimé son opinion sur le fond de la question, l'honorable membre examine quelques-unes des difficultés de détail; il fait observer que les objections des libraires contre la taxe proportionnelle ont d'autant plus de force, qu'à vrai dire, les libraires interviennent moins pour leur compte personnel que comme instrumens de publicité, et parconséquent comme mandataires des intérêts du public. Ces objections frappent tellement l'honorable membre, que s'il se voyait obligé de choisir entre le droit proportionnel, dégagé qu'il fût même des principales difficultés qui s'opposent à sa perception, et l'extension du privilége temporaire, il n'hésiterait pas à se déclarer en faveur du dernier système.

Enfin, dit en terminant l'honorable membre, veuillez remarquer que si l'on en excepte deux ou trois des personnes qui siègent ici, toutes les autres doivent ou peuvent être, sous des rapports divers, rangées dans la classe des auteurs; gardez-vous donc bien de prêter, même injustement, au reproche d'avoir travaillé pour un intérêt personnel : ne faites pas que, malgré vous, votre décision consacre un monopole en votre faveur; montrez que vous êtes, comme j'en suis convaincu, bien plus sensibles à la gloire qu'à la reproduction d'un mince profit, et qu'il ne soit pas dit qu'un projet de loi contraire aux intérêts du public soit sorti de vos mains.

M. *** pense que l'assemblée est d'accord sur les principes, et qu'elle n'est divisée que sur leur application; il remarque d'ailleurs qu'il existe, pour le règlement des lois sur la propriété littéraire, la même difficulté que pour les lois de la presse ; dans l'un et l'autre cas l'objet auquel elles s'appliquent est également insaisissable ; mais un projet a été présenté d'où résulte un mode de fixation déterminé, des moyens faciles de recouvrement : pourquoi la crainte de la fraude empêcherait-elle de l'adopter ? Le gouvernement s'est déjà bien soumis aux chances de la contrebande. Enfin, quand bien même l'indemnité accordée aux familles ne produirait que peu de chose, elle offrirait l'avantage de constater la filiation des familles des auteurs illustres ; elle servirait à établir ainsi une sorte de noblesse littéraire, et ce résultat n'est pas lui-même sans quelque utilité pour l'ietérêt et l'éclat des lettres.

M. *** remarque, relativement à la crainte qu'on a manifestée de voir se multiplier les procès, que les héritiers des auteurs se trouvent dans la même position que celle où sont déjà les auteurs eux-mêmes.

M. *** répond qu'il y aura cette différence entre les auteurs et leurs héritiers, que ceux-ci seront obligés de surveiller tous les imprimeurs du royaume, au lieu d'un seul. L'honorable membre insiste de plus sur deux autres inconvéniens qui lui semblent avoir aussi de l'importance ; le premier est le tort inévitable qui résultera pour le commerce de la librairie de l'établissement du droit des familles ; ce droit en effet ne s'appliquera qu'aux bons ouvrages, qu'à ceux qui forment la littérature française, et qui par-conséquent obtiennent un débit considérable ; croit-on que les éditions françaises de ces ouvrages pourront soutenir la concurrence avec les réimpressions étrangères, lorsqu'elles seront frappées d'une taxe de deux et demi pour cent ? Que si l'on veut remédier à la pauvreté des descendans des auteurs, et honorer leur race, ne peut-on donner à cet effet un fonds au gouvernement ? Les chambres refuseront-elles une pareille allocation ? Le second inconvénient est que, dans l'hypothèse du projet, les héritiers, sauf la faculté de contester, seront obligés de s'en rapporter à la déclaration de l'imprimeur ; dès-lors, il arrivera qu'entre deux imprimeurs, l'un de bonne et l'autre de mauvaise foi, comme on l'a déjà dit, l'honnête homme aura le dessous, et son édition tombera. D'un autre côté, la faculté de contester sera illusoire, et les héritiers, se voyant dans l'impossibilité de convaincre la fraude, seront bientôt dégoûtés de faire valoir leurs légitimes prétentions.

M. *** observe que la déclaration de l'éditeur de bonne foi sera un moyen infaillible de conviction contre le faussaire.

M. *** répond que sans la faculté de saisir, faculté qu'a repoussée, avec raison, le rédacteur du projet, il n'existera aucun moyen d'arriver à la conviction.

M. *** fait remarquer l'injustice qu'il y aurait à prendre le produit brut de l'édition comme terme d'évaluation ; en effet, si pour une édition courante le texte peut être regardé comme une partie considérable de la valeur totale, il ne doit plus figurer que pour une portion minime dans l'estimation d'une édition de luxe.

M. *** observe que l'inconvénient de la contrefaçon existe pour les ouvrages possédés en propriété du vivant de l'auteur.

M. *** répond qu'au moins cet inconvénient a un terme.

M. *** remarque qu'il existe un exemple frappant des dangers d'une trop grande durée de la propriété littéraire, sous quelque forme qu'elle se présente ; avant l'édit de 1777, à compter duquel a réellement commencé l'empire du domaine public, les éditions élégantes des grands auteurs français se fabriquaient toutes hors du royaume, et maintenant encore ces éditions sont universellement préférées à celles qu'on a imprimées en France dans le même tems.

L'édit de 1777 a rendu à la France cette branche d'industrie, en supprimant l'impôt sur le papier.

Il me reste, ajoute l'honorable membre, à présenter à l'assemblée une objection que je puis appeler de sentiment : aucun de nous ne peut parler ici pour soi, car la loi ne commencera à s'accomplir qu'assez loin dans l'avenir.

Vous devez désirer que chacun, dans sa position particulière, reçoive du gouvernement toute la considération qu'il mérite. Or, si vous faites une loi qui établisse une taxe pour laquelle il faille s'en rapporter à une simple déclaration, je soutiens qu'on ne croira pas à la parole d'un saint. Qu'arrivera-t-il alors ? chacun se fera une conscience. Tel se croit honnête qui n'éprouve aucun scrupule à faire la contrebande ; de tout cela, il résultera inévitablement une déconsidération marquée pour le commerce de la librairie. Quant aux effets de la loi proposée, l'honorable membre pense qu'après quelque grand scandale d'infidélité dans les déclarations, on croira sentir la nécessité de permettre les vérifications, et quand bien même la taxe serait exécutée de bonne foi, sans vouloir suspecter les intentions, une nécessité de gouvernement pourra bien faire servir ce commencement de taxe à l'établissement d'un impôt universel sur la librairie. Cette idée afflige profondément l'honorable membre, surtout quand il songe qu'une pareille mesure ferait passer dans l'étranger toute la fabrication de ce genre qui se fait en France.

L'honorable membre pense qu'on aurait tort de regarder la manière dont il envisage la question comme se rattachant à l'intérêt personnel des libraires. Les auteurs ne souffriront pas moins de l'établissement de la taxe : c'est depuis dix ans seulement que la libraire française, auparavant restreinte et malaisée , s'est placée, grâce aux institutions qui nous régissent , au premier rang de l'industrie commerciale ; c'est à cette prospérité, à laquelle la taxe porterait atteinte, que les auteurs doivent en grande partie les bénéfices dont ils réclament aujourd'hni l'extension : enfin, la question se réduit à ce dilemme : ou la taxe sera productive pendant quelque tems , et alors elle ruinera la librairie ; ou son effet sera insensible pour les familles, et alors pourquoi l'établir? resterait l'avantage de prouver la filiation des auteurs ; mais n'existe-t-il pas d'autres moyens d'arriver à ce but?

M. *** réclame contre le mot de taxe dont s'est servi le préopinant : il croit qu'on devrait employer celui *d'indemnité des familles*, qui exclut l'idée de fiscalité.

M. *** répond que le mot n'y fait rien.

M. *** résume les diverses opinions émises pendant la discussion qui précède. On a dit qu'il avait été reconnu que le droit de l'auteur n'était pas une propriété ; cette énonciation n'est pas exacte en fait. Il a été simplement dit que c'était une propriété particulière et difficile à établir ; il a été admis que le droit, en passant aux héritiers, devait se modifier, s'amoindrir , mais qu'il n'en constituait pas moins une véritable propriété. Quant au droit fixe , l'honorable membre le regarde comme impossible à établir. Il est de toute justice que le droit varie avec les éditions. Une autre objection a frappé l'honorable membre, c'est celle qui tendrait à faire considérer la taxe comme nuisible au commerce français ; mais il n'est pas impossible d'obvier à cet inconvénient. On peut en juger d'après les ouvrages nouveaux ; les éditeurs nationaux paient pour ces ouvrages un droit beaucoup plus élevé que celui de deux et demi pour cent, et pourtant les réimpressions faites en Belgique ou ailleurs ne leur font pas éprouver un si grand désavantage. Quant aux autres objections présentées, elles ne semblent pas à l'honorable membre de nature à faire impression sur l'assemblée.

M. *** fait observer que la sévérité des lois qui s'opposent à l'introduction des réimpressions étrangères, répond suffisamment à l'objection principale, combattue par le préopinant.

M. *** réplique que la consommation des livres imprimés en France est beaucoup plus considérable au dehors que dans l'intérieur du royaume. Notre seule sauvegarde contre les réimpressions étrangères est dans le bon marché de nos fabrications; qu'arriverait-il si d'un côté l'Angleterre parvenait à fabriquer les livres au même prix que nous, et si, de l'autre, le système de douanes actuellement en vigueur était abandonné?

L'honorable membre croit devoir ajouter un mot relativement à l'impossibilité où l'on sera de vérifier le nombre des exemplaires. La stéréotypie est devenue d'un usage très-commun; l'éditeur qui emploiera ce procédé sera-t-il obligé de déposer ses *clichés* dans l'intervalle des tirages? ce serait inoculer un venin à la librairie.

M. le comte Portalis ne se dissimule pas la force des objections que l'on a présentées contre son projet, et en effet, si la rétribution des familles était arbitraire dans son principe, il suffirait, pour la renverser, d'une seule objection justifiée; mais cette rétribution n'est pas arbitraire; ce n'est pas une simple concession à faire pour l'avantage de la littérature, c'est l'exercice d'un droit réel et fondé en justice; on a bien reconnu en effet que la propriété littéraire n'existait pas dans les règles du droit commun; mais on a reconnu en même tems que dans l'auteur résidait un droit exclusif de publication, et dans ses héritiers un droit de participation aux bénéfices résultant de la publication.

C'est parce qu'on a eu cette opinion, qu'on a cherché à régler les avantages des familles; sinon, pourquoi voudrait-on établir, aux dépens du public, un droit d'une utilité relative et secondaire? On a donc pensé qu'il existait deux moyens de régler ce droit, soit en prolongeant l'exercice de l'exploitation exclusive dans la main des héritiers, soit en modifiant à perpétuité l'exercice de ce privilége; de manière à garantir les droits du public. Or, si l'on admet ce principe, il faut écarter l'objection tirée de l'établissement d'une taxe; il faut dire que c'est une dette que l'on paie. Passant au mode de paiement, l'honorable membre examine successivement la rétribution fixe et la rétribution proportionnelle. Les objections à faire contre l'une et l'autre lui semblent également fortes.

Le droit proportionnel entraîne les évaluations, et par conséquent les contestations. Mais l'autre système présente le même inconvénient; car on ne peut arriver à un élément invariable pour toute espèce d'ouvrages; et si la rétribution fixe a pour base une condition quelconque, il y aura toujours lieu à contestation. Croit-on que les droits de péage eux-mêmes ne donnent pas lieu à des procès? La créance la plus liquide amène un procès quand le débiteur se refuse au paiement.

L'honorable membre conclut en disant que si l'on veut arriver à un mode de rétribution où les contestations soient impossibles, il faut y renoncer; mais que si le principe de la rétribution est juste, on doit l'accepter avec ses inconvéniens.

Examinant ensuite les objections de détail, l'opinant s'attache à démontrer qu'elles sont beaucoup moins graves qu'on ne serait tenté d'abord de le penser. Le commerce national supportera, il est vrai, une diminution de profits égale au montant de la rétribution proposée; mais ne peut-on la calculer de manière à ce que la librairie française conserve la supériorité dont elle jouit?

On a dit que la prospérité de la librairie française ne datait que de l'époque où ses principales entraves avaient cessé; mais n'est-ce pas à la même époque que les droits des auteurs et de leur famille ont été définitivement reconnus, et ces droits acquis n'ont-ils pas puissamment contribué à la prospérité présente? D'ailleurs, la grande masse des ouvrages que l'on réimprime aujourd'hui est depuis long-tems tombée dans le domaine public; leur exploitation continuera d'être aussi libre que maintenant. Quant à ceux qui deviendraient passibles de la rétribution proposée, les éditeurs français ne conserveront-ils pas une supériorité incontestable sur les éditeurs étrangers, celui de fabriquer des éditions plus correctes, et par conséquent universellement préférées?

On a dit aussi que des libraires de bonne foi souffriraient des fausses déclarations de leurs confrères; mais n'est-ce pas une condition attachée au commerce de la librairie dans tous les tems? les contrefaçons ne sont-elles pas toujours sorties des mains des libraires? Disons, de plus, qu'il y en aura moins pour les ouvrages passibles de la rétribution, parce que l'intérêt de la fraude sera beaucoup moins grand. La loi, d'ailleurs, attachant une grande confiance à la déclaration des libraires , la considération de ce commerce en deviendra plus grande et la profession en sera exercée avec plus d'honneur. Le grand nombre sera amené naturellement à faire une déclaration franche, et l'opinion fera justice du reste.

Mais les héritiers, s'ils n'ont pas la faculté de saisir, seront donc obligés d'en passer par la déclaration des libraires? L'honorable membre déclare qu'en écartant la saisie, il a eu intention de ne rien introduire dans la loi des moyens de la justice criminelle. Il ne veut pas que les libraires soient considérés comme des prévenus; mais cette retenue ne doit-elle pas elle-même être considérée comme un préjugé favorable au projet?

Il n'y aura pas plus, ajoute l'honorable membre., de déconsidération pour les libraires dans la déclaration que la loi leur imposera, qu'il n'en existe pour les professions assujetties à des formalités analogues. La crainte du gouvernement est également illusoire; les partisans de la fiscalité n'ont pas besoin d'un commencement de taxe pour compter les livres au nombre des matières imposables.

L'honorable membre se résume en insistant sur l'existence du droit des familles, existence qui, une fois bien reconnue, entraîne, de nécessité, l'établissement de la rétribution, même avec les inconvéniens dont elle paraît être inséparable.

M *** pense que le préopinant a bien défini la question; existe-t-il, en effet, un droit en faveur des héritiers? ce ne peut être assurément un droit de propriété. Peut-on dire que ce droit résulte de la législation existante? mais par cela même que cette législation le déclare anéanti vingt ans après la mort de l'auteur, elle l'a rangé au nombre des priviléges. Si elle l'avait considéré comme une propriété, elle n'aurait pu lui assigner un terme. Ainsi donc, si le principe qu'on allègue est vrai, de quel droit composerait-on sur le droit? pourrait-on l'abaisser, ainsi qu'on le propose, au quarantième du produit brut? Mais si ce droit n'est qu'une concession de la loi, l'exercice n'en est-il pas subordonné à l'intérêt public?

Certes, ajoute l'honorable membre, il n'y a rien de semblable entre une mécanique et *Athalie;* mais si l'un et l'autre sont une invention de l'esprit, ne doit-on pas appliquer les mêmes règles à leur garantie? Or, la législation de tous les peuples sur les brevets d'invention est unanime en ce sens, que partout le privilége perpétuel a été repoussé. Si le principe en avait admis , au contraire, en aurait-on négligé jusqu'ici l'application ? L'honorable membre rend hommage aux intentions du préopinant et au talent qu'il a mis à défendre son projet; il n'en est pas moins amené à penser que les dispositions qu'on adopterait en ce sens, réagiraient sur la législation des brevets d'invention. Quant aux objections de détail, l'honorable membre attend, pour les reproduire, qu'il y ait une décision sur le principe. Il conclut en déclarant qu'il regarde l'extension du privilége exclusif comme ce qu'il y a de plus raisonnable.

M. *** ne croit pas que la comparaison soit exacte entre les œuvres de mécanique et les productions littéraires. L'invention d'une machine se lie, en effet, à la marche des arts industriels; tant que le privilége existe, il n'est pas permis à d'autres qu'à l'inventeur de fabriquer sa machine; mais tout le monde peut faire une tragédie, bien que telle ou telle autre tragédie, même sur un sujet parfaitement semblable, soit la propriété de tel ou tel autre individu.

M*** ajoute que deux hommes peuvent se rencontrer à faire la même machine, mais non pas la même tragédie.

M*** répond que le privilége ne s'applique pas à la création, mais à la publication.

M*** fait observer qu'il n'existe pas d'autres propriétés que celles qui sont reconnues par la loi. Or, si la question de la propriété littéraire, dans toute son extension, ne s'est pas élevée plus tôt, c'est que les grandes exploitations qui en ont fait sentir toute l'importance n'avaient pas encore commencé. Or, ces exploitations, auxquelles la librairie doit sa prospérité, sont le fruit de la propriété des auteurs; c'est une dette de reconnaissance que le commerce de la librairie doit acquitter aujourd'hui envers leurs familles.

M. LE COMTE PORTALIS n'admet pas non plus l'assimilation qu'on a voulu établir entre les brevets d'invention et la propriété littéraire. Les brevets sont accordés pour la découverte d'un procédé; il n'y aurait d'analogie entre les auteurs et les inventeurs que pour un ouvrage scientifique, pour la solution d'un problême de mathématiques; mais, généralement parlant, un littérateur n'invente pas une méthode qui puisse être employée par toutes autres personnes. Son œuvre est une création distincte qui lui reste en propre, et continue de former un objet déterminé.

Quant à ce qu'a dit un préopinant que si l'existence de ce droit était reconnu, on ne pouvait en limiter l'exercice, l'honorable membre observe que ce principe ne peut s'appliquer dans toute sa rigueur, et qu'il est, au contraire, une foule de droits reconnus que les lois ont restreints et modifiés dans leur application.

Quelques-uns même offrent une analogie frappante avec la propriété littéraire : dans les exploitations de mines, le propriétaire a droit à une rétribution proportionnelle, qui lui est payée par les concessionnaires ; il en serait autrement si le propriétaire pouvait faire jouir le public du produit de la mine. Or, dans le système de la propriété littéraire, les libraires doivent être considérés comme concessionnaires de l'exploitation des pensées de l'auteur. On a objecté, ajoute l'honorable membre, que le droit des familles n'était pas reconnu dans les autres pays ; mais la législation des produits de la presse est bien jeune : cette législation ne doit-elle pas être considérée comme le principe de la propriété littéraire ?

Sur la proposition de M. le président, l'assemblée déclare que la discussion est close, sur l'ensemble de la question relative au droit des familles.

En conséquence, M. le président déclare qu'il met aux voix la question ainsi posée : *Y aura-t-il une rétribution perpétuelle au profit des héritiers sur le produit des éditions postérieures à la mort de l'auteur ?*

M. le président recueille les votes successivement et nominativement.

M. *** dit qu'il n'hésite pas à regarder le droit des familles comme une propriété, puisque le code a défini la propriété en général comme le droit qu'a chacun d'user de sa chose, sauf les modifications déterminées par les lois.

M. *** adoptant la comparaison tirée des mines par un des préopinans, soutient que le droit du propriétaire se réduit, dans ce cas, à une simple indemnité ; qu'il en doit être de même dans l'espèce que l'on discute ; or, cette indemnité peut être temporaire ou perpétuelle ; la perpétuité lui paraît avoir de graves inconvéniens ; il est possible que l'extension du privilége exclusif soit à la fois moins embarrassante et plus fructueuse. On doit donc adopter ce dernier parti comme moins contraire aux intérêts du public.

M. *** pense que l'intérêt du public est qu'il soit tiré le plus grand nombre possible d'exemplaires des ouvrages : il regarde comme un fléau toute restriction à cette reproduction illimitée.

M. le Mⁱˢ de Lally-Tolendal ne se sent pas assez rassuré contre les inconvéniens de la rétribution des familles. Il annonce, en conséquence, qu'il s'est cantonné dans le droit de propriété des trois générations de l'auteur, ainsi qu'il l'a proposé dans son opinion imprimée.

M. le président, opinant le dernier et motivant également son vote, déclare qu'à ses yeux le droit des familles paraît établi de la manière la moins contestable ; que l'intérêt de la justice, non moins que celui des lettres, lui semble réclamer la consécration de ce droit. Pénétré du besoin d'encourager la littérature, et persuadé que le meilleur moyen d'y parvenir est de donner à ceux qui lui consacrent leurs veilles, la garantie que leur postérité ne sera pas exposée à trouver la misère et la douleur, auprès des trésors que leur génie aura, par de longs travaux, légués à leur siècle et à leur pays, M. le président vote pour l'établissement de la rétribution perpétuelle au profit des héritiers, sauf à statuer ultérieurement sur l'adoption des moyens de perception.

Après avoir recueilli et dépouillé les votes, M. le président déclare que le principe de la rétribution perpétuelle est adopté à la majorité de *quatorze* voix contre *six*.

Un membre demande si la détermination que vient de prendre l'assemblée peut être regardée comme définitive.

Un autre membre répond qu'elle l'est en ce sens que l'assemblée s'est interdit la faculté de combattre la rétribution perpétuelle jusqu'au moment où la discussion sur la possibilité d'application aura été épuisée.

M. *** ajoute que par cette décision l'assemblée doit être considérée comme engagée à la recherche la plus scrupuleuse des moyens par lesquels peut être accomplie l'idée d'une taxe sur les réimpressions.

M. le président adopte cette interprétation naturelle de la décision qui vient d'être prise, et propose, en conséquence, l'ajournement de la séance au 29 janvier pour la discussion à ouvrir sur les moyens d'exécution.

Cette proposition est adoptée,

La séance est levée à cinq heures et demie.

Le président,
Signé le Vᵗᵉ de LA ROCHEFOUCAULD.

Le secrétaire,
Signé Jules Mareschal.

OBSERVATIONS

DE M. DACIER,

LUES A LA SÉANCE DU 23 JANVIER 1826.

OBSERVATIONS

DE M. DACIER,

SUR LES VINGT-TROIS QUESTIONS DU RAPPORT,

LUES A LA SÉANCE DU VINGT-TROIS JANVIER MIL HUIT CENT VINGT-SIX.

SUR LA PREMIÈRE QUESTION.

Il suffirait de consacrer le principe de la propriété ; sa définition est presque impossible. S'il était plus facile que la contrefaçon fût définie, la propriété le serait par là même. Mais les difficultés étant égales des deux parts , on peut s'en tenir à l'énonciation du principe de la propriété , surtout si l'on défère à un jury les questions de contrefaçon.

SUR LA DEUXIÈME QUESTION.

Si un ouvrage est un capital plus ou moins productif qui s'amasse , comme tous les autres, par le travail et le tems, celui qui le crée doit en jouir comme de toute autre propriété. La société , il est vrai , a une sorte de droit d'exiger que ce capital , qui lui est utile, ne reste pas inerte , et qu'elle ne soit pas privée de ses fruits , qui sont pour elle du plaisir ou de l'instruction. Ici commencerait donc l'action de l'autorité, qui représente tous les droits de la société, et le domaine public y ferait ses premières conquêtes. Mais la société peut-elle exiger légalement qu'un écrivain publie ses ouvrages une ou plusieurs fois ? Exige-t-elle qu'un propriétaire change son parc improductif en une terre labourable , et si l'auteur se décide volontairement à publier ses ouvrages , le domaine public a-t-il des droits antérieurs qui puissent dominer les intérêts privés de cet auteur ? Ces intérêts privés ne semblent-ils pas suffire pour garantir les intérêts généraux de la société ? L'auteur, enfin, d'un ouvrage qui peut produire, et ses héritiers , résisteront-ils à l'une de ces trois puissantes excitations, la gloire personnelle, le désir d'être utile, l'espérance d'un bénéfice ? On pourrait, ce me semble ,

20

s'en rapporter à ces mêmes intérêts pour l'exploitation, profitable à tous, d'une propriété littéraire.

SUR LA TROISIÈME QUESTION.

La société devient propriétaire du droit de *jouir* d'un ouvrage pour son plaisir et son instruction, quand et comme un auteur lui concède ce droit en publiant ses écrits ; mais elle ne peut acquérir le droit de *posséder* l'ouvrage même, quand ce ne peut être qu'au préjudice de celui qui l'a créé ou de ceux qui sont aux droits de ce dernier. Il y a donc ici *réserve de propriété* d'un côté, et *droit de jouissance* de l'autre. Ce droit et cette réserve comprennent tous les intérêts ; la société y trouvera plaisir et instructruction ; l'auteur, gloire et profit ; l'auteur disposera donc de sa propriété comme il l'entendra ; il la concèdera à tems ou à toujours selon ses vues ou sa volonté, et l'on peut croire que l'intérêt des propriétaires (auteurs, héritiers ou cessionnaires) sera, à cet égard, d'une activité suffisante pour que la société n'éprouve aucune privation ; et jusqu'ici le public n'a pas eu à se plaindre du trop peu. L'industrie typographique se récriera peut-être contre cette perpétuité de la propriété littéraire ; mais cette industrie n'est-elle pas toujours la régulatrice des intérêts des écrivains ? Leur donne-t-elle quelque indemnité sans avoir l'espérance de la répartir sur les lecteurs ? Enfin, les prétentions des écrivains ne sont-elles pas toujours ramenées de fait à la proportion de l'utilité réelle de leurs ouvrages ? Il est vrai que des demandes exorbitantes, des opinions même qui peuvent varier d'une génération à l'autre, priveraient peut-être la société de quelque plaisir nouveau ou de lumières désirables ; mais laissons faire encore l'intérêt privé, qui n'est pas facile en fait de sacrifices. D'ailleurs, combien d'ouvrages réimprime-t-on cent ans ou trois générations après la mort de leurs auteurs ? Si un ouvrage a quelque utilité qui le fasse rechercher encore avant ou après cette époque, il est juste que les hoirs de l'auteur, qui ont reçu de lui ce seul fruit de sa vie et de ses labeurs, au lieu de terres ou d'argent qu'il aurait pu amasser, jouissent de cette propriété pour ce qu'elle vaut. Cette propriété doit donc rester dans la loi commune : il sera peut-être difficile de la régir, mais les lois ont surmonté de plus grandes difficultés, et il n'y en aurait presque aucune si cette propriété était soumise à une transmission individuelle et non collective, ainsi qu'il sera dit ci-après.

SUR LA QUATRIÈME QUESTION.

Elle est résolue, par l'avis qui précède, relatif à la troisième. Quelle autorité d'ailleurs réglerait les prétentions respectives des auteurs et des libraires? Ce sont des intérêts privés qu'il faut laisser se débattre entre eux; l'autorité publique n'intervient dans les transactions privées que pour en régler la forme.

SUR LA CINQUIÈME QUESTION.

L'insaisissabilité, comme on dit dans la cinquième question, ne peut pas être un privilége pour la propriété littéraire, puisqu'il n'en existe pour aucune autre. Dans tous les cas, ce privilége ne serait un acte de convenance et de protection que pour l'auteur vivant, puisqu'il peut produire encore d'autres ouvrages utiles; mais les héritiers n'exploitant qu'un héritage qu'ils n'ont point créé, ce privilége ne peut s'étendre jusqu'à eux.

SUR LA SIXIÈME QUESTION.

Elle est résolue par l'avis relatif à la deuxième. La propriété littéraire sera régie par la loi commune, soit à l'égard des veuves, soit à l'égard des héritiers.

SUR LA SEPTIÈME QUESTION.

Il serait utile que, dans une hoirie, la propriété littéraire dont l'auteur n'aurait pas disposé passât à un seul de ses héritiers, au moyen d'un règlement à l'amiable ou d'un arbitrage légal, à charge, pour l'héritier nanti de la propriété, d'indemniser ses co-héritiers ensuite de ce règlement. Il en serait ainsi de génération en génération, et une simple déclaration au bureau de la librairie indiquerait suffisamment l'héritier existant d'une propriété littéraire.

SUR LA HUITIÈME QUESTION.

Elle est résolue par l'avis relatif à la septième.

SUR LA NEUVIÈME QUESTION.

Elle est résolue par tout ce qui précède et par la perpétuité de la transmission des propriétés littéraires aux héritiers.

SUR LA DIXIÈME QUESTION.

La propriété sans héritiers, donataires ou cessionnaires, se présentera très-rarement, et c'est dans ce cas que la société hérite de plein droit; la société indemnisera donc le libraire en achetant son livre , et la concurrence la garantira du monopole. Le gouvernement doit laisser à la société la jouissance pleine et entière de ses droits, et ne pas y chercher un moyen de l'imposer, puisqu'il n'y aura pas , dans ce cas, d'héritiers à indemniser. Les encouragemens aux gens de lettres sont une munificence qui honore le gouvernement ; il n'en serait pas ainsi s'il se réduisait volontairement aux rôles de percepteur d'un côté, et de répartiteur de l'autre..

SUR LA ONZIÈME QUESTION.

Le propriétaire légal d'un ouvrage posthume, à titre onéreux ou gratuit, est à la place même de l'auteur et à tous ses droits également transmissibles. Mais les héritiers de l'auteur pourront , dans tous les cas, obliger celui qui s'en prétend propriétaire, à l'exhibition de ses titres, sous peine de revendication.

SUR LA DOUZIÈME QUESTION.

Elle est résolue par l'avis qui précède.

SUR LA TREIZIÈME QUESTION.

Tous les faits de contrefaçon doivent être décidés d'après l'avis d'un jury.

SUR LA QUATORZIÈME QUESTION.

Les commentaires, annotations, éclaircissemens, etc., sont des ouvrages comme tout autre et doivent suivre la loi de la propriété littéraire, quelle que soit leur étendue.

SUR LA QUINZIÈME QUESTION.

Résolue par l'avis qui précède.

SUR LA SEIZIÈME QUESTION.

Le jury proposé est indispensable. L'institut en corps formerait ce jury perpétuel ; les jurés, au nombre de six pour chaque affaire, seraient pris dans celle des académies qui a dans ses attributions les études auxquelles se rapporteraient les ouvrages qui seraient l'objet du différend. L'Académie tirerait au sort douze noms qui seraient communiqués à l'autorité judiciaire ; six de ces noms seraient récusables par les parties plaidantes et par égale portion ; le jury de six académiciens prononcerait ensuite , à la majorité , le jugement qui serait rendu exécutoire par les tribunaux et soumis à l'appel, selon les lois.

SUR LA DIX-SEPTIÈME QUESTION.

Les académies sont propriétaires de leurs recueils de Mémoires, sans pour cela que chacun de leurs membres perde ses droits personnels de propriété sur ses propres Mémoires; ces deux cas restent donc dans la loi commune.

SUR LA DIX-HUITIÈME QUESTION.

La propriété dramatique doit être assimilée aux autres propriétés littéraires et régie de même. Il est à considérer seulement que la société jouit de ces sortes d'ouvrages de deux manières; 1° par la lecture; 2°, par la représentation; ce double avantage doit assurer aux auteurs dramatiques une double rétribution : ils peuvent donc, 1° vendre leurs ouvrages au public ou aux libraires; 2° percevoir des droits sur chaque représentation, qui est en quelque sorte une nouvelle édition de ces ouvrages. Si les auteurs dramatiques vendaient la propriété d'une pièce à un théâtre, ils en régleraient les conditions; s'ils se réservent cette propriété pour eux et les leurs, en renonçant aux avantages d'une cession perpétuelle, il est juste qu'ils en jouissent perpétuellement comme de toute autre propriété.

SUR LA DIX-NEUVIÈME QUESTION.

Elle est résolue par l'avis relatif à la dix-huitième.

SUR LA VINGTIÈME QUESTION.

La perpétuité de la propriété assurée à l'auteur doit être prise en considération dans le taux des droits de représentation.

SUR LA VINGT-UNIÈME QUESTION.

Un peintre est propriétaire perpétuel de son tableau. Si un graveur veut le reproduire, il en achète la permission du peintre. Le graveur est, à son tour, propriétaire de sa gravure, et, en payant au peintre un droit d'usage de son tableau, il a dû stipuler que le peintre ne vendrait pas à un autre graveur, du moins pour un tems, le droit de reproduire ce même tableau. La gravure n'étant qu'une édition de ce tableau, le peintre peut en faire autant qu'on lui en demandera, et ce droit passe à ses héritiers tant que le tableau n'est pas aliéné. Le graveur a aussi la propriété de sa gravure selon ses conditions avec le peintre, et c'est à lui de les faire valoir par les voies légales. Il en est des dessins comme des tableaux ; et, quant à ceux qui appartiennent à des particuliers, ceux-ci, en les achetant, se sont mis aux droits entiers du peintre et du dessinateur. Il en est autrement des objets d'art qui appartiennent au gouvernement ; en les achetant, son but est d'honorer les arts et de les encourager ; il les expose donc publiquement sans réserve, sans restrictions autres que celles qu'exige l'ordre public ; ils peuvent être copiés et gravés librement ; c'est par là que la munificence royale se manifeste, et comme le gouvernement ne vend pas aux graveurs la permission de publier les tableaux des Musées, cette permission doit être générale ; le graveur qui en use ne peut exiger d'autres garanties que celles qu'il trouvera dans la perfection et le bas prix de son ouvrage. Ces principes sont consacrés depuis long-tems par l'expérience.

SUR LA VINGT-DEUXIÈME QUESTION.

Les œuvres de musique doivent être assimilées à toutes les autres productions de l'esprit.

SUR LA VINGT-TROISIÈME QUESTION.

La loi nouvelle ne peut disposer que pour le présent et l'avenir. Ceux donc qui, par héritage ou concession, jouissent des droits des auteurs, d'après les lois existantes, doivent profiter des dispositions nouvelles. Un auteur a vendu la propriété de son livre à un imprimeur, qui savait bien qu'il ne jouirait de cette propriété que durant dix ou vingt ans après la mort de l'écrivain. Quand ce terme sera expiré, les droits acquis et payés par l'imprimeur expireront aussi. Si la loi nouvelle les ressuscite, ce ne peut être qu'au profit des héritiers de l'auteur, puisque ces droits n'existaient plus pour l'imprimeur, qui n'avait acheté de l'auteur que ce que l'auteur avait le droit de lui vendre pour dix ans ou vingt ans après sa mort, au moment du contrat. Ainsi la loi nouvelle ne donnera cette propriété aux héritiers qu'au moment où elle n'appartenait plus à personne. Il n'y aura là ni injustice, ni effet rétroactif.

NOTE ADDITIONNELLE

AUX OBSERVATIONS DE M. JULES MARESCHAL.

PAR suite de la discussion lumineuse qui a eu lieu en la séance du 23 janvier, une décision importante a été prise. Le principe d'un *droit perpétuel*, au profit des héritiers, sur les réimpressions, a été consacré, sauf l'examen des possibilités d'application. Dès lors, il devient indispensable de se livrer à la recherche d'un moyen facile d'asseoir ce droit et de le modifier, suivant les cas (1).

Celui qui a déjà été proposé, c'est-à-dire l'établissement d'une taxe proportionnelle sur chaque volume, suivant le nombre de feuilles et la nature du caractère employé, a donné lieu à l'objection que voici :

« Les imprimeurs, a-t-on dit, emploient, pour le texte des ouvrages,
» seize ou dix-huit caractères différens (2).
·» Les formats des livres ne sont pas moins variables; ceux en usage sont
» au nombre de dix, encore les divise-t-on en grands, petits et ordinaires,
» ce qui donne trente formats: (In-folio, in-4°, in-8°, in-12, in-16, in-18,
» in-24, in-32, in-36 et in-48.)

---

(1) Les développemens auxquels on s'est livré dans cette note n'ont d'objet qu'autant que l'assemblée croirait ne pouvoir adopter le mode d'évaluation proposé par M. le comte Portalis, mode qui, du reste, paraît, par sa simplicité, mériter toute préférence. Les élémens principaux de cette note ont été fournis par l'auteur de l'ouvrage ayant pour titre : *Du Droit de Propriété considéré dans ses rapports avec la littérature et les arts.*

(2) Suivant l'ancienne nomenclature, les caractères employés étaient *le gros-romain, le gros-texte* (pour in-folio), *saint-augustin, cicéro, philosophie* (pour in-4° et in-8°), *petit-romain, gaillarde, petit-texte, mignonne, nompareille, parisienne, perle* (pour in-12 et in-18, etc.). Ces noms ne faisaient aucunement connaître les proportions relatives des caractères entre eux, ni leurs proportions absolues, qui, d'ailleurs, étaient rarement exactes. Pour remédier à ces inconvéniens, MM. Pierre et Firmin Didot, et leur père avant eux, fixèrent les proportions et appellations de leurs caractères d'après un système régulier. Ils divisèrent la ligne du pied de roi en six parties ou *points*, puis ils

» Enfin la justification, c'est-à-dire le nombre des lignes contenues dans
» la page et la longueur de ces lignes, varie chez chaque imprimeur (1). Il
» faut encore estimer ces variations à sept ou huit par format.

» Ainsi, pour faire un tarif complet, il faudra combiner, de toutes les
» façons possibles :

» Le premier élément, qui présente dix-huit modifications ;

» Le deuxième, qui en offre trente,

» Et le troisième, qui en offre huit.

» Le tarif comprendra donc quatre mille trois cent vingt articles ; im-
» primé d'une manière lisible, il formera un volume in-8° de quatre ou
» cinq cents pages. »

Si tel était l'état des choses, si l'on devait nécessairement avoir égard à
toutes ces modifications, il faudrait chercher quelque autre moyen d'exécution ; mais il n'en est pas ainsi, les difficultés signalées n'ont, au fond,
rien de bien réel, ou du moins d'insoluble, et il suffira, pour s'en convaincre, des réflexions suivantes.

D'abord, retranchons de cette longue série d'articles du tarif, tous ceux
que font naître les changemens de justification. Quelques lettres, une ligne
ou deux de plus ou de moins par page, n'ajoutent, ne retranchent pas assez
à la contenance totale d'une feuille, pour que l'on y ait égard. Disons aussi
que, puisqu'il y a tantôt excès, tantôt défaut, ils se compenseront, et que

---

classèrent et dénommèrent leurs divers calibres , en raison du nombre de points que comprenaient
les corps. (On appelle *corps* l'espace compris entre l'extrémité des lettres longues inférieures et des
lettres longues supérieures. Exemple : entre le haut du *b* et le bas du *p , p b.*) La progression se fait
en général par point. MM. Pierre et Jules Didot ont seuls admis les demi-points ou douzième de
ligne. On peut établir les rapports entre l'ancienne et la nouvelle nomenclature, ainsi qu'il suit :

Demi-Nompareille.	*Perle.*	*Parisienne.*	*Nompareille.*	*Mignonne.*	*Petit-Texte.*
3	4	5	6	7	8

Inusités.

Gaillarde.	*Petit-Romain.*	*Philosophie.*	*Cicéro.*	*Saint-Augustin.*	*Gros-Texte.*
8 1/2	9	10	11	12	14

(1) On conçoit bien qu'il n'est pas ici question des modifications apportées par l'emploi de tel ou
tel caractère ; changement de caractère et de justification signifierait la même chose. On signale
seulement ces légères variations que l'imprimeur peut faire subir aux contenances généralement en
usage. Par exemple , l'in-octavo imprimé en cicéro (11 Didot) peut comprendre 29 , 30 , 31 et 32
lignes par page, suivant que l'on interlignera plus ou moins. Les lignes peuvent contenir (compensation faite) 1 , 2 , 3 lettres de plus ou moins.

les descendans des auteurs regagneront dans un cas ce qu'ils perdront dans l'autre.

Resterait seulement cinq cent quarante combinaisons : nous les réduirons à dix-huit, en faisant observer que, si l'on taxe chaque feuille entière, peu importe la manière dont elle est divisée ; qu'on la plie en quatre ; en huit, en douze parties, sa contenance est la même ; puisque la réduction ou l'accroissement des marges est, en général, proportionnelle à la réduction et à l'accroissement du format.

Le tarif se composerait donc de dix-huit articles au plus. En usant de la nomenclature de MM. Didot, l'on rendrait impossible toute erreur ou toute fraude sur le véritable calibre des caractères à employer, le nom de chaque *corps* en désignant la mesure. En outre, l'on contribuerait puissamment à faire adopter, par tous les fondeurs, les utiles réformes de MM. Didot.

Modèle du Tarif.

« Il sera payé pour 100 feuilles imprimées avec le caractère dit *le douze*, vulgairement *saint-augustin*, c'est-à-dire qui n'aura pas moins de 451 millimètres de corps (2 lignes, mesure ancienne). . . . . . 1 fr. c.

» Pour 100 feuilles imprimées avec le caractère dit *le onze*, vulgairement *cicéro*, c'est-à-dire qui n'aura pas moins de 413 millimètres (1 ligne $\frac{5}{6}$, ancienne mesure) 1   35

» Pour 100 feuilles imprimées avec le caractère dit *le dix*, vulgairement *philosophie*, c'est-à-dire qui n'aura pas moins de 376 millimètres (1 ligne $\frac{3}{4}$, ancienne mesure) 1   75

» Pour 100 feuilles imprimées avec le caractère appelé le *neuf*, vulgairement *petit-romain*, c'est-à-dire qui n'aura pas moins de 339 millimètres (1 ligne $\frac{1}{2}$, ancienne mesure) 2   25

» Pour 100 feuilles imprimées avec le caractère appelé le *huit*, vulgairement *le petit-texte*, *la gaillarde*, c'est-à-dire qui n'aura pas moins de 301 millimètres (1 ligne $\frac{1}{3}$, ancienne mesure) 2   75

» Pour 100 feuilles imprimées avec le caractère appelé le *sept*, vulgairement *la mignonne*, c'est-à-dire qui n'aura pas moins de 263 millimètres (1 ligne $\frac{1}{6}$, ancienne mesure) 3   35

» Pour 100 feuilles imprimées avec le caractère appelé *le six* ou vulgairement *nompareille*, c'est-à-dire qui n'aura pas moins de 225 millimètres (1 ligne, ancienne mesure de corps) ». 4

Il faudrait pousser ce tarif, d'une part, jusqu'au 4, et de l'autre, jusqu'au 16, en faisant bien attention que les caractères, ayant, sur le papier, deux dimensions , largeur (*l'épaisseur*) et longueur (*le corps*), la progression n'est pas arithmétique, mais géométrique. Ainsi, le *six*, moitié du *douze*, contient quatre fois plus : aussi est-il, ci-dessus, tarifé en conséquence.

On ferait bien aussi, dans la progression descendante , de tarifer le 5 ½ et le 4 ½. Sans cela les augmentations de la taxe (si elles sont faites, comme ci-dessus, proportionnellement) sembleraient excessives.

PROCÈS-VERBAL

DE LA SIXIÈME SÉANCE.

DU DIMANCHE VINGT-NEUF JANVIER MIL HUIT CENT VINGT-SIX.

MEMBRES présens à la séance :

MM.

Le comte PORTALIS, pair de France.
ROYER-COLLARD . . . . }
PARDESSUS . . . . } députés.
Le comte DE MONTBRON. . . . . }
VILLEMAIN . . . . }
DELAVILLE DE MIREMONT. . . . . } maîtres des requêtes.
AUGER. . . . .)
PICARD . . . . (
ALEXANDRE DUVAL . . . . } membres des 4 académies.
MICHAUD . . . . (
Le baron FOURRIER. . . . .)
Le baron TAYLOR, commissaire royal près le Théâtre-Français.
ETIENNE, homme de lettres. . . . . . . }
MOREAU, *id.* . . . . } commissaires des auteurs
CHAMPEIN, compositeur. . . . . } dramatiques.

Talma , sociétaire du Théâtre-Français.

Firmin Didot . . . . \
Renouard . . . . / délégués des libraires.

M. le vicomte de La Rochefoucauld , *président;*
M. Jules Mareschal , *secrétaire.*

M. le secrétaire donne lecture du procès-verbal de la dernière séance :
la rédaction est adoptée sans réclamation.

M. le secrétaire donne également communication à l'assemblée du
projet d'articles sur la matière en discussion , rédigé par M. Bellart, qui
l'a transmis à M. le comte Portalis.

L'assemblée décide qu'elle s'occupera de la proposition de M. Bellart
au fur et à mesure que les dispositions s'en rapporteront à celles du projet
de M. le comte Portalis, auquel celui de M. Bellart paraît devoir servir
d'explication et d'amendement.

M. le président annonce que la discussion est ouverte sur l'art. 7 du
projet de M. le comte Portalis ainsi conçu :

« La portion du produit de chaque édition , ou la rétribution établie par
» l'art. 6 au profit des auteurs , sera égale au quarantième du produit brut
» de l'édition. »

M. *** observe que la discussion ne peut avoir lieu d'une manière complète en l'absence de l'auteur du projet; il propose en conséquence à l'assemblée de différer toute résolution définitive jusqu'au moment où l'honorable membre pourra donner les explications désirables.

Cette proposition est adoptée.

L'assemblée décide néanmoins que la discussion continuera sur le projet
de M. le comte Portalis.

M. *** voudrait savoir, avant tout, sur quelles bases on prétend établir
la rétribution des familles. On est convenu que cette rétribution provenait
d'un droit; l'honorable membre ne discute point sur le principe adopté ,
mais il est certain que ce droit, quel qu'il soit, provient du texte dans toute
espèce d'éditions; le texte, production accomplie d'un esprit qui n'est plus,
ne varie point; mais le prix varie à l'infini. Ainsi donc, puisque le texte ne
varie point, tout ce qu'une édition a de prix sur une autre ne provient pas
du texte, par conséquent cette différence, qui ne vient point du texte, ap-

partient à d'autres qu'aux héritiers ; par conséquent, si on l'attribue aux héritiers, on leur donne ce qui ne leur appartient pas ; la loi établirait alors un vol manifeste. L'honorable membre voudrait donc qu'on annexât au projet une méthode par laquelle on pût séparer la valeur du texte de celle des accessoires ; ce qu'il demande, il en trouve l'image dans ce qui se passe entre l'auteur et le libraire, quand celui-là vend au second son manuscrit ; tous les droits de l'auteur se bornent au prix qu'il accepte du libraire ; mais, quoique tout soit fini de ce côté, le libraire peut ne pas savoir comment imprimer son livre ; il lui laisse le choix des moyens, la valeur des manuscrits restant au dehors. Une édition vaudra mille contre un ; à qui appartient cette différence ? Dira-t-on que la valeur originaire des manuscrits y participe ?

. L'honorable membre pense d'ailleurs qu'il ne faut point repousser l'assimilation qu'il a déjà faite de la propriété littéraire avec les brevets d'invention. Quelle que soit la différence qui existe entre les divers objets auxquels s'appliquent ces deux sortes de droits, les machines, instrument puissant de civilisation, ont bien leur importance ; or donc, si au lieu des gens de lettres, les inventeurs de ces machines avaient été assemblés pour la garantie de leurs droits, ne pourraient-ils pas réclamer, à aussi juste titre, une part perpétuelle aux bénéfices en faveur de leurs héritiers ? Qu'arriverait-il cependant si la valeur des matières employées à la confection d'une machine pouvait augmenter la valeur des bénéfices qui seraient attribués aux familles ?

L'honorable membre pense donc que la base du projet en discussion est fausse, en ce sens qu'elle suppose un rapport certain entre la valeur du texte et la valeur totale de l'édition ; c'est un vice irréformable, et auquel aucune méthode ne pourra remédier ; que si l'on faisait concourir plusieurs textes, faudrait-il donc apprécier le mérite littéraire de chacun d'eux ? Les difficultés surabondent, l'honorable membre les écarte lui-même ; il s'en présente bien plus que la discussion ne le comporte. D'ailleurs, pourquoi s'en être tenu à une approximation pour la fixation d'un intérêt particulier, s'il est vrai que ce soit un droit que l'on règle, un droit ne se fait-il pas jour, ne se limite-t-il pas lui-même ? Par quel procédé d'esprit a-t-on donc découvert qu'il fallait adopter plutôt un quarantième qu'un trente-cinquième du produit brut de l'édition ?

L'honorable membre pense que, tout considéré, la rétribution proposée n'a pas d'autre caractère que celui d'un impôt, avec ce désavantage que l'impôt a ses motifs et par conséquent ses limites dans les besoins de l'état; mais quel est ici le besoin de l'impôt? C'est, dit-on, l'avantage de la postérité des auteurs; ainsi l'a pensé l'assemblée. L'honorable membre déclare qu'il respecte sa décision; mais, si cette rétribution est fixée en raison des besoins de cette postérité, ne faudrait-il pas un droit égal à chaque individu? ne devra-t-on pas accorder autant de quarantièmes qu'il y aura d'ayant-droit? La contribution, pour être établie avec une entière justice, doit être incessible, insaisissable et se multiplier en raison du nombre des parties prenantes; ce n'est pourtant pas là son plus mauvais caractère : le plus mauvais est le danger imminent qui en résulte pour la liberté de la presse. On a posé, en principe, que trente-neuf quarantièmes de la propriété littéraire tomberaient dans le domaine public. Or, si cette assertion est vraie, relativement au sort des ouvrages des gens de lettres vivans, elle l'est également des ouvrages des gens de lettres morts; dans la probabilité de l'invasion du domaine public par l'impôt, ce que l'honorable membre voit de pire, c'est la vexation de la presse. Nous vivons dans un tems, ajoute-t-il, ou de fort honnêtes gens font profession de foi que la presse et l'imprimerie ne sont pas une bonne chose; si donc, de l'impôt au profit des héritiers, il est facile d'arriver à un impôt sur tous les livres imprimés ; si de la facilité des procès on veut faire un instrument contre la presse, quel libraire osera se livrer à des impressions nouvelles?

Intimement persuadé des avantages de la liberté de la presse, l'honorable membre déclare, en finissant, qu'il se déciderait par cette seule raison, si les autres ne le frappaient pas au même degré. Il ajoute d'ailleurs que le rapprochement tiré à la précédente séance de l'indemnité accordée au propriétaire d'une mine, par les concessionnaires, n'est pas juste, en ce sens que cette indemnité n'est jamais accordée que pour les dégâts nécessités à la surface par l'exploitation.

M. LE PRÉSIDENT observe que le préopinant s'est laissé entraîner hors du terrain de la discussion ; il invite l'assemblée à circonscrire sa délibération dans les limites des moyens spéciaux d'exécution qui l'occupent.

M. *** exprime de nouveau le regret de ce que M. le comte Portalis n'est pas présent à la séance, pour réfuter les objections du préopinant. Lui-même, il se sent d'autant plus embarrassé d'y répondre, que son vote à la précédente séance n'a été que conditionnel ; il n'entreprend pas moins une tâche qu'il regrette de ne pas voir mieux remplie. Passant donc à l'examen de l'objection sur laquelle le préopinant a principalement insisté, l'honorable membre partage ses idées sur les avantages de la liberté de la presse ; les besoins des peuples se sont manifestés à cet égard : la charte a consacré ces besoins. Il en résulte que les opinions sont tellement fixées sur cette nécessité, que la pensée d'une retenue sur les ouvrages des auteurs morts a été presque aussitôt rejetée qu'émise. Qu'on ne craigne donc pas de voir le gouvernement profiter de ce commencement d'impôt ; il le ferait bien sans cela s'il n'en sentait lui-même tout le danger.

L'honorable membre cite l'exemple de la chambre de 1815, dont les actes ne peuvent être soupçonnés d'une tendance exagérée dans le sens favorable à l'exercice illimité de la presse. La pénurie publique était telle à cette époque qu'il fut proposé des impôts de toute espèce : eh bien! celui sur les livres fut rejeté avec tous ceux qu'on pouvait regarder comme défavorables au commerce. Passant ensuite aux objections qui ont directement rapport à la base énoncée dans le projet, l'honorable membre estime qu'il n'est pas dans la pensée de son auteur de prendre sur ce qui n'est pas l'ouvrage, sur les accessoires, tels que commentaires, additions, etc., etc.; que les accessoires seront écartés. Les juges en détermineront facilement la valeur en cas de contestation.

Quant aux éditions de luxe, l'augmentation de valeur peut résulter de l'emploi du papier et des caractères, ou de l'adjonction des gravures et d'autres espèces d'ornemens, facilement appréciables. Les premières ne pourront qu'établir une faible variation dans la quotité de la rétribution ; les secondes seront plus facilement écartées encore que les commentaires.

Le préopinant a prétendu qu'on n'avait pas le droit de déterminer, par une évaluation, l'exercice d'un intérêt particulier : les lois civiles ont pourtant pris souvent un moyen terme. L'honorable membre cite, à ce sujet, l'exemple du recours contre un vendeur par lésion des sept douzièmes de la valeur totale de l'objet vendu et de l'usufruit, qui est toujours censé former exactement la moitié de la propriété entière ; dans l'impossibilité d'arriver à une évaluation positive, les lois civiles ont alors sagement statué, *ex eo quod plerumque fit.*

La raison commande donc de fixer une quotité : quelle en sera la valeur? c'est une autre question que celle dont l'assemblée s'occupe dans ce moment.

Le préopinant a dit également que le droit des héritiers devrait être le même pour chacun d'eux; cette assertion n'est pourtant pas plus vraie que si on l'appliquait aux fortunes ordinaires. On a reconnu que l'auteur n'était pas suffisamment payé pendant sa vie; on établit donc une suite de bénéfices qui doit s'arrêter au degré successible; le nombre des ayant-droit est donc indifférent pour l'établissement d'une rétribution qui ne tire sa source que d'une seule personne.

Quant à la question de savoir si la rétribution sera cessible et saisissable, quelle que soit l'opinion de l'assemblée à cet égard, sa délibération n'en doit pas être entravée, car le règlement de ces difficultés peut être regardé comme accessoire au fond de la discussion.

M. *** demande si l'intention de l'assemblée est que l'auteur ne puisse pas, dans le désir d'assurer à son ouvrage une reproduction plus facile, priver ses enfans du droit perpétuel que la loi leur attribuerait; si cette faculté lui était refusée, on rentrerait dans le droit commun, ce qui serait évidemment contre les intentions de l'assemblée.

M. *** répond que cette déchéance ne pourrait être prononcée par l'auteur contre ses héritiers, que sous la forme d'un legs fait au public; que le public ne représentant pas un être déterminé, le legs serait considéré comme fait à une personne incertaine, et par conséquent déclaré nul; que l'état seul enfin serait apte à recueillir un pareil héritage par la volonté de l'auteur.

M. *** demande si les auteurs des diverses parties d'un ouvrage fait en société, tel que *la Biographie universelle*, pourront transmettre à leurs héritiers un droit sur ces parties d'ouvrage, lorsque la propriété de l'éditeur sera anéantie. Comment alors distinguer et fixer les réclamations de chacun? n'en résultera-t-il pas qu'une foule d'ouvrages secondaires, mais d'une incontestable utilité, ne seront plus réimprimés?

M. le secrétaire fait observer que cette objection n'a pas de fondement, puisque les éditeurs de ces sortes d'ouvrages sont considérés comme ayant acquis irrévocablement la propriété de chacun des collaborateurs, et qu'il n'est pas probablement dans l'intention de l'assemblée de transmettre aux héritiers d'un auteur les droits que celui-ci aurait irrévocablement cédés.

M. *** réplique que, si on donne le droit de vendre à forfait, on détruit toute espérance de récompense.

M. *** partage les idées de M. le secrétaire sur cette question : ce qui lui semble important d'examiner, c'est jusqu'à quel point la faculté de transmettre, par testament, la rétribution proposée pourra anéantir l'idée de récompense que l'on a désignée sous le nom de *noblesse littéraire :* peut-être cet inconvénient semblera-t-il moins grave, si l'on songe que les pères déshéritent rarement leurs enfans, et dans tous les cas, on ne peut empêcher un père d'anéantir sa propriété, quelle qu'en soit la nature, au détriment de sa famille.

Quant à ce qui a été dit qu'il serait injuste de faire varier les bénéfices résultant du texte d'un ouvrage avec le prix des diverses éditions, n'est-ce pas à l'occasion du texte que les embellissemens, qui font augmenter le prix des ouvrages, sont entrepris? Est-il donc si peu convenable de faire participer le motif de ces embellissemens au bénéfice qui peut en résulter?

M. *** pense qu'on a exagéré les dangers qui pourraient résulter, pour la liberté de la presse, de la rétribution des familles ; ce qui fait qu'on ne s'entend pas sur la question, c'est que, d'un côté, on voit plus d'avantages, et de l'autre, plus d'inconvéniens qu'il n'en existe réellement.

M. VILLEMAIN demande s'il n'est pas à craindre que l'autorité judiciaire ne profite de la fausseté d'une déclaration, civilement prouvée par les héritiers d'un auteur contre un libraire, pour intenter une action criminelle en raison de ce que cette déclaration aurait d'inexact relativement aux règlemens de la librairie ; ne doit-on pas se refuser, en effet, à l'établissement d'un nouveau moyen de preuves judiciaires et d'une nouvelle source de condamnations?

Quant à la question de savoir si la rétribution sera cessible ou insaisissable, transmissible à toute espèce de personnes, ou seulement à la veuve et aux héritiers naturels de l'auteur, l'honorable membre pense que l'on a écarté trop précipitamment ces considérations. Les bornes que devra avoir la rétribution proposée doivent être bien connues de chacun, pour qu'on puisse émettre un vote définitif sur l'étendue et la quotité de cette rétribution ; il faut, avant tout, savoir en faveur de qui on l'établit ; l'honorable membre propose, en conséquence, de fixer préalablement les droits personnels avant de rien déterminer sur le fond matériel de la question.

M. ***, répondant à la première demande du préopinant, fait observer

22

qu'il est impossible que l'autorité puisse prendre argument d'une fausse déclaration faite aux héritiers pour prouver une contravention aux règlemens. Il est de règle, en effet, qu'une chose jugée ne l'est qu'entre les parties du procès. L'honorable membre appuie la proposition du préopinant, relativement à la question personnelle; il observe d'ailleurs que tel a été l'avis de M. le comte Portalis, puisque, dans le projet de ce dernier, le droit exclusif et temporaire est seul attribué à toute espèce de personnes.

Sur la proposition de M. le président, l'assemblée décide qu'elle attendra la présence de M. le comte Portalis pour prendre une résolution définitive; elle arrête de plus que la proposition de M. Villemain sera prise en considération, et qu'il sera statué, à la prochaine séance, sur l'antériorité réclamée en faveur de cette question.

La séance est levée.

Le président,

Signé LE Vte DE LA ROCHEFOUCÁULD.

Le secrétaire,

Signé JULES MARESCHAL.

PROCÈS-VERBAL

DE LA SEPTIÈME SÉANCE.

DU VENDREDI TROIS FÉVRIER MIL HUIT CENT VINGT-SIX.

MEMBRES présens à la séance :

MM.

Le marquis de LALLY-TOLENDAL, pair de France.
ROYER-COLLARD. . . . . }
PARDESSUS. . . . . } membres de la chambre des
Le comte de MONTBRON. . . . . } députés.
De VATIMESNIL, conseiller d'état.
DELAVILLE de MIREMONT, maître des requêtes.
Le baron CUVIER. . . . . }
AUGER . . . . } membres des 4 académies.
Le baron TAYLOR, commissaire royal près le Théâtre-Français.
MOREAU, homme de lettres. . . . . . . } commissaires des auteurs
CHAMPEIN, compositeur. . . - . . . . . } dramatiques.
RENOUARD, délégué des libraires.

M. le Vᵗᵉ DE LA ROCHEFOUCAULD, *président.*
M. JULES MARESCHAL, *secrétaire.*

LA SÉANCE est ouverte à sept heures et demie du soir.

M. LE SECRÉTAIRE donne lecture du procès-verbal de la dernière séance ; la rédaction en est adoptée sans réclamation.

M. ALEXANDRE DUVAL lit une opinion manuscrite sur la nature de la propriété littéraire.

M. LE PRÉSIDENT remarque que l'honorable membre lui semble avoir rétrogradé sur la marche de la discussion ; il n'en rend pas moins hommage aux excellentes vues que présente le travail de M. Duval, et au talent avec lequel il les a développées ; il propose en conséquence à l'assemblée l'impression et la distribution à domicile de cette opinion.

CETTE proposition est adoptée (1).

M. *** demande la parole pour une réclamation personnelle ; l'assimilation que, sous un seul rapport, il a établie à la dernière séance, entre la propriété littéraire et les brevets d'invention, ne l'empêche pas, comme paraît le croire M. Duval, de sentir la différence extrême des objets auxquels ces deux sortes de droits s'appliquent ; mais l'un et l'autre de ces objets sont des productions de l'esprit, rendues publiques ; il s'agit de savoir si l'esprit inventeur jouira pour tous les deux et pendant un tems donné du privilége de la vente ? l'honorable membre prie en conséquence le préopinant de revoir à ce sujet quelques-unes de ses expressions.

M. LE PRÉSIDENT rappelle à l'assemblée qu'à la fin de la dernière séance elle a remis à la prochaine réunion sa décision sur la priorité réclamée en faveur de la proposition de M. Villemain.

Cette proposition a pour objet de déterminer en faveur de qui, et à quel ordre d'héritiers devra être attribuée la participation perpétuelle aux bénéfices de publication.

M. *** rappelle qu'à l'avant-dernière séance il avait remis un projet de M. Bellart, où était énoncée la question soulevée par M. Villemain ; quant à sa solution, l'honorable membre avait différé d'avis de M. Bellart ; il avait pensé que le vœu présumé de la loi étant de remédier au reproche d'ingratitude de la société envers les descendans des auteurs illustres, toute disposition qui tendrait à transporter à d'autres, qu'à ces derniers, les droits

---

(1) Voir, à la suite du procès-verbal, l'Opinion de M. A. Duval.

de participation aux bénéfices, serait considérée comme contraire à l'esprit de cette loi.

On pourrait donc examiner simultanément la proposition de M. Bellart et celle de M. Villemain; cependant l'ordre de discussion précédemment adopté semble, à l'honorable membre, devoir être préféré.

M. *** insiste sur la nécessité de traiter préalablement la question personnelle.

M. le président, après avoir consulté l'assemblée, déclare que la priorité est accordée à la proposition de M. Villemain.

M. *** pense que, pour la solution de cette question, il faut remonter aux principes de la propriété en général; quel a été le but de la société en accordant le droit de propriété? c'est d'encourager au travail; aussi ce droit a-t-il été porté si loin que chacun dispose non-seulement de ce qu'il a acquis par son fait, mais encore de celui qu'il tient des autres. On propose cependant aujourd'hui de faire une chose nouvelle dans l'ordre social, en bornant la faculté de disposer d'un droit dont on établit la garantie, et pourtant ce droit n'a pas d'autre principe que celui de toute autre espèce de propriété. Si donc, cette importante considération de l'encouragement au travail, décide aujourd'hui à établir un droit sur une chose aussi personnelle que la pensée, comment pourrait-on supprimer la faculté de disposer d'une chose que personne ne peut tenir de son auteur?

M. *** fait observer que, dans les assemblées des auteurs dramatiques qui ont eu lieu pour le choix des commissaires, on avait été conduit à penser que la faculté de léguer serait permise, mais que les légataires ne devraient jouir qu'à titre viager.

M. *** pense que la rétribution des familles doit être assimilée à toute espèce de propriété, et par conséquent régie par le droit commun. Il en est de ce genre de propriété comme de tous ceux auxquels l'intérêt public impose des restrictions; telle que cet intérêt l'a réduite, et séparée de la faculté d'abuser, que la loi lui interdit, la propriété littéraire rentre de toute nécessité dans la masse des droits que garantit la législation générale.

En vain objectera-t-on l'inconvénient de la misère qui peut peser sur les descendans de l'auteur, puisque cette misère ne peut résulter que du fait du véritable propriétaire, agissant dans la limite de ses droits.

La considération tirée du nom de l'auteur est également illusoire, puisqu'elle ne s'applique pas à ses filles, dont on ne conteste pas les droits.

M. *** fait observer que la question se réduit à savoir si l'on établira une substitution pour la transmission de la part des familles, ou si l'on en fera une propriété réglée par les lois ordinaires des successions.

M. LE PRÉSIDENT met en conséquence aux voix la question suivante. *Sera-t-il établi une législation particulière pour la transmission des droits résultans de la rétribution des familles?*

M. *** déclare qu'une réflexion approfondie l'a ramené au système du droit commun.

M. *** pense que le droit commun serait contre le but que l'assemblée se propose, celui d'accorder une récompense aux auteurs dans leur famille. Que deviendrait cette récompense, si on laissait la faculté de l'aliéner? La plupart des droits de cette espèce seraient acquis à titre onéreux, et, dans quarante ans, il n'y aurait peut-être pas le quarantième des descendans des auteurs qui jouiraient du bénéfice qu'on aurait voulu leur donner.

La rétribution doit répugner beaucoup, même si elle est perçue par les descendans des auteurs ; mais si ce sont des spéculateurs qui en jouissent, cette rétribution deviendra une servitude d'argent, odieuse et sans utilité.

M. *** observe que, dans le cas d'aliénation, la famille de l'auteur aura touché le prix.

M. *** vote pour le droit commun sauf le respect dû au domaine public , sinon il verrait dans le droit commun un véritable fléau.

M. *** ne pense pas, il est vrai, que la propriété littéraire existe , car la loi ne fait que récompenser le travail.

L'indemnité pécuniaire qu'elle accorde est le salaire de l'auteur; mais, de cette considération même, il résulte que ce salaire et toute la suite des prestations pécuniaires qui en dépendent, sont la propriété absolue de l'auteur. La perpétuité n'en change pas la nature ; l'auteur qui laisse un manuscrit peut en faire l'objet d'une donation testamentaire; voilà donc une production qui n'enrichit pas sa famille. S'il était humainement un moyen d'assumer du vivant de l'auteur, et sur sa personne , tous les produits résultans de ses ouvrages, il faudrait adopter ce moyen. Or, si on le rencontrait, l'auteur ne conserverait-il pas la liberté de disposer des bénéfices qu'il aurait acquis ?

M. *** pense que le droit commun violerait la liberté de l'homme de lettres.

M. *** déclare que les motifs qui lui ont déjà fait repousser le droit perpétuel, le déterminent également à rejeter toute la disposition accessoire à ce droit.

M. *** s'abstient de voter sur une législation applicable au droit proportionnel, qu'il ne regarde pas comme conforme à la raison.

M. le secrétaire n'aperçoit pas d'autres motifs propres à repousser le droit commun que l'idée professée par quelques personnes, que la rétribution ne constitue pas une propriété, objection qui lui semble avoir été victorieusement réfutée par l'un des préopinans. Il vote, en conséquence, pour le droit commun.

M. le président pense qu'il a assez exprimé son opinion dans les séances précédentes sur la nature de la propriété littéraire, pour qu'il ne lui soit pas nécessaire de développer les motifs qui l'engagent à voter pour le droit commun. C'est avec un vif empressement qu'il adoptera toutes les dispositions qui tendront à simplifier les règles de la propriété littéraire, et à en assurer en conséquence le libre et facile exercice.

Au moment où M. le président va faire connaître le résultat du vote de l'assemblée, M. *** demande la parole pour une dernière observation. L'adoption des règles du droit commun va changer tout-à-fait, dit-il, votre décision, en créant de nouveaux propriétaires hors de la famille ; le projet de M. le comte Portalis prévoyait implicitement le terme de la rétribution proposée, puisqu'il en concentrait l'exercice dans les degrés successibles ; par votre détermination nouvelle, vous déclarerez la perpétuité absolue de la rétribution.

Cette proposition n'a pas de suite.

L'ASSEMBLÉE déclare, *à la majorité* de ONZE *voix contre* CINQ, que la transmission de la rétribution des familles sera soumise aux règles du droit commun.

LA DISCUSSION s'ouvre ensuite sur la base de la rétribution.

M. *** pense que les inconvéniens du mode adopté seraient moins graves s'il avait pour principe l'étendue du texte.

M. *** rappelle ce qu'il a déjà dit quant à la quotité du droit, qu'il avait mis un simple chiffre, sans tenir plus à celui-là qu'à tout autre. Dans tous les cas, l'honorable membre pense que la rétribution ne peut être que proportionnelle, car les rapports des familles avec ceux qui exploiteront les ouvrages de leurs auteurs, seront analogues à ceux qui caractérisent les sociétés en participation. L'existence et la nature de cette société entraîne la part proportionnelle dans les bénéfices; or, cette part formant en elle-même une valeur, ne peut être en proportion qu'avec une autre valeur. Les termes d'évaluation se rencontreront dans le prix du manuscrit avant la publication ou dans celui de l'ouvrage imprimé; c'est cette dernière évaluation qu'il faut demander à l'éditeur, c'est sur cette base qu'il est juste d'appuyer la rétribution. L'honorable membre regarde comme une illusion l'objection que l'on a faite que souvent dans la valeur d'une édition il entrait un grand nombre d'élémens étrangers au texte; on n'entreprend en effet des éditions de luxe que pour des ouvrages d'un mérite reconnu; il est donc raisonnable que le texte entre en participation des bénéfices, dont il devient le motif et l'occasion. On peut d'ailleurs modérer le chiffre proposé, si on le trouve exorbitant.

M. *** pense que le préopinant a bien posé la question. C'est en effet avec les profits que le rapport doit être établi; mais la valeur n'est pas la même chose que les profits; une édition exécutée simplement s'écoule avec rapidité; mais il est telle entreprise magnifique dont les frais sont considérables et le profit nul. N'y aurait-il pas une injustice criante à intervenir dans les spéculations, contre les spéculateurs eux-mêmes?

S'il existe un second terme possible, ce sont les profits; mais comment en déterminer la mesure? Le libraire qui achète un manuscrit peut seul la faire; quant à la proposition de compter les lettres et les syllabes, l'honorable membre regarde cette espèce d'arpentage comme puéril. Il termine, en déclarant qu'à défaut d'autre motif d'exclusion, l'impossibilité de trouver une base certaine l'aurait décidé à rejeter la proposition qu'on examine.

M. le secrétaire pense que, s'il est un moyen rationnel d'apprécier la valeur du texte, c'est, sans contredit, le nombre d'exemplaires que le public achète. Or, ce nombre n'a pas besoin d'être apprécié d'après la vente consommée, il l'est suffisamment par le tirage que l'éditeur juge à propos de faire, car on ne peut supposer qu'un libraire, ayant quelque habileté, s'expose à tirer à un plus grand nombre d'exemplaires qu'il n'y a de garantie du débit par les précédens et les probabilités admises dans le commerce.

Il arrive tous les jours qu'un libraire fasse une mauvaise spéculation ; mais il faut admettre, en règle générale, que la valeur apparente de l'ouvrage est calculée par l'éditeur.

M. *** objecte que l'élévation graduelle de la rétribution empêchera de réimprimer à l'avenir les ouvrages volumineux.

M. *** répond que les spéculateurs rétabliront la compensation en tirant un moins grand nombre d'exemplaires.

M. *** observe à ce sujet que les calculs des libraires ne sont pas toujours tellement rigoureux qu'on ne puisse souvent regarder ceux-ci comme des entrepreneurs à la grosse aventure. La rétribution sur le produit brut, c'est-à-dire sur le prix de catalogue, serait donc injuste et onéreuse pour la librairie. L'honorable membre revient donc à la mesure qu'il a déjà proposée et qui consiste à convertir le quarantième ou toute autre fraction, plus ou moins élevée du produit brut, en un quarantième d'exemplaires en nature.

M. *** trouve à la quotité basée sur le produit brut deux graves inconvéniens ; le premier a déjà été signalé, c'est l'inégalité qui ne peut manquer d'exister entre la valeur du texte et celle d'un grand nombre des éditions qui le reproduisent.

Le second consiste dans la multiplicité de contestations que ce mode amènerait après lui. Dans le cas de l'évaluation par volume, il ne peut y avoir de difficultés que relativement au nombre des exemplaires ; dans le système du projet en discussion, l'incertitude de la valeur se joint à celle du nombre.

On a dit qu'il y avait de la puérilité à prendre pour base l'étendue matérielle d'un livre ; mais on n'a pas réfléchi que dans le système de la concurrence, l'étendue des ouvrages se multipliait par le nombre d'exemplaires tirés. D'après cette considération, on voit que ce mode, semblable, au premier abord, à un arpentage matériel, opère néanmoins d'après la nature des choses et la valeur réelle.

M. *** ne s'effraierait pas beaucoup de faire contribuer proportionnellement les éditions de luxe ; c'est un moyen tout simple d'augmenter les bénéfices des familles, et qui n'a rien de contraire à la justice, puisque les embellissemens que ces éditions renferment sont un produit médiat du texte.

M. *** répond que cette sorte d'ouvrages devra être l'objet de disposi- tions particulières.

M. *** s'étonne qu'on parle toujours d'une taxe sur la librairie ; c'est, au contraire, un droit qui sera payé par le public.

M. *** répond qu'il faut que le public veuille bien payer en achetant les ouvrages.

M. DE VATIMESNIL, qui, pendant la discussion, a rédigé sa proposition, en donne lecture en ces termes :

« La portion du produit de chaque édition, ou la rétribution établie » par l'art. 6, au profit des héritiers des auteurs, sera fixée comme il » suit :

» Il sera payé par chaque volume contenant...... pages, à raison de......, » lignes à la page et de...., syllabes à ligne, ou évalué d'après ces propor- » tions, la somme de..........; ladite somme sera multipliée par le nombre » des exemplaires auquel l'édition aura été tirée. »

M. *** pense que l'obligation de compter les lettres fera naître d'inextri- cables difficultés. Il propose, en conséquence, comme moyen de résoudre la difficulté la plus forte qu'ait présenté le projet de M. le comte Portalis, de joindre, à la taxe au marc le franc sur le produit brut, une échelle dé- croissante avec la valeur des ouvrages.

M. *** convient qu'avec le système de M. de Vatimesnil, les éditions de luxes seraient protégées ; il remarque que les éditions communes seraient accablées par une taxe hors de proportion avec leur valeur, et qu'on ne pourrait plus donner de livres bon marché.

M. *** répond qu'il suffira de faire la taxe modérée.

M. *** s'étonne qu'on ait à peine parlé de déterminer jusqu'à quel point la taxe devrait être réduite en raison des accessoires du texte, tels que com- mentaires, additions, etc.

M. *** observe à ce sujet que souvent le commentaire forme la valeur principale d'un livre. L'honorable membre pense qu'il faudra arriver tôt ou tard à cette difficulté qui lui semble insoluble.

M. *** remarque que le système de M. de Vatimesnil aurait l'avantage de donner un point de départ pour séparer les accessoires.

M. LE PRÉSIDENT annonce qu'il va mettre aux voix l'art. 7 du projet de

M. le comte Portalis, et que si cet article est rejeté, l'assemblée votera en-suite sur la proposition de M. de Vatimesnil.

Chaque membre ayant émis son vote, et le nombre des votes négatifs formant la très-grande majorité, M. le président déclare que ce n'est qu'a-près s'être convaincu, par le résultat de cette discussion, des obstacles insur-montables que rencontrerait l'application du système dont il s'agit, qu'il a pu se déterminer à le rejeter, et que c'est pour lui un motif de plus pour souhaiter que le système proposé par M. de Vatimesnil rencontre moins d'obs-tacles.

M. LE PRÉSIDENT annonce ensuite que, d'après le recensement des votes, l'art. 7 du projet de M. le comte Portalis, est rejeté à la majorité de douze voix contre quatre.

M. LE PRÉSIDENT demande si quelqu'un veut soutenir la proposition de M. de Vatimesnil?

L'auteur de cette proposition déclare que son opinion a toujours été contre la rétribution perpétuelle, et qu'il n'a mis en avant le système sur lequel on discute, que comme la base la moins mauvaise à adopter pour cette rétri-bution.

M. *** déclare que l'objection tirée du désavantage qu'éprouveraient les éditions communes, le décide à repousser le système proposé par M. de Vatimesnil.

M. le secrétaire remarque que cette objection ne saurait avoir de gravité que dans le cas où la rétribution serait très-élevée, ce qui est contraire aux idées admises jusqu'ici sur sa quotité probable.

M. *** répond qu'alors la rétribution ne vaudra pas l'extension du privi-lége temporaire.

M. *** rappelle qu'il avait été dit d'abord que l'extension du privilége temporaire, accordé par la législation existante, n'était qu'un privilége cons-titué contre la nature même des choses. Plusieurs membres cependant ont parlé d'étendre ce privilége, comment pourront-ils le faire sans fausser leur première déclaration? Cette considération conduit l'honorable membre à voter pour la proposition de M. de Vatimesnil, non qu'il la regarde comme meilleure que celle que l'on vient de rejeter, mais au moins empêche-t-elle l'extension du privilége.

La proposition de M. de Vatimesnil, mise aux voix, est rejetée *à la majorité de* seize *voix contre* deux (1).

M. le président pense que le rejet des deux propositions est une espèce d'engagement que vient de prendre l'assemblée de chercher l'amélioration du sort des auteurs dans l'extension du privilége temporaire. Cependant, de ce que les deux moyens d'exécution ont été repoussés, il ne s'ensuit pas qu'on ait fait un abandon définitif du système de la rétribution ; il engage en conséquence chacun des membres à chercher encore, dans son esprit ou plutôt dans son cœur, un moyen exécutable et facile d'arriver à un but si justement désiré, et il propose à l'assemblée de remettre à cet effet la suite de la discussion à la prochaine séance.

Cette proposition est adoptée.

La séance est levée à onze heures du soir.

Le président,
Signé le Vte de LA ROCHEFOUCAULD.

Le secrétaire,
Signé Jules Mareschal.

---

(1) La différence qu'on remarque ici entre le nombre des votes sur cette question et sur la précédente, vient de ce que, sur cette dernière, deux membres ont déclaré s'abstenir.
(Note du secrétaire.)

OBSERVATIONS

DE M. ALEXANDRE DUVAL,

LUES A LA SÉANCE DU 3 FÉVRIER 1826.

OBSERVATIONS

Lues par M. ALEXANDRE DUVAL,

EN LA SÉANCE DU TROIS FÉVRIER MIL HUIT CENT VINGT-SIX.

Messieurs,

N'ayant pu assister à la seconde réunion de la Commission, j'ai vu par les discussions qui ont suivi, que l'on avait admis en principe que les productions de l'esprit humain n'étaient point une propriété transmissible à des héritiers ; et que, si l'on trouvait juste que des enfans dussent avoir quelque part aux travaux de leur père, ils ne devaient l'obtenir que par privilége et pour un tems limité.

Après avoir lu l'opinion de mon confrère (M. Auger) sur ce sujet, j'ai été étonné qu'on eût passé si rapidement sur un point de discussion qui me semble devoir être l'unique base de la loi que l'on espère obtenir de la bienveillance et de la justice de Sa Majesté.

M. Auger a dit avec raison : Qu'il en était d'une loi comme de tous les monumens élevés par les hommes. Pour parvenir à construire un édifice, il faut d'abord l'asseoir sur un terrain solide ; de même une loi ne peut être bonne qu'autant qu'elle a pour base un principe qui en fait reconnaître la justice et la nécessité.

Plus j'ai écouté les éloquentes discussions qui ont eu lieu sur le projet de loi présenté par M. de Portalis, plus j'ai vu que l'on s'était écarté du principe qui doit lui servir de base. Ce principe est, selon moi, qu'un ouvrage littéraire est, dans toute l'acception du mot, une PROPRIÉTÉ.

En vain le talent, fortifié de tout ce qu'il peut y avoir d'honorable dans le caractère d'un homme, a voulu prouver que l'auteur, en cessant de vivre, n'était plus maître de sa création, et que cette création devait être le bien de tout le monde, excepté celui de sa famille.

En vain il a assimilé les productions littéraires et scientifiques qui embrassent des milliers de pensées, même de sentimens, à une invention mécaniquement ingénieuse.

En vain il est allé jusqu'à mettre en balance l'utilité d'une grande production morale avec l'invention d'une machine. J'en conviens, Messieurs, j'ai admiré l'orateur, le grand citoyen; mais je n'ai point été convaincu.

Connaissant mon insuffisance pour lutter contre un si grand adversaire, j'ai gardé le silence dans l'espoir que, parmi les auteurs, de plus dignes que moi se seraient présentés pour défendre des droits que je crois incontestables; mais puisqu'on avance toujours dans la discussion de la loi sans avoir reconnu le principe qui doit lui servir de base, je me croirais coupable envers cette honorable ASSEMBLÉE si, par crainte de mes faibles moyens et de mon peu d'habitude de semblables discussions, je n'opposais quelques réflexions écrites à d'éloquentes improvisations.

J'oserai d'abord demander si mes confrères ont bien réfléchi aux conséquences que l'on peut tirer du discours de l'orateur, qui non-seulement se montre contraire à la déclaration de la propriété, mais qui admet encore, comme je l'ai déjà dit, une similitude entre une invention de machine et les productions du génie, en donnant même à la machine l'avantage d'une utilité plus reconnue (1).

Je dois, avant de chercher à prouver qu'un ouvrage littéraire est une propriété, combattre le raisonnement qui l'assimile à une machine, et sur-

---

(1) L'honorable orateur qui a établi cette similitude est convenu lui-même, avec cette admirable bonne foi qui est toujours le partage du vrai talent, que dans cette comparaison il s'était laissé entraîner un peu trop à la chaleur de l'improvisation. Mais moi, qui avais besoin d'un prétexte pour faire connaître mon opinion sur la propriété littéraire, j'ai dû profiter d'une occasion qui me procurait l'honneur de combattre un instant l'illustre défenseur de nos libertés publiques.　　(*Note de M. Duval.*)

tout prouver que certains livres ont été, sous tous les rapports, plus utiles au bonheur des hommes que la plupart des inventions mécaniques et chimiques, dont les unes ont enrichi le commerce, il est vrai, mais dont plusieurs aussi ont servi à la destruction de l'espèce humaine.

Commençons par examiner quelle ressemblance il peut y avoir entre un livre et une machine. Si je parviens à prouver qu'il n'en existe pas, et que ces deux choses ne peuvent être comparées, par ce seul fait j'aurai gagné ma cause sous le rapport de l'utilité. Je n'ai pas besoin d'avertir que j'entends par livre l'une des productions de ces génies qui font la gloire, je ne dis pas seulement de la France, mais du monde entier; et ce livre (on ne me le contestera pas), par les milliers de pensées qu'il renferme, par l'influence qu'il a directement sur tous les individus, par ses résultats sur la morale, la législation, les mœurs, et tout ce qui peut contribuer à la civilisation et même à l'existence des peuples, est, de fait, d'une bien autre importance qu'une machine qui, n'étant inspirée que par une seule pensée, ne peut avoir qu'un seul résultat. Certes, ces machines dont notre siècle est si fier, ces machines qui, par l'effet de la vapeur, multiplient les forces, sont encore bien loin de l'effet de l'imprimerie, qui, de tous les arts mécaniques, est celui dont les résultats ont été les plus universels. Mais encore cette invention peut-elle être comparée à l'invention première dont elle tire son origine, c'est-à-dire à l'invention du livre? Les premiers savans, les premiers poètes n'existaient-ils pas avant l'imprimerie? leur génie n'avait-il pas déjà éclairé, civilisé leur patrie barbare? Et n'est-ce pas de l'utilité même de leurs productions qu'est né le désir de les multiplier et le moyen de les répandre? Non, Messieurs, je ne puis admettre cette similitude entre le génie qui a créé un livre qui embrasse toutes les connaissances, et l'idée heureuse d'un génie secondaire qui ne doit, le plus souvent, ses découvertes partielles qu'aux livres que l'on vous présente comme inférieurs aux machines. Cette ressemblance, que l'on veut établir entre les machines et les livres, ne peut donc exister; car, quel que soit l'avantage de la découverte de la machine à vapeur, jamais son influence sur les hommes ne pourra égaler celle de certains livres; et, quand cette machine ferait mouvoir une force égale à un million de chevaux, pourrait-elle entrer en balance avec *l'Esprit des Lois*, qui régira bientôt le monde entier, ou avec *le Tartuffe*, qui le préservera des guerres religieuses qu'entraînent toujours le fanatisme et l'hypocrisie.

24

Ne parlons donc point de brevet d'invention pour les livres, et n'assimilons point l'ensemble de toutes les connaissances humaines à une seule idée heureuse que l'on doit quelquefois au hasard, souvent à la science, et que la science doit encore aux lettres.

Développons maintenant les motifs qui doivent me servir à démontrer qu'un livre est une propriété réelle. Après vous avoir fait part de mes idées sur cet objet, j'essaierai ensuite de détruire les inconvéniens que l'on présente comme rendant impossibles les bénéfices qu'un auteur peut retirer de cette propriété.

Je crois d'abord qu'il ne me sera pas difficile de vous convaincre, Messieurs, qu'il n'existe pas une propriété qui soit plus immédiatement le produit de l'homme que celle qui émane de ses connaissances, de son imagination, de ses passions même. Quand Buffon a dit que le style était l'homme, il a dit une grande vérité, puisque l'ouvrage d'esprit qu'il aura enfanté doit porter, ainsi que les enfans de sa chair, les traits distinctifs de son auteur. Si cet ouvrage est si directement le produit de l'esprit d'un homme, pourquoi, dès que ce produit a reçu une forme matérielle, ne peut-il être, aux yeux de la loi, ce qu'est, aux yeux de tout le monde, la moisson que l'on a récoltée, la maison que l'on a bâtie?

Nous voulons bien, ont dit nos législateurs, que l'auteur soit propriétaire de son ouvrage pendant sa vie; mais nous voulons que cette propriété cesse tout-à-fait à sa mort, et, pour le dédommager de la longueur de ses travaux, ou de la brièveté de sa carrière, nous ajoutons vingt ans à sa vie, ou plutôt nous accordons à sa mort vingt ans de propriété.

Je ne tirerai point avantage de ce premier privilége accordé par la loi, quoiqu'il soit pourtant une concession à mon opinion; car il prouve évidemment qu'un livre est une propriété comme une autre, puisqu'on peut en hériter et la faire valoir pendant vingt ans; et, certes, si l'on peut jouir de son bien pendant un tems donné, rien n'empêche qu'on ne puisse en jouir à perpétuité. Il sera donc difficile de répondre à ce dilemme: après la mort d'un auteur, un livre est-il une propriété ou n'en est-il pas une? Si ce n'est pas une propriété, pourquoi devient-il un héritage? Si c'en est une, pourquoi ne peut-on en jouir que pendant vingt ans?

On me répondra sans doute que les inconvéniens d'une telle propriété ont empêché le législateur d'être juste envers les héritiers de l'auteur. Ces inconvéniens ont été en partie reproduits dans cette assemblée par divers.

orateurs. Ils ont dit que, dès qu'un auteur avait rendu ses pensées publiques, elles devenaient la propriété de tout le monde, parce que tout le
monde avait le droit de s'en emparer et de les retenir dans sa mémoire.

Il n'est personne de nous, Messieurs, qui n'ait appris, et qui ne sache
peut-être encore les fables de La Fontaine; mais aucun de nous n'a jamais
cru que ces pensées fussent sa propriété. Nous n'en avons jamais fait notre
bien. Le véritable propriétaire n'a jamais été oublié, et nous savions très-
bien que le libraire qui nous vendait ce livre n'était point Jean La Fontaine.

Oui, sans doute, toutes les pensées d'un auteur appartiennent à tout le
monde, et, ce qu'il désire le plus, c'est qu'on retienne ses vers ou sa prose.
Mais comme ces pensées, pour se répandre plus vivement, ont dû revêtir
une enveloppe matérielle, c'est cette enveloppe matérielle, élégante ou
simple, qui contient toutes les idées d'un auteur, cette enveloppe que l'on
ne met point dans sa mémoire, mais que l'on peut mettre dans sa poche ou
chez soi, qui est une propriété réelle que l'on peut acheter et revendre
à sa fantaisie.

Si cette enveloppe, indispensable à toutes les productions de l'esprit,
n'appartient pas à l'auteur ou à son héritier, de qui sera-t-elle donc la propriété? D'un libraire? — Eh! de quel droit un étranger s'empare-t-il de
l'ouvrage qu'il n'a point fait, qu'il n'a point acheté, et qui peut l'enrichir
aux dépens des descendans du véritable propriétaire?

On cite encore plusieurs autres inconvéniens qui, au premier coup d'œil,
paraissent avoir de l'importance, parce qu'ils sont appuyés sur l'intérêt
général, et que, sans égard pour la justice, on doit à la convenance publique
sacrifier l'intérêt particulier.

D'après ce principe, on nous dit donc : Si la propriété d'un auteur est
perpétuelle, si elle peut se transmettre à des héritiers, qui empêchera le
gouvernement d'acheter les œuvres d'un auteur; et, par des considérations
qui lui seraient particulières, de priver le public de la réimpression des
ouvrages qui peuvent contribuer à ses plaisirs ou augmenter ses lumières?

Par cette crainte de la politique des gouvernemens, par ces obstacles mis
à la publication d'un livre, obstacles sur lesquels on a beaucoup appuyé,
on suppose donc qu'un gouvernement veuille nuire à la prospérité du
peuple dont le bonheur lui est confié? Eh bien! j'admets qu'il soit assez
ennemi de lui-même pour acheter tous les livres dont les principes pourraient lui déplaire; il n'obtiendrait de la mesure ridicule et coûteuse qu'il

aurait employée contre l'effet attribué aux livres dont il se serait rendu propriétaire, que d'attirer sur lui le mépris des hommes de lettres, et de ruiner le commerce de la librairie, en faveur des étrangers qui multiplieraient des éditions et sauraient bien les faire parvenir en France, malgré la triple ligne de ses douanes.

On va plus loin, on va jusqu'à dire : Mais si un héritier, par esprit de parti, ou par de faux scrupules, se refusait à réimprimer les œuvres qui feraient partie de son héritage, le public se trouverait donc privé de la jouissance des travaux d'un auteur qu'il aurait estimé ? Je me contenterai d'opposer à cette prétendue crainte qu'un héritier soit assez ennemi de lui-même pour ne pas vouloir jouir de son bien, la réponse que j'ai faite au sujet du gouvernement qui se rend propriétaire : C'est en vain que vous croyez arrêter l'effet de votre livre ; il s'imprimera malgré vous, malgré vous il sera lu, et il le sera beaucoup plus que si vous l'eussiez imprimé vous-même, par la raison que vous aurez voulu le soustraire à la curiosité publique.

Mais, dira-t-on peut-être encore, si les livres n'arrivent pas un jour à faire partie du *domaine public*, le commerce de la librairie en souffrira. Je ne connais point assez la valeur de cette expression, *domaine public*. Ce mot me représente une chose, un bien qui appartient à tout le monde, et qui, par cela même, n'appartient à personne. Cependant, dans le sens où l'on veut appliquer le mot, je vois une chose matérielle qui appartenait à quelqu'un ; un autre a hérité de cette chose, en a joui comme d'un légitime héritage, et je vois qu'après un certain tems on lui retire sa propriété pour la donner, non pas au public qui paie toujours, mais, à quelques individus qui l'auraient achetée si on ne leur eût pas permis de la prendre.

Vous voyez, Messieurs, d'après les raisonnemens que j'ai l'honneur de vous soumettre, combien je suis éloigné de votre opinion. Vous n'admettez pas qu'un livre soit une propriété, que cette propriété puisse être transmise à perpétuité par la voie des successions ; et moi, je suis complètement de l'avis contraire : oui, selon moi, un livre est un meuble qui, toujours le même, se renouvelle sans cesse ; qui peut subir toutes les chances d'une propriété ordinaire ; qui peut se vendre pour un tems limité ; qui peut se vendre à perpétuité ; qui peut subir un dommage comme toute autre propriété, et qui peut enfin, comme toute autre propriété, être protégé par la loi commune.

On peut en user, en abuser ; mais aussi la loi peut, dans l'intérêt public, comme elle le fait pour les immeubles, parer aux inconvéniens que j'ai cités plus haut : tel que, par exemple, celui qui résulterait du refus d'un héritier scrupuleux, qui ne veut pas jouir de son bien, en le forçant, après un certain tems, à recevoir une indemnité par voie d'arbitrage, comme on le fait en prenant un champ, une maison nécessaire à la voie publique.

Si je n'entre pas dans de plus grands détails pour répondre à toutes les objections que l'on a faites sur la nature de ce genre de propriété, c'est que ma mémoire n'a retenu que celles qui me semblent être les plus importantes. D'ailleurs, il me serait difficile de faire changer d'opinion la Commission, qui ne veut voir dans un livre qu'une propriété d'une espèce si singulière qu'elle n'appartient que temporairement à celui qui l'a créée, et qu'elle est, de fait, moins son patrimoine, que celui de l'imprimeur et du libraire, qui se gardera bien de l'acheter, puisqu'il sera sûr d'en hériter au bout d'un certain tems.

Mais, dans la supposition même qu'un gouvernement et qu'un héritier s'opposassent à la réimpression d'un ouvrage contraire à leurs idées, faudrait-il donc, Messieurs, pour un cas particulier, devenir injuste envers tous les auteurs, et les priver du droit de transmettre à leurs descendans ce qui leur appartient si légitimement? Commencez par reconnaître les droits des auteurs, et laissez aux héritiers le soin de disposer de leur bien comme ils l'entendront. Si le gouvernement le leur achète, eh bien! ils en auront reçu la valeur. Si un héritier ne veut pas jouir de son bien, il est probable que son successeur ne fera pas la même sottise. Si le gouvernement n'a acheté que pour enfouir son trésor, l'étranger saura bien en jouir à ses dépens. Mais, au moins, dans cette dernière circonstance qu'il est difficile d'admettre, puisque nous ne vivons point sous des lois despotiques, la gloire de l'auteur n'aura point à souffrir, car il aura été réimprimé en dépit de tout le monde, et la justice n'aura point été blessée par la spoliation de la propriété des gens de lettres.

On en revient toujours, Messieurs, à ce que peut faire un gouvernement dans ses intérêts, ou plutôt contre les intérêts du public. Mais notre charte, comme la monarchie, est éternelle : en est-il de même des ministres qui forment le gouvernement ? Et croyez-vous, Messieurs, qu'on puisse se montrer ennemi de tout ce qui est bon, de tout ce qui est beau, de tout ce qui est juste !

Ne nous embarrassons donc point de l'avenir, faisons en attendant ce que demande l'équité, et, par des craintes que je crois mal fondées, ne déshéritons point la postérité du savant, du poète qui a honoré son pays par ses utiles travaux et par son noble caractère. Ne donnons point à quelques individus, ni même au public, ce qui est la propriété bien légitime des enfans de l'homme de génie ; et déclarons franchement qu'un livre est une propriété comme une terre, une maison, qui peut être régie par la loi commune, sauf quelques modifications particulières qui existent pour toutes les propriétés, chacune dans son genre.

C'est ici, Messieurs, que je devrais terminer mes observations. Cependant, je crois de mon devoir de vous prévenir que, si la commission, dans son projet de loi, ne reconnaît pas positivement qu'un livre est *une propriété transmissible par héritage*, non-seulement elle n'aura pas atteint le but que l'on se proposait, mais encore que son projet de loi, lors de sa discussion aux chambres, compromettra les droits des auteurs, puisque, de l'aveu même de la commission, il sera bien prouvé que les productions de l'homme de génie ne peuvent être une propriété pour sa famille.

S'il était vraiment impossible d'admettre le principe que je défends avec tant de conviction, ne serait-il pas plus prudent de mettre fin à des discussions qui, jusqu'à présent, semblent devoir être plus utiles au commerce de la librairie qu'elles ne peuvent être avantageuses aux hommes qui cultivent les lettres, les sciences et les arts ? Ne vaudrait-il pas mieux terminer des travaux qui détruisent, selon moi, les espérances que la bonté du Roi avait pu faire concevoir ?

Enfin, Messieurs, n'obtiendrions-nous pas plus de fruit de notre réunion, en remerciant d'abord notre honorable président du vif intérêt qu'il a constamment pris à la cause des gens de lettres, et en le priant d'être, auprès de Sa Majesté, l'interprète de leur reconnaissance, et de lui dire qu'ils s'en remettent à sa justice et à sa royale protection des moyens d'assurer le fruit de leurs travaux, au moins à leurs enfans et à leurs petits-enfans ?

PROCÈS-VERBAL

DE LA HUITIÈME SÉANCE.

DU LUNDI SIX FÉVRIER MIL HUIT CENT VINGT-SIX.

MEMBRES présens à la séance :

MM.

Le marquis de LALLY-TOLENDAL, pair de France.
Le comte DE MONTBRON. . . . .⎫
ROYER-COLLARD. . . . .⎬ députés.
PARDESSUS. . . . .⎭
De VATIMESNIL, conseiller d'état.
DELAVILLE DE MIREMONT, maître des requêtes.
AUGER.
Le baron TAYLOR, commissaire royal près le Théâtre-Français.
MOREAU, homme de lettres. . . . . . .⎫ commissaires des auteurs
CHAMPEIN, compositeur. . . . .⎬ dramatiques.
FIRMIN DIDOT . . . .⎫ délégués des libraires.
RENOUARD . . . .⎭

M. le VICOMTE DE LA ROCHEFOUCAULD, *président.*

M. JULES MARESCHAL, *secrétaire.*

M. le secrétaire donne lecture du procès-verbal de la dernière séance ; la rédaction en est adoptée.

M. LE PRÉSIDENT rappelle à l'assemblée que le projet d'établissement d'une rétribution perpétuelle au profit des héritiers des auteurs n'a été rejeté à la dernière séance qu'à cause des impossibilités d'exécution des divers modes de perception discutés, et sauf la proposition ultérieure d'un moyen d'exécution praticable, s'il s'en présentait quelqu'un à l'esprit des honorables membres de la commission, dans l'intervalle des deux séances. Il consulte, en conséquence, l'assemblée à ce sujet.

AUCUN des membres n'ayant répondu, M. le président déclare que l'idée d'un droit perpétuel sur la réimpression des ouvrages au profit des familles est définitivement abandonnée.

M. LE PRÉSIDENT ajoute qu'il pense être l'interprète des sentimens unanimes de l'assemblée, en exprimant le regret profond qu'il éprouve à voir le système de la rétribution perpétuelle forcément rejeté, faute de moyens applicables pour asseoir ce droit et en assurer l'exercice.

Il restera du moins constant, dit M. le président, que la commission n'a rien négligé pour y parvenir, et que c'est seulement après que tous ses efforts, pour atteindre ce but, ont été reconnus infructueux, qu'elle a dû renoncer dans l'application, à un mode qui, dans la théorie, semblait répondre à tous les besoins et satisfaire les espérances légitimes des gens de lettres. Cette impossibilité bien reconnue oblige à chercher ailleurs les moyens d'améliorer leur sort, et celui de leurs familles, idée qui a présidé à la formation de la commission, et qui doit constamment dominer toutes ses discussions. Ces moyens ne sauraient se trouver actuellement que dans une prolongation du droit exclusif de réimpression au profit des héritiers ; c'est donc à l'examen de cette proposition que l'assemblée doit maintenant se livrer.

M. *** observe qu'il s'excepterait de l'unanimité de sentimens dont M. le président vient de parler, si cette unanimité pouvait faire croire qu'il eût personnellement partagé l'opinion absolue de plusieurs membres, sur la nature de la propriété littéraire.

M. LE PRÉSIDENT fait remarquer qu'en parlant d'unanimité, il n'a appliqué cette expression qu'au regret qu'éprouve, sans nul doute, l'honorable membre, comme tout autre, de n'avoir pu donner à la littérature, par l'adoption du mode proposé, une preuve de l'intérêt qu'elle mérite, et nullement aux opinions individuellement professées par les divers membres de la commission sur la nature du droit qu'on proposait de consacrer.

Au moyen de cette explication, M. *** déclare qu'il retire son observation

M. LE PRÉSIDENT demande à l'assemblée si, en rejetant le système de rétribution perpétuelle, elle a entendu comprendre, dans ce rejet, ce qui concerne spécialement les droits sur les représentations dramatiques.

L'ASSEMBLÉE, à l'unanimité, déclare, qu'à cet égard, rien n'est préjugé par la précédente délibération.

M. LE PRÉSIDENT annonce ensuite que l'assemblée va avoir à s'occuper successivement des divers projets qui ont été présentés dans le cours des discussions précédentes, et qui ont pour but d'étendre la durée du privilége exclusif.

Le premier, proposé par M. de Vatimesnil, tendrait à attribuer aux héritiers une jouissance de dix ans après la mort de l'auteur, laquelle se renouvellerait trois fois, à la condition par les héritiers de reproduire l'ouvrage dans les dix années qui précèderaient chacun des renouvellemens de jouissance.

Le second, proposé par M. le marquis de Lally, conserverait le privilége exclusif aux trois premières générations des héritiers de l'auteur.

M. *** pense qu'il importe de s'entendre avant tout sur les principes. Quel terme de jouissance jugera-t-on le meilleur, de celui qui se règle indépendamment de la durée de la vie de l'auteur, ou de celui qui commence à courir après sa mort? L'honorable membre ne voudrait point entreprendre de refondre la législation pour un changement aussi peu important. Toutefois, si l'on veut opérer des modifications, le principe de la législation anglaise, qui, accordant à l'auteur un terme fixe de jouissance, à dater du jour de la publication de son ouvrage, n'attribue aux héritiers que l'excédant de durée dont l'auteur n'aura pas joui, et ne les considère, dans ce cas, que comme continuant la personne de l'auteur, paraît à l'honorable membre plus rationnel, plus conforme à la nature des choses, et il déclare qu'il est prêt à l'adopter.

M. *** remarque que les réflexions du préopinant sont justes, si le droit de propriété n'est pas reconnu; mais on peut dire que les lois actuelles reconnaissent la propriété littéraire, quoique limitée.

M. **Pardessus** déclare qu'il met de côté la question de propriété, qui ne peut conduire à un résultat satisfaisant. L'honorable membre propose une nouvelle théorie, qui lui semble de nature à concilier beaucoup d'objections. Cette théorie tendrait à faire considérer l'auteur, quelle que fût la durée de sa vie, comme n'ayant reçu personnellement que la moitié de la récompense à laquelle il a droit. Cette hypothèse se justifie par le cours ordinaire des choses, qui très-souvent ne permet pas qu'un ouvrage obtienne le succès qu'il mérite avant une époque de beaucoup postérieure à la mort de l'auteur. Il faudrait de plus admettre en principe un terme de jouissance fixe, trente ans, par exemple, au profit de l'auteur, et, indépendamment de la durée de sa vie, pour cette première moitié seulement, en sorte que l'auteur, qui n'aurait vécu qu'une seule année après la publication de son livre, transmît à ses héritiers un droit de vingt-neuf années, formant l'excédant du droit personnel dont il n'aurait pas joui, tandis que, s'il avait vécu plus de trente ans après la publication de son livre, l'échéance de ce terme ne préjudicierait pas à la jouissance qui lui serait accordée pendant toute sa vie. Par cette clause, adoptée pour assurer l'égale répartition des bénéfices, les héritiers de l'auteur auraient droit à une jouissance de trente autres années, destinées à représenter la seconde moitié de l'indemnité due par la société à l'auteur, et ce, non-seulement après sa mort, mais encore après l'écoulement des trente premières années.

M. de **Vatimesnil** demande si l'honorable préopinant s'oppose à la mise en demeure qu'il a proposée contre les héritiers.

Celui-ci déclare qu'il ne s'est nullement élevé contre cette sage précaution.

M. **le président** propose de régler cette mise en demeure, par l'obligation imposée aux héritiers de réimprimer, au moins une fois, l'ouvrage dont ils auront la jouissance pendant les quinze premières années de leur privilége.

M. *** observe que cette mesure aurait l'inconvénient de permettre aux héritiers de ne point reproduire l'ouvrage pendant la seconde période de quinze ans.

M. *** pense que les héritiers pourront éluder l'obligation qui leur sera imposée, en faisant, un an après la mort de l'auteur, une édition inaperçue et tirée à un très-petit nombre d'exemplaires.

Sur l'allégation d'un des membres que l'intérêt des héritiers répond de leur obéissance à la loi, M. *** répond qu'à sa connaissance plusieurs ouvrages importans ont été détruits par des héritiers que dirigeaient des scrupules de conscience.

M. *** observe que ce n'est pas entendre le système de la législation en général que de ne considérer que les exceptions, et de ne pas être frappé de l'ensemble.

M. *** ajoute qu'avec cette manière d'argumenter, on détruirait toutes les lois par des hypothèses.

M. *** pense que le cas d'une édition presque clandestine ne pourra se présenter que bien rarement. Il estime donc que cette objection n'est pas de nature à arrêter l'assemblée.

M. PARDESSUS, qui, sur l'invitation de M. le président, a provisoirement rédigé le projet qu'il vient de soumettre à l'assemblée, donne lecture de cette rédaction, faite dans les termes suivans :

« Le droit exclusif de publier un ouvrage ou d'en permettre la publica» tion par la voie de l'impression, appartient à l'auteur, ou à ceux à qui il en » cède le droit par acte écrit.

» Le droit de l'auteur durera toute sa vie ; mais s'il décède avant qu'il se » soit écoulé trente ans depuis la première édition de son ouvrage, ce droit » subsistera trente ans au profit de ses héritiers.

» Après le décès de l'auteur, ou s'il est décédé avant l'expiration de trente » ans depuis la première édition de l'ouvrage, ses héritiers jouiront d'un » nouveau droit exclusif de trente ans. »

M. *** demande si, pour être juste, il ne faudrait pas astreindre les héritiers à une réimpression nouvelle, seulement après l'épuisement total de la précédente édition.

M. *** répond qu'une pareille disposition deviendrait une source de procès ; de plus elle armerait les héritiers d'un droit injuste et exorbitant, en les autorisant à saisir une édition faite de bonne foi, s'ils parvenaient à prouver qu'un seul exemplaire existât encore, en fonds, chez un libraire ignoré.

M. *** propose, pour remédier à cet inconvénient, deux moyens, tout en reconnaissant que tous deux ils ouvrent une porte aux contestations. Le premier consisterait à permettre la libre réimpression de l'ouvrage, à moins que les juges ne décidassent qu'il y aurait de la part des héritiers motif légitime de ne pas publier. Le second autoriserait quiconque voudrait publier une édition d'un livre à assigner les héritiers pour se voir déclarés déchus de leur privilége, par suite de non publication dans le délai voulu par la loi.

M. *** repousse le premier moyen comme présentant une question de jury et comme établissant l'arbitraire dans la conscience des juges.

Quant au second moyen, le même membre pense qu'il ne faut pas suspendre un procès, comme l'épée de Damoclès, sur la tête des éditeurs de bonne foi. L'ouverture des droits du domaine public doit être au contraire patente et pleinement déterminée.

M. *** observe qu'il faudrait toujours accorder un tems assez long pour que les éditions les plus lentes à s'épuiser le fussent entièrement. En conséquence, il propose d'attacher la mise en demeure, au second période du privilége exclusif des héritiers.

M. *** répond que, par ce moyen, la précaution deviendrait entièrement illusoire, et, en effet, les héritiers pouvant prolonger l'accomplissement de la condition de leur privilége jusqu'au dernier moment de leur jouissance, l'exécution de la loi n'aurait aucune sanction dans leur personne. La proposition du préopinant ne pourrait être admise que si le terme de trente ans était divisé en trois périodes, au lieu de deux, et la mise en demeure attachée au second période seulement.

M. *** pense que, pour trancher toute difficulté, il faut prendre en considération l'époque où l'ouvrage aura été publié pour la dernière fois, du vivant de son auteur. Du moment donc qu'il sera reconnu qu'une édition, si elle n'est pas épuisée au bout de trente ans, ne le sera jamais, on établira en principe que les héritiers ne seront obligés à une réimpression qu'après l'échéance d'un délai de trente ans, depuis la dernière édition publiée du vivant de l'auteur.

M. LE PRÉSIDENT, après avoir consulté l'assemblée, déclare que le projet de M. Pardessus est adopté, avec la mise en demeure des héritiers, modifiée dans le sens du préopinant. La rédaction définitive en est renvoyée à la future commission.

La rédaction provisoire est ainsi conçue :

« Toutefois, si les héritiers n'ont point publié et mis en vente la réim-

» pression de l'ouvrage dans les trente années qui suivront la dernière édi-
» tion de l'ouvrage, il sera libre à toute personne de l'imprimer. »

M. *** observe que les chiffres ne tiennent pas seulement à la rédaction, mais au fond de la question. Il demande, en conséquence, qu'il soit voté séparément sur chacun des chiffres. L'honorable membre pense que le droit personnel de l'auteur doit être de quarante ans, et celui des héritiers de trente seulement.

L'ASSEMBLÉE décide à l'unanimité que le droit de l'auteur et celui de ses héritiers, seront chacun de quarante ans, ce qui porte dès lors à quatre-vingts ans, au moins (1), l'extension du privilége exclusif.

M. *** élève une question accessoire, celle de savoir si l'auteur pourra céder non-seulement son droit personnel, mais encore celui que la loi attri-buera à ses héritiers.

M. *** pense que c'est une nécessité absolue attachée à la condition des fortunes humaines, qu'un père puisse abuser de sa propriété, et dissiper ainsi l'héritage de ses enfans.

M. *** estime au contraire que c'est un bonheur que l'assemblée, enfin arrivée au point où elle peut être utile aux familles des auteurs, soit sortie du droit commun. Puis donc que les règles de ce droit peuvent être négligées sans inconvénient, n'est-il pas dangereux de laisser à un auteur le droit de déshériter ses enfans? n'arrive-t-il pas chaque jour que cette injuste dépossession a lieu par suite de la nécessité où se trouve un jeune homme ignoré, d'abandonner, à quelque prix que ce soit, et sous peine de ne pas être publié, un ouvrage destiné à produire par la suite des bénéfices considérables entre les mains des détenteurs?

M. le secrétaire abonde dans le sens du préopinant; il observe que l'assemblée discute sur une donnée dont elle est véritablement maîtresse. Il insiste sur cette considération, que, dans l'hypothèse du projet dont on vient d'admettre l'ensemble, les droits de l'auteur ne sont pas tellement liés à ceux de ses héritiers, que ceux-ci ne puissent être réglés séparément.

---

(1) Cette expression, *au moins*, s'explique par l'hypothèse où l'auteur vivrait plus de trente ans après la publication de son livre.

M. *** pense au contraire que l'assemblée s'est liée par la décision qu'elle a prise, à la dernière séance, en faveur des héritiers testamentaires. Si donc l'assemblée a fait prévaloir la faculté de donation, à plus forte raison doit-elle permettre des cessions qui profitent toujours à la famille, à cause de l'indemnité pécuniaire qui en forme la condition.

M. *** estime que la faculté d'aliéner laissera subsister le scandale des héritiers d'un grand nom plongés dans la misère.

M. le secrétaire ajoute qu'il ne lui semble pas exact de dire que l'assemblée est liée par sa précédente décision. Depuis la dernière séance, en effet, le principe sur lequel on discute a changé : lors des discussions précédentes, on admettait comme règle que la rétribution des familles, sous quelque forme qu'elle se présentât, constituait au profit des ayant-droit une véritable propriété, ou plutôt qu'elle était la conséquence du droit de propriété ; maintenant, au contraire, c'est une simple indemnité que l'on établit ; par cela même on jouit d'un arbitraire légal pour en régler les conditions, et les caractères de la propriété ne se retrouvent plus dans le droit qu'il s'agit de déterminer ; il ne constituera une propriété que lorsqu'il aura été définitivement réglé ; mais, jusque là, on reste libre d'y attacher tels ou tels effets, et d'en étendre ou d'en restreindre la nature.

M. *** répond que les principes n'ont pas changé ; la question a simplement passé du perpétuel au temporaire, du limité à l'exclusif, mais on a toujours dit que les bénéfices, quels qu'ils fussent, constituaient une propriété.

M. *** observe à ce sujet que, lorsqu'on discutait sur un droit perpétuel, on pouvait désirer que ce droit eût cependant ses bornes dans les degrés successibles ; mais maintenant qu'on a fixé un terme de déchéance au droit que l'on établit, on n'a plus d'intérêt à contester les facultés de cession ou donation.

M. *** ajoute que le scandale tant de fois signalé ne l'a été que parce qu'il n'existait pas de loi : la loi adoptée, il cessera de lui-même.

L'honorable membre donne en conséquence lecture de la proposition suivante :

« L'auteur pourra vendre, donner ou léguer les droits de publication de » ses ouvrages, soit pour tout le tems qui est accordé à ses héritiers, par

» les articles ci-dessus, soit pour un tems plus court, et, dans ce dernier
» cas, les héritiers jouiront de ce droit pendant le tems dont l'auteur n'aura
» pas disposé. »

L'Assemblée, consultée, adopte cette proposition, sauf rédaction.

M. *** renouvelle la question qu'il a déjà soulevée, relativement à la
rétribution perpétuelle, celle de savoir si l'auteur pourra léguer son droit
au domaine public; en d'autres termes, si dans la persuasion que le mode
adopté deviendrait nuisible à la publicité qu'il veut que son livre obtienne,
il aura la faculté d'y renoncer.

M. *** répond que, dans ce cas, il ne pourra que léguer à l'état, ou à
un ami dans lequel il aura confiance, s'il craint que ses héritiers n'accom-
plissent pas ses intentions. Quant à la faculté de mettre un livre dans le
domaine public, une fois que le droit des héritiers sur ce livre sera reconnu, la renonciation de l'auteur ne pourra s'étendre au delà de la portion disponible.

M. *** examine une autre espèce d'une nature à peu près analogue, celle
où le fisc acquérerait un privilége de quarante ans sur les ouvrages d'un
homme mort sans héritiers.

M. Pardessus pense que, pour remédier à cet inconvénient, il faudrait
insérer dans la loi une disposition exclusive du fisc. Il donne en conséquence lecture d'une proposition relative aux ouvrages imprimés aux
frais de l'état, ou composés par des corporations ou sociétés savantes;
cette proposition est ainsi conçue :

« Le droit exclusif de l'état, sur les ouvrages composés par son ordre et
» à ses frais; des académies et corps savans légalement institués, sur leurs
» mémoires et ouvrages publiés par leurs soins, durera quatre-vingts ans,
» à compter de la publication de la première édition. »

M. *** demande la division de cette proposition. L'état, propriétaire
d'un ouvrage, peut être assimilé à un particulier sans héritiers; son privilége ne doit donc pas s'étendre au delà de quarante ans. Quant à celui des
sociétés savantes, on doit les regarder comme éternelles : ce sont des corps
qui vivent toujours, et qui peuvent sans cesse améliorer leur ouvrage; il
est donc juste de leur en assurer le privilége perpétuel.

M. *** pense, au contraire, que ce serait établir un monopole que d'assimiler les sociétés savantes légalement constituées à des corps éternels. Ce monopole, loin d'assurer les perfectionnemens, ne ferait souvent que les retarder. D'ailleurs, le public peut avoir intérêt à ce que des extraits seulement de ces sortes d'ouvrages soient publiés ; on ne pourra pas arriver à ce résultat, souvent utile, avec la perpétuité du privilége.

L'Assemblée adopte la proposition de M. Pardessus, tant en ce qui concerne l'état qu'en ce qui se rapporte aux corps savans, légalement constitués.

M. le secrétaire appelle l'attention de l'assemblée sur la législation relative aux ouvrages posthumes ;

A ce sujet M. *** observe qu'il importe de décider si la règle établie pour les biens meubles, que *la possession vaut titre*, sera applicable à ce genre de propriété. Quant à lui, l'honorable membre pense que cette règle ne pourrait être appliquée sans inconvénient.

M. Pardessus ajoute que, pour ne pas introduire une disposition étrangère dans la loi, il faut admettre en principe que les héritiers ou représentans de l'auteur auront, sur la publication de ses ouvrages posthumes, le droit dont il aurait joui et celui qu'il aurait pu transmettre. Cette règle rendra les familles responsables des ouvrages de leurs auteurs, et dispensera d'adopter la proposition exorbitante que vient de faire un des membres, de ne permettre aux héritiers eux-mêmes la publication d'un manuscrit qu'avec l'autorisation expresse de l'auteur. En conséquence, M. Pardessus donne lecture de la proposition suivante :

« Les héritiers d'un auteur ont seuls le droit exclusif de publier ses
» œuvres posthumes, pour tout le tems pendant lequel il aurait pu lui-
» même user de ce droit, lorsqu'il n'en aura pas disposé par donation, legs
» ou vente. »

Cette disposition est mise aux voix et adoptée.

M. *** signale une autre réforme à faire dans la législation actuelle sur les posthumes ; d'après cette législation, nul ne conserve la propriété du manuscrit qu'il a publié, que si la publication en a eu lieu séparément ; cependant il serait souvent dans l'intérêt du public que l'ouvrage posthume fût joint aux œuvres de son auteur, et quelquefois réparti en divers endroits, selon l'ordre des matières. Certes, il ne faut pas que la propriété de l'accessoire entraîne celle de l'ouvrage principal ; mais il ne faut pas non plus que l'affranchissement du principal détermine celui de l'accessoire.

M. *** observe que, par la disposition que le préopinant vient de combattre, le législateur a voulu ménager un grand intérêt, celui du commerce de la librairie. En effet, si, par cela même qu'il serait muni de la propriété d'un accessoire, un éditeur se trouvait privilégié pour la totalité des œuvres d'un auteur, l'édition complète serait préférée par les curieux à toutes les autres. En ordonnant la publication séparée des œuvres posthumes, on a prétendu conserver l'égalité absolue entre les ouvrages du même auteur, tombés dans le domaine public : c'est une considération qu'il ne faut pas dédaigner, et qu'il importe de mettre en balance avec celle, non moins grave, que le préopinant vient de faire valoir.

M. *** pense qu'il existe dans la législation actuelle un vice plus grand encore, c'est celui d'accorder à l'éditeur d'un manuscrit de Cicéron, par exemple, le même droit que celui dont aurait joui Cicéron lui-même. Certes, la publication d'un manuscrit exige beaucoup de soin et de critique ; mais il faut que le droit assuré à l'éditeur diffère pour la durée de celui accordé à l'auteur lui-même.

M. *** estime qu'il faut, dans ce cas, considérer l'éditeur comme un héritier et lui assurer les droits dont celui-ci aurait joui.

M. DE VATIMESNIL donne, à ce sujet, lecture de la proposition suivante :

« Celui qui aura publié un ouvrage inédit, d'un auteur mort depuis plus » de quarante ans, ne jouira d'un droit exclusif sur la publication de ce » manuscrit que pendant quarante ans. »

L'ASSEMBLÉE adopte, à l'unanimité, cette proposition.

M. *** pose l'espèce où un auteur aurait publié un ouvrage sous un autre nom que le sien, et où les héritiers du nom qu'il aurait employé viendraient disputer aux héritiers véritables la propriété de l'ouvrage. Comment, dans ce cas, régler leurs différends ?

M. *** répond que l'espèce présentée devra seulement faire naître un procès ; mais que le législateur doit se contenter de poser des règles générales , sans statuer sur les questions accessoires que l'application de la loi pourra élever.

Attendu l'heure avancée ;

L'assemblée s'ajourne au lundi 13 février pour continuer la discussion sur les œuvres posthumes.

La séance est levée à cinq heures et demie.

Le président ;

Signé LE VICOMTE DE LA ROCHEFOUCAULD.

Le secrétaire ,

Signé JULES MARESCHAL.

PROCÈS-VERBAL

DE LA NEUVIÈME SÉANCE.

DU LUNDI TREIZE FÉVRIER MIL HUIT CENT VINGT-SIX.

Membres présens à la séance :

MM.

Le marquis DE LALLY-TOLENDAL . . . . } Le comte PORTALIS . . . . }	pairs de France.
ROYER-COLLARD . . . . } PARDESSUS . . . . }	députés.
De VATIMESNIL, conseiller d'état.	
VILLEMAIN . . . . } DELAVILLE DE MIREMONT . . . . }	maîtres des requêtes.
RAYNOUARD . . . . } PICARD . . . . } ALEXANDRE DUVAL . . . . } MICHAUD . . . . } Le baron CUVIER. . . . . } Le baron FOURRIER . . . . }	membres des 4 académies.
Le baron TAYLOR, commissaire royal près le Théâtre-Français.	
ETIENNE, homme de lettres. . . . . . } MOREAU, *id.* . . . . } CHAMPEIN, compositeur. . . . . }	commissaires des auteurs dramatiques.

Talma , sociétaire du Théâtre-Français.

Firmin Didot . . . . } délégués des libraires.
Renouard . . . . }

M. le Vte DE LA ROCHEFOUCAULD , *président ;*
M. JULES MARESCHAL , *secrétaire.*

LA séance est ouverte à midi.

M. le secrétaire donne lecture du procès-verbal de la dernière séance ; la rédaction en est adoptée.

M. LE PRÉSIDENT annonce que les fabricans de bronze l'ont prié de soumettre à la commission un mémoire sur la propriété des modèles, et il pense que ce mémoire pourra servir à éclairer la discussion sur cette matière spéciale, lorsqu'il y aura lieu de s'en occuper.

L'ASSEMBLÉE ajourne l'examen du mémoire présenté au moment où elle s'occupera des questions relatives à la propriété des ouvrages-d'arts.

M. LE PRÉSIDENT communique également à l'assemblée une lettre de M. le comte d'Agoult, ambassadeur de France à La Haye, qui, répondant à l'invitation qui lui en avait été faite, envoie copie de divers documens relatifs à la législation des Pays-Bas sur la propriété littéraire.

L'ASSEMBLÉE arrête qu'il sera adressé des remercîmens à M. le comte d'Agoult pour cette utile et obligeante communication.

M. LE BARON CUVIER, qui n'assistait pas à la séance précédente, fait une observation sur la mesure adoptée par l'assemblée relativement aux recueils des sociétés savantes. L'honorable membre fait remarquer que, dans l'espèce présentée, les collections entières appartiennent bien aux académies ; mais que les ouvrages qui les composent forment séparément la propriété de leurs auteurs.

M. PARDESSUS propose à ce sujet d'ajouter le mot *collectif* aux ouvrages des corps savans, dont parle l'article adopté.

L'ASSEMBLÉE adopte cette proposition.

M. LE PRÉSIDENT fait observer qu'en résolvant les principales questions relatives aux ouvrages posthumes, l'assemblée n'a pas néanmoins épuisé cette importante matière, et que la dernière partie de la douzième question, posée par le rapport soumis à l'assemblée, offre encore une difficulté digne d'attention.

Voici les termes du rapport :

Le possesseur d'un ouvrage posthume sera-t-il tenu de justifier aux héritiers de son titre de propriété et même d'une autorisation de l'auteur, et ceux-ci, de leur côté, par des considérations personnelles et de famille, seront-ils admis à revendiquer la propriété absolue d'un ouvrage posthume, ou à en empêcher la publication? Dans le cas où on jugerait à propos de refuser ce droit aux familles, ne pourrait-on pas le leur conserver seulement pour les correspondances et mémoires particuliers?

M. le président met en conséquence cette question en discussion.

M. *** pense que l'assemblée a résolu la question par la disposition qu'elle a précédemment adoptée, et qui interdit la publication d'un manuscrit pendant quarante ans après la mort de l'auteur à toute autre personne qu'à ses héritiers, donataires, légataires ou cessionnaires.

M. *** suppose le cas où un homme, en mourant, aurait confié à un ami des mémoires qu'il aurait composés pour sa justification. Il demande pourquoi cet homme serait plutôt astreint à une cession formelle de son manuscrit, que de tout autre meuble.

M. *** répond que toute la question se réduit à savoir si, relativement aux manuscrits, on doit admettre la règle adoptée par notre législation, *que la possession vaut titre.* L'honorable membre cite pour exemple l'affaire Chénier, où les juges ont été amenés à faire une distinction entre les deux espèces de propriété; et, en effet, le manuscrit en lui-même ne constitue pas un objet mobilier; il n'est qu'un instrument de publication comme la grosse d'une créance n'est qu'un titre de propriété qui ne peut avoir de valeur que pour la personne dénommée en l'acte, et non pour tout possesseur indifféremment. Considérer un manuscrit sous un autre point de vue sans avoir égard aux dangers qui résulteraient inévitablement de la mauvaise foi d'un copiste, de l'infidélité d'un dépositaire, ne serait-ce pas marcher dans un sens contraire au but des travaux de l'assemblée, au véritable intérêt des auteurs?

M. *** réplique que, dans le cas de vol ou de mauvaise foi, il suffirait de permettre la preuve du contraire contre le détenteur illégitime; l'honorable membre insiste sur les conséquences de l'opinion opposée à la sienne. Il existe aujourd'hui une foule de personnes qui ont déposé des mémoires entre les mains d'étrangers pour en assurer la publication après leur mort ? Leurs héritiers pourront-ils s'opposer à l'accomplissement de leurs intentions ?

M. *** observe que, relativement aux ouvrages des auteurs morts avant la promulgation de la loi, il faudra bien rester dans le droit commun.

M. *** insiste sur la nécessité de ne point contrarier les auteurs dans leurs intentions. La publication d'un livre n'est pas toujours faite dans un intérêt pécuniaire; si l'auteur s'est plaint de ses héritiers, ceux-ci pourront-ils s'opposer à la publication de l'ouvrage où leurs torts seront rappelés? Ne craint-on pas, d'ailleurs, de voir les presses étrangères s'enrichir des ouvrages dont la publication rencontrerait chez nous des obstacles. Il est en outre certaines choses qui ne deviennent des œuvres littéraires qu'après la mort de l'auteur. Que devra-t-on statuer, par exemple, à l'égard des lettres missives? Dira-t-on qu'elles appartiennent à celui qui les a écrites ou à celui qui les reçoit?

M. *** voudrait, dans le cas ou le système proposé serait adopté, que la clause de non rétroactivité fût énoncée plus formellement.

M. PARDESSUS résume les diverses objections présentées par les préopinans : sans doute il ne faut pas mettre d'entraves à la liberté de publicacation; mais il en faut mettre à la facilité des soustractions frauduleuses. La preuve de la volonté ne doit pas être dans la possession. Cette volonté doit être implicitement énoncée, sous quelque forme que ce soit. Quant aux lettres missives, elles devront faire l'objet d'une disposition spéciale.

Enfin, relativement à la clause de non rétroactivité, il suffira de ne frapper par la loi nouvelle que les ouvrages des auteurs morts depuis sa promulgation.

En conséquence, l'honorable membre donne lecture d'un projet d'article ainsi conçu :

« Les manuscrits d'un auteur, décédé après la promulgation de la présente loi, ne pourront être publiés que du consentement de ses héri-

» tiers , à moins que cet auteur n'ait manifesté , par écrit , la volonté
» qu'un tiers dénommé , où le porteur du manuscrit , en dispose. »

Cette proposition est adoptée , sauf rédaction définitive.

M. le président invite l'assemblée de s'occuper de l'importante et délicate question des lettres missives et des correspondances particulières.

M. *** remarque qu'il existe dans la pratique un fait dont l'assemblée tirera telle conclusion qu'elle jugera convenable ; c'est que plusieurs personnes , occupées de la publication d'œuvres complètes de certains auteurs , ont racheté plusieurs collections de lettres des personnes qui les avaient reçues ; quant au fond de la question , sans préjuger la décision de l'assemblée , l'honorable membre pense qu'il vaut mieux rester dans le *statu quo* de la législation actuelle.

M. *** observe qu'il n'est qu'un seul cas où l'on puisse publier les lettres d'un homme , sans son consentement ; c'est celui d'une contestation judiciaire.

M. *** désire que la discussion s'étende sur cette grave question : les opinions de l'assemblée ne peuvent être encore fixées à cet égard. Quant à lui , il lui semble , au premier abord , qu'il ne peut résulter qu'une action judiciaire de la publication , induement faite , d'une correspondance , et qu'il n'y a pas lieu à établir une règle spéciale pour cet objet.

M. *** pense que toute publication indiscrète rencontrerait sa punition dans les termes de la loi , qui défendent de dévoiler un secret.

M. *** observe que l'article du code pénal , que vient d'alléguer le préopinant , n'est applicable qu'aux personnes telles que notaire , médecin , à qui un secret aurait été confié en raison de leur profession.

M. *** remarque qu'il existe une question mixte , celle de savoir à qui appartient non pas une lettre séparée , mais une collection de lettres.

M. *** estime que , si l'assemblée se décide à ne point établir de règle spéciale pour les lettres , les dispositions de l'article précédemment adopté leur seront applicables. Or , il a été décidé que des mémoires ne pourraient être réimprimés sans l'autorisation de l'auteur ou le consentement de ses héritiers. L'intérêt qui a dicté cette décision est aussi grand pour les lettres que pour les mémoires. L'avis de l'honorable membre est qu'il ne faut pas y déroger.

M. *** demande s'il est possible d'avoir un acte de transmission plus explicite que la suscription d'une lettre. Ne donne-t-on pas une lettre à celui à qui on l'envoie? L'honorable membre ne se dissimule pas qu'il peut exister des raisons pour que la publication d'une lettre entraîne un délit de diffamation par exemple, mais autre chose est user sans délit de la propriété, autre chose d'en user avec délit : la même exception est applicable à tous les genres de propriété.

M. *** pense, au contraire, qu'une lettre n'est donnée que pour être lue et non pour être publiée. D'ailleurs, il peut résulter de la publication tel inconvénient moins grave qu'un délit et pourtant non moins incontestable; nul ne peut avoir le droit de compromettre un autre ou de l'exposer au ridicule.

M. *** observe que l'assemblée n'a pas à statuer sur le délit de la diffamation. Ce n'est point une loi pénale ni de police qu'on doit faire; il importe, avant tout, de déterminer la nature de la propriété littéraire dans toutes ses applications. Or, il est certain qu'une ou deux lettres ne constituent pas une propriété. Pour arriver à cette idée, il faut concevoir l'éventualité d'un profit résultant de la publication. La question semble donc, à l'honorable membre, se réduire à ceci : un homme qui a passé sa vie à rassembler les lettres d'un auteur célèbre, une personne qui en a reçu personnellement un assez grand nombre pour pouvoir espérer un lucre de leur publication, acquièrent-ils sur les lettres qu'ils ont rassemblées ou reçues un droit de propriété? La question circonscrite dans ses limites n'en est pas moins d'une grande importance, et sollicite toute l'attention de l'assemblée.

M. *** observe que, dans l'origine, l'assemblée se montrait très-soigneuse des droits du public, et, néanmoins, n'est-ce pas maintenant les compter pour bien peu que d'entraver la liberté de publication, en vue d'un mince intérêt?

M. *** pense qu'en prévoyant la nécessité d'une disposition spéciale sur les correspondances, l'assemblée a voulu éviter, entre autres inconvéniens, que la simple citation dans un ouvrage imprimé de la lettre d'un auteur mort depuis moins de de quarante ans, ne fût considérée comme une infraction au droit de propriété : or, le meilleur moyen d'empêcher une pareille interprétation est de rester dans les termes de la législation actuelle, qui n'encourage pas la publication des correspondances et ne la gêne pas non plus; cependant, si, par les motifs plusieurs fois allégués, on voulait donner

une garantie de plus à la liberté des publications , l'honorable membre pro-
poserait un article à l'effet de permettre , en tout état de cause , la publication des correspondances , à moins de ridicule ou de diffamation
prouvée.

M. *** observe qu'une pareille disposition ouvrirait une carrière trop
large aux interprétations.

M. *** pense que le principe qui tendrait à faire considérer comme propriétaire d'une lettre celui l'aurait reçue , serait contraire à ceux que l'assemblée a précédemment adoptés. Il a été reconnu en effet que celui qui
avait pensé avait seul droit à la publication de sa pensée. A l'auteur seul
appartient donc de manifester sa volonté sur la publication : qu'on pense
par une lettre ou autrement, le droit de publication subsiste toujours en faveur de celui qui a eu la pensée ; il n'est pas vrai de dire que la suscription
d'une lettre constitue une transmission de propriété. L'intention de l'auteur,
relativement à la publication, n'est pas implicitement exprimée par cet
acte ; quant à lui , l'honorable membre ne consentirait pas à ce que qui que
ce fût imprimât une de ses lettres sans sa permission : les pensées trans-
mises confidentiellement ne sont pas toujours suffisamment élaborées par
la réflexion et telles que l'auteur consentît toujours à les voir publier.

Toutefois, l'honorable membre fait observer en terminant que ses idées
ne sont pas complètement arrêtées sur cette question , et il exprime le besoin de se livrer à une méditation plus approfondie, avant d'énoncer une
opinion définitive sur cet objet.

M. *** pense que les observations du préopinant seraient fondées si la loi
en discussion dérivait de l'assimilation complète de la propriété de la pensée
à toute autre propriété ; mais l'honorable membre regarde cette assimilation
comme une opinion chimérique dont la réalisation serait une plaie pour la
société, et qui doit être, par conséquent, repoussée par tout ami des lumières
et des sciences.

Ce n'est donc pas un droit de propriété qui peut reposer sur les lettres ;
on peut avoir des raisons d'en empêcher la publication ; mais ces raisons
ne résultent pas du principe qu'on leur donne. L'honorable membre estime
qu'en écrivant une lettre on fait un acte comme un autre, et qu'on n'a pas
plus de droits sur ses lettres que sur ses actions. Si un homme publie une
lettre qui lui a été adressée confidentiellement ; et qui déshonore un ami,

il se déshonore lui-même ; mais du moment où il n'y a ni diffamation ni déshonneur, nul obstacle ne peut s'opposer à la publication d'une lettre indifférente. L'honorable membre ajoute qu'il s'inquiéterait encore assez peu des conséquences d'une disposition qui empêcherait la publication des lettres pendant la vie de l'auteur; mais il croit devoir s'opposer à l'extension de cette publication aux quarante années qui suivent cette mort.

M. *** remarque qu'il faut, pour bien s'entendre, élaguer de cette discussion les difficultés qui, dans le fait, n'auraient aucune conséquence ; il y a telle chose en effet si évidemment innocente ou utile qu'elle ne peut donner lieu à aucune contestation ; on peut ranger dans cette classe la publication des lettres d'un ami pour la confirmation d'une opinion scientifique ou littéraire. Quant au fond de la question, l'honorable membre n'est pas d'avis qu'une lettre devienne la propriété absolue de celui qui la reçoit.

M. *** demande si la disposition qui attribuerait le droit de publication des lettres à celui qui les aurait écrites, mettrait obstacle aux productions de lettres qui, chaque jour, se font dans les procès.

M. *** répond que ces productions n'ont aucun caractère littéraire, et que, par conséquent, la loi nouvelle ne pourrait s'y appliquer.

M. *** estime que la difficulté principale provient de ce qu'en écrivant une lettre, un homme ne manifeste pas expressément la volonté de publier ou de ne pas publier ; il s'agit de savoir maintenant quelle personne sera investie du droit que l'auteur n'a pas exercé, et dont peut-être il n'aurait pas voulu profiter; l'honorable membre exprime le désir de voir celui des préopinans qui a rappelé les véritables principes de la propriété littéraire, en concilier l'application avec les difficultés que présente l'espèce en discussion.

M. *** rappelle qu'il a demandé lui-même que de la discussion sortît le moyen de préserver tous les documens historiques. L'honorable membre réfute l'assimilation qu'un des préopinans a établie entre une lettre et une action : on peut dire, à la rigueur, qu'un manuscrit est aussi un acte ; mais au moins l'auteur, en en formant un corps d'ouvrage, semble-t-il en avoir implicitement autorisé la publication, tandis que, relativement aux lettres, il reste toujours à l'auteur le droit de décider s'il les a écrites pour le public, pour lui-même, ou pour celui auquel il les a adressées.

L'honorable membre ajoute que, quel que soit l'embarras qu'il éprouve pour la solution rigoureuse de la question, il ne peut, au reste, méconnaître le droit de publier une lettre dans celui qui l'a reçue.

M. *** observe qu'il n'y a pas d'action extérieure pour un manuscrit non publié, mais qu'une lettre constitue un rapport entre un individu et un autre; l'honorable membre se demande pourquoi un individu conserverait plus de droits sur la lettre qu'il a envoyée, que sur telle autre de ses actions?

M. *** annonce qu'il va s'occuper de deux des objections principales présentées dans le cours de la discussion. La première est relative aux contestations judiciaires. On a demandé si le droit réservé à l'auteur et à ses héritiers sur la publication de la correspondance du premier considérée comme faisant partie de ses œuvres, mettrait obstacle à ce que des lettres ne fussent produites comme pièces probantes dans les procès. L'honorable membre observe que cette production fait partie du système de légitime défense. Il est de règle en droit que les actes secrets tels que conventions particulières, contre-lettres, etc., peuvent devenir publics à l'instant même où une contestation s'élève. Les lettres font nécessairement partie de ces actes secrets, et les règles relatives à la propriété littéraire cessent dans ce cas de leur être applicables.

Un autre préopinant a établi une distinction entre les lettres et les écrits. Il a soutenu que l'envoi d'une lettre constituait un acte public qui ne pouvait exister pour les manuscrits. Mais il est impossible de considérer l'envoi d'une lettre comme une transmission de propriété pure et simple, absolue et indéfinie. C'est, au contraire, une transmision restreinte et conditionnelle. Celui qui a reçu une lettre a dû garder les pensées qu'elle contenait pour lui seul; ces pensées ont dû rester dans le secret de l'amitié. Quant à la publication ultérieure de ses pensées, si l'intention de l'auteur n'a pas été exprimée à cet égard, on doit demeurer dans le droit commun de la propriété littéraire.

M. *** voudrait que le secret eût été expressément réservé par l'auteur. L'honorable membre prétend qu'une lettre, par sa nature, n'est pas plus secrète qu'une autre action.

M. *** remarque qu'on a tort de n'examiner que le tems où nous vivons; la question doit être envisagée à l'époque où les lettres deviennent un corps d'ouvrage, et, par conséquent, une propriété Il arrive un tems où les lettres peuvent être publiées sans scandale.

M. *** observe qu'on ne conteste pas la liberté de publication quarante ans après la mort de l'auteur; il importe seulement de savoir si les héritiers eux-mêmes, investis qu'ils seront encore du droit de propriété, ne pourront néanmoins empêcher la publication des correspondances de leur auteur.

M. *** examine successivement la question, relativement à l'auteur et relativement à ses héritiers; on ne conteste pas à l'auteur, pendant sa vie, le privilége exclusif de publication; peut-on considérer l'envoi d'une lettre comme une permission de la publier? L'honorable membre pense qu'en assimilant une lettre à une action, il faudrait considérer cette action comme secrète; ce secret résulte de ce fait seul qu'on n'adresse une lettre qu'à un individu. Un homme qui écrit une lettre s'abandonne à l'inspiration du moment, il pense tout haut; en matières philosophiques, l'auteur ne voudrait pas qu'on publiât ce qu'il a écrit en effleurant la question. Relativement aux héritiers, l'honorable membre regarde la question comme plus difficile. Les héritiers ont-ils un droit quelconque sur la lettre que l'auteur a écrite dans l'intention de ne pas la publier? L'honorable membre ne comprend pas comment la loi leur remettrait un droit qui ne peut être exercé que dans l'intérêt public; doit-on les regarder comme solidaires de l'honneur et de la réputation de l'auteur? N'arrive-t-il pas souvent, au contraire, que, poussés par un motif d'intérêt, ils profiteront des documens fâcheux pour cet honneur et cette réputation, afin d'entrer dans des spéculations scandaleuses; il y a plus, les héritiers n'ont ici aucun intérêt pécuniaire, car les lettres n'ont pas été composées par l'auteur dans un but littéraire, il ne faut donc pas se décider dans l'intérêt des héritiers; la défense ne doit être faite qu'en vue de la tranquillité publique; en conséquence, après un délai déterminé en faveur de cette tranquillité, la libre publication des correspondances devra être autorisée par la loi. L'honorable membre ajoute qu'il faudra sans doute, pour arriver à des dispositions précises, établir des distinctions entre les différens genres de correspondances.

M. *** observe que l'art épistolaire forme une branche de notre législation. Sous Louis XIV, des lettres qu'on ne destinait point à l'impression étaient néanmoins répandues en manuscrit dans la société, et lues avec avidité par tout le monde. On ne peut donc prétendre qu'il n'existe dans une correspondance aucun caractère, aucune intention littéraire. L'honorable membre pense qu'on voit bien les inconvéniens des lettres scandaleuses; mais qu'il faut considérer aussi les avantages qui résulteraient pour la société de la publication d'autres lettres. Empêchera-t-on, par exemple, de publier des lettres pour la défense d'un ami?

M. *** insiste pour qu'il ne soit point établi de législation qui entrave la publication des lettres. La considération du scandale ne doit point arrêter l'assemblée, car la répression appartient à l'autorité. L'honorable membre propose de restreindre à dix ans le terme pendant lequel la publication des correspondances pourra être empêchée par les familles.

M. *** pense qu'on ne fera point de dispositions, sur les lettres, qui ne réagissent sur les manuscrits. La destination littéraire d'un ouvrage n'est pas une chose aussi fixe et déterminée qu'on le suppose. La moitié du genre humain n'est pas auteur.

M. *** estime, au contraire, qu'on a pour les lettres des motifs bien différens de ceux qui existent pour les manuscrits. Ces motifs doivent amener des règles particulières ; une lettre ne doit être une action secrète que jusqu'à un certain moment.

M. *** renouvelle l'objection déjà tirée de la citation d'une lettre dans un journal littéraire ou dans tout autre ouvrage.

M. *** répond qu'il en est de même de cette difficulté que de la citation de toute espèce d'ouvrages qu'on fait chaque jour sans contrevenir aux droits de la propriété. On ne pourrait point voir le fait de la publication dans la citation d'une partie quelconque d'une lettre. Il ne s'agit, dans la discussion actuelle, que des collections.

M. *** observe qu'au moins les ouvrages, dont on cite les fragmens, sont-ils publiés.

M. *** pense qu'il résulte des dispositions déjà adoptées par l'assemblée, que les héritiers d'un auteur pourront arrêter la publication de ses ouvrages pendant quatre-vingts ans. Il est donc à désirer que l'auteur puisse faire l'abandon des droits de propriété qui résulteront de la loi nouvelle.

M. *** regarde comme illicite une renonciation faite au détriment des héritiers ; mais il a été convenu à la précédente séance que, lorsque le fisc serait héritier d'un individu , l'état n'aurait pas la déshérence sur ses productions littéraires.

M. *** pose l'espèce de lettres restées en copie chez leur auteur : y aura-t-il, dans ce cas , une double propriété?

M. *** répond que, si on envisageait la question sous le rapport de l'intérêt des héritiers, il faudrait dire, relativement à l'espèce posée par le préopinant, que, si l'auteur a gardé minute de ses lettres, il a agi dans un but littéraire et par conséquent conservé , par devers lui, la propriété de son ouvrage ; mais la question a été déplacée, et la vraie difficulté signalée se réduit maintenant à ceci : Jusqu'à quel point peut-on défendre par une loi la publication d'une correspondance intéressant des tiers.

M. *** s'applique à faire sentir la différence qui existe entre un manuscrit et une lettre : un manuscrit est destiné , par sa nature, à l'universalité des personnes ; il est donc facile de comprendre pourquoi on laisse aux héritiers le droit de délibérer avec eux-mêmes sur la publication si la volonté de l'auteur n'a pas été manifestée à cet égard. Mais relativement aux lettres , il y a présomption de droit qu'elles n'ont pas été écrites pour le public ; aucun droit de délibération ne peut donc être réservé à qui que ce soit pour leur publication ultérieure. A quelle époque les lettres , devenues l'objet d'une spéculation littéraire , et tombées entre les mains d'autrui , peuvent-elles constituer la propriété? C'est là la question dont on doit s'occuper. L'honorable membre pense qu'il est juste d'accorder le droit, sinon d'auteur , au moins d'éditeur, à celui qui a recueilli et classé une correspondance.

M. *** remarque qu'il y a beaucoup de cas où une correspondance forme une production littéraire. L'honorable membre cite pour exemple les lettres de Grimm , qui sont de vrais mémoires de littérature sous la forme épistolaire. Un des préopinans a dit avec raison qu'il fallait établir des distinctions entre les natures diverses de correspondance. Il y a des lettres scientifiques et littéraires qui ont un caractère différent des lettres missives. Il faut considérer ces diverses applications de la forme épistolaire ; il faut, de plus, distinguer entre les lettres simplement confidentielles et les correspondances diplomatiques, qui appartiennent de droit au gouvernement qui les paie.

M. *** pense que ces distinctions seraient souvent impossibles; dans les lettres de Grimm qu'on vient de citer, il y a une partie littéraire, une autre confidentielle, une autre politique; il en est de même d'un grand nombre de correspondances.

M. Renouard donne lecture de la proposition suivante :

« Les lettres inédites sont assimilées au productions littéraires, en ce sens » qu'elles donnent lieu aux mêmes priviléges pour leur auteur, s'il les a pu- » bliées, et pour ses héritiers.

» Les collections de lettres inédites donnent lieu au même droit de jouis- » sance exclusive que toute autre publication posthume; mais leur publi- » cation ne pourra avoir lieu que dix ans après la mort de l'auteur, à moins » d'un témoignage écrit de sa volonté, ou de celui des héritiers de l'auteur » et de ceux à qui les lettres ont été écrites. »

M. *** pense que le délai proposé par le préopinant est hors de l'objet de la loi qu'on discute. La considération déjà présentée sur la nature présumée de la loi et sur l'inconvénient qu'il y aurait à n'établir qu'un règlement de police a frappé l'honorable membre. Il ne s'agit pas en effet d'une loi pré- ventive, mais d'une loi de propriété; il s'agit de savoir si les lettres seront considérées comme tout autre écrit et incorporées en conséquence au pre- mier article de la loi. L'honorable membre ne pense pas d'ailleurs qu'aucune distinction sur le caractère ou la nature des correspondances soit néces- saire à établir.

M. *** fait observer que la réponse aux difficultés présentées dans le cours de cette séance sera dans la disposition pénale; l'article de la législation actuelle sur cet objet est rédigé de manière à ce que celui-là seul doive être regardé comme coupable de contrefaçon qui a publié dans un but de spécu- lation. Tout se réduit donc à la manière dont on rédigera la sanction de la loi; si cette sanction était pure et simple, on pourrait être condamné pour la publication de la lettre la plus indifférente.

M. le Président pense que l'assemblée, déjà éclairée en grande partie par la discussion qui précède, a toutefois besoin d'une méditation plus ap- profondie pour résoudre l'importante question qui l'a occupée dans cette séance. Le préopinant néanmoins semble avoir tranché le nœud de cette question, par la distinction qu'il vient d'établir. M. le président l'engage donc à préparer, pour la prochaine séance, une proposition rédigée dans le sens de l'opinion qu'il a développée.

L'ASSEMBLÉE adhère au vœu exprimé par M. le président.

LA suite de la discussion est remise au lundi 20 février.

LA séance est levée.

Le président,
Signé le Vte DE LA ROCHEFOUCAULD.

Le secrétaire,
Signé JULES MARESCHAL.

PROCÈS-VERBAL

DE LA DIXIÈME SÉANCE.

DU LUNDI VINGT FÉVRIER MIL HUIT CENT VINGT-SIX.

MEMBRES présens à la séance :

MM.

Le marquis de LALLY-TOLENDAL, pair de France.
ROYER-COLLARD. . . . . }
Le comte DE MONTBRON. . . . , ... } députés.
VILLEMAIN . . . . , ... }
DELAVILLE DE MIREMONT. . . . . } maîtres des requêtes.
Le baron CUVIER. . . . .)
PICARD . . . . |
MICHAUD . . . . } membres des 4 académies.
ALEXANDRE DUVAL . . . . |
Le baron FOURRIER . . . .)
Le baron TAYLOR, commissaire royal près le Théâtre-Français.
ETIENNE, homme de lettres. . . . . . }
MOREAU, *id.* . . . . } commissaires des auteurs
CHAMPEIN, compositeur. . . . . } dramatiques.
RENOUARD . . . . }
FIRMIN DIDOT . . . . } délégués des libraires.

M. le Mis DE LALLY-TOLENDAL, *président.*
M. JULES MARESCHAL, *secrétaire.*

LA séance est ouverte à une heure.

M. LE MARQUIS DE LALLY-TOLENDAL annonce à l'assemblée que M. le vicomte de La Rochefoucauld, obligé de se rendre aux ordres du roi, lui a fait part de l'impossibilité où il était, par ce motif, d'assister à cette séance, et l'a invité à vouloir bien le remplacer dans la présidence.

L'ASSEMBLÉE, en exprimant ses regrets de l'absence de M. le vicomte de La Rochefoucauld, déclare agréer d'ailleurs, avec empressement, le remplacement proposé dans la présidence.

M. LE SECRÉTAIRE donne lecture du procès-verbal de la dernière séance ; la rédaction en est adoptée.

M. LE PRÉSIDENT communique à l'assemblée une lettre de M. de Vatimesnil, qui, ne pouvant se rendre à la séance, remplit néanmoins l'engagement qu'il a pris en envoyant le projet d'articles qui suit, destiné à régler la sanction pénale de la loi :

ARTICLE PREMIER.

« Toute édition d'écrits imprimés faite en contravention aux art.........
» de la présente loi, et qui lèse les intérêts pécuniaires des auteurs, de leurs
» héritiers ou ayant-cause, est une contrefaçon.

ART. II.

» Le contrefacteur sera puni d'une amende de 1,000 fr. au moins, et
» de 2,000 fr. au plus.

» Quiconque débitera des ouvrages contrefaits, ou introduira sur le
» territoire français des ouvrages qui, après avoir été imprimés en France,
» ont été contrefaits chez l'étranger, sera puni d'une amende de 25 fr.
» au moins, et de 500 fr. au plus.

» La confiscation de l'édition contrefaite sera prononcée au profit des
» auteurs, de leurs héritiers ou ayant-cause, et il sera prononcé en leur
» faveur des dommages et intérêts, s'il y a lieu.

» Le tout sans préjudice des actions publiques ou civiles qui pourraient
» résulter de la publication des éditions contrefaites, si elles constituaient
» des infractions aux lois pénales, ou si elles lésaient d'autres intérêts
» privés que ceux qui sont garantis par l'article précédent. »

L'ASSEMBLÉE vote des remercîmens à M. de Vatimesnil; elle réserve en même tems le projet d'articles qui précède, pour la discussion à ouvrir ultérieurement sur cette matière spéciale.

M. *** demande, avant que la discussion ne soit engagée, à présenter quelques observations à l'assemblée sur les dispositions qu'elle a adoptées à la fin de la dernière séance.

La lecture du procès-verbal a prouvé à l'honorable membre la difficulté que présentait la question de propriété des correspondances ainsi qu'elle avait été posée; il n'est pas en effet au pouvoir de l'esprit de soumettre la matière à des dispositions précises; aussi les obstacles insolubles qui ont empêché l'honorable membre de se prononcer, l'ont-ils conduit à se demander à lui-même s'il appartenait à la loi de la propriété littéraire de statuer sur cet objet, si même toute disposition relative aux manuscrits ne s'écartait pas du principe et du but de cette loi. En effet, quels sont ce principe et ce but? Le principe est le droit que la charte a donné à chacun de publier librement ses pensées par la voie de l'impression; le but est de conserver ce droit de publication à l'auteur pendant un certain tems, afin de l'indemniser de ses travaux.

Il ne s'agit pas de l'importance ni du mérite de l'ouvrage; d'autres lois, les lois répressives, poursuivent le délit en scrutant la nature des ouvrages; mais le droit que garantira la loi de la propriété littéraire s'étend à toutes sortes d'écrits. Ses limites, rigoureusement fixées, sont l'éventualité des profits; par quelle raison rattacherait-on à une loi faite dans ces limites, les questions relatives à la possession des manuscrits?

Il semble à l'honorable membre que la loi ne doit point statuer sur ces questions. En sortant du droit commun, on ne peut se déterminer que par des circonstances qu'on ne saurait arbitrer ni classer.

L'honorable membre se console de cette impossibilité matérielle en songeant qu'elle doit faire rentrer dans l'objet de la loi.

Il faut donc dire, en règle générale, que les manuscrits, et par conséquent les correspondances, sont présumés appartenir à qui les possède. Les conséquences de ce principe ne devront pas être poussées au point d'autoriser la diffamation; mais aux tribunaux seuls appartient de décider si la publication d'une lettre est un délit. Enfin la première publication d'un manuscrit peut être revendiquée, mais elle ne peut être empêchée. L'honorable membre est donc d'avis qu'aucune disposition relative à la propriété des manuscrits ne soit insérée dans la loi ; il regarde insoutenable la prétention de soumettre les possesseurs au consentement des héritiers ; il estime enfin que l'assemblée agira sagement en revenant sur les dispositions qu'elle a précédemment adoptées, et en repoussant désormais toute disposition qui ne se rapporterait pas directement à l'éventualité des profits.

M. *** déclare que les réflexions du préopinant ont porté la conviction dans son esprit : il propose, en conséquence, d'insérer dans la loi la disposition suivante :

« Les questions sur la propriété des manuscrits rentrent dans le droit » commun ; les tribunaux en décideront. »

M. *** observe que cette déclaration est inutile : le silence absolu est préférable.

M. remarque que, pour mieux apprécier tout ce qu'a de fondé l'opinion qui tend à faire rejeter les manuscrits de la loi nouvelle, il faut se reporter aux circonstances qui ont amené la délibération de cette loi. Ce ne sont pas des plaintes sur les manuscrits ou les correspondances volées qui ont provoqué la généreuse sollicitude du roi ; on a dit, on a répété seulement que le privilége de publication, tel qu'il existe, n'était pas assez fructueux pour les familles des auteurs. Les faits sont donc d'accord avec les raisonnemens pour engager l'assemblée à rejeter toute disposition spéciale sur la matière en discussion.

M. *** pense au contraire que la question des correspondances ne présente de complication que parce qu'on l'envisage sous un rapport différent de l'éventualité des profits. La question n'en subsiste pas moins tout entière, et elle n'est pas d'une assez mince importance pour qu'on se décide à tout abandonner à l'arbitraire des jugemens. L'honorable membre ne peut donc admettre l'opinion précédemment développée avec toutes ses conséquences, et il regarderait comme une lacune dans la loi le silence qu'elle garderait sur les manuscrits et les correspondances.

M. *** demande si l'assemblée, en adoptant la proposition contraire aux résolutions de la dernière séance, renoncerait implicitement à discuter le projet d'articles de M. de Vatimesnil.

M. *** pense que l'application de ce projet aux manuscrits devrait être seule abandonnée.

M. LE SECRÉTAIRE remarque que, relativement aux manuscrits, le vote d'un certain nombre de membres, non présens à la séance, a été engagé d'une manière formelle. Il pense donc que, pour exprimer une opinion définitive sur la proposition qui vient d'être faite, il est convenable d'attendre que la majorité des membres qui ont voté à la dernière séance soit présente.

L'ASSEMBLÉE adopte l'avis ouvert par M. le secrétaire ; elle adhère toutefois, et sauf discussion ultérieure, à la proposition tendante à ce qu'il ne soit fait mention dans la loi nouvelle, ni des manuscrits ni des correspondances.

M. LE PRÉSIDENT appelle l'attention de l'assemblée sur la quatorzième question du rapport ainsi posée :

« Lorsqu'il sera démontré qu'un ouvrage, par sa nature particulière, est
» inséparable d'un livre déjà publié, qu'il est destiné à commenter ou à
» éclaircir, et que cet ouvrage accessoire, divisé et successivement appli-
» qué, pour la commodité du lecteur, aux diverses parties du livre princi-
» pal, forme cependant en lui-même une création nouvelle, ne conviendra-
» t-il d'accorder à son auteur ou à ses représentans la jouissance complète
» de la propriété littéraire, et, lorsqu'il s'agira de fixer la quotité des droits
» payables aux héritiers, ne devra-t-on pas faire l'évaluation approxi-
» mative au nombre de volumes dont l'ouvrage accessoire serait composé
» s'il était réimprimé séparément ? »

M. *** observe que les termes dans lesquels cette question est conçue se rapportent au système de la rétribution perpétuelle que l'assemblée a repoussée ; réduits à leur plus simple expression, ils s'appliquent à la composition d'un commentaire. L'honorable membre pense que les dispositions générales de la législation sont suffisantes pour cet objet. Il est certain que la législation actuelle garantit la totalité d'un commentaire comme tout autre ensemble d'ouvrage et sous quelque forme qu'il soit présenté. Reste à savoir jusqu'à quel point on peut réputer contrefaçon l'enlèvement de parties plus ou moins étendues d'un ouvrage. Mais quel moyen aurait-on de déterminer les bornes des citations ? Cette question est celle du plagiat contre lequel il a été reconnu impossible de faire une loi.

M. *** observe qu'il existe sur l'objet en discussion une législation très-rigoureuse en Angleterre, et que l'honorable membre, loin d'approuver, regarde comme contraire à l'intérêt bien entendu des lettres. Les travaux des éditeurs, dans ce pays, sont tellement garantis, que les corrections qu'ils ont faites aux textes leur appartiennent. Quant au point de fait qui doit éclairer la question en elle-même, l'honorable membre ne pense pas qu'il ait été bien saisi par le préopinant. Il est hors de doute que, d'après la législation existante, la propriété d'un ouvrage n'est garantie à son auteur que s'il est imprimé séparément. La reproduction entière d'un commentaire publié avec le texte, ne sera pas, dans l'état actuel des choses, considérée comme constituant un délit de contrefaçon.

M. *** n'est pas de l'opinion du préopinant sur ce dernier point : il le défie, au contraire, de citer un seul exemple de l'interprétation rigoureuse qu'il prétend que les tribunaux font de la loi; il soutient que, dans le cas de la reproduction illicite de l'intégralité d'un commentaire, les griefs de l'auteur seraient favorablement accueillis.

M. *** est loin de partager la sécurité du préopinant à cet égard; il exprime donc le désir que les travaux de cette nature, s'ils ne sont pas admis à jouir du privilége accordé à toute création nouvelle, obtiennent au moins une garantie de quelques années, de trois ans par exemple.

M. *** observe que par cela même que l'on a recours aux tribunaux, la question de propriété existe dans l'hypothèse en question.

L'ASSEMBLÉE décide qu'il ne sera pas fait de dispositions spéciales relativement à l'espèce posée dans la quatorzième question du rapport.

M. LE PRÉSIDENT appelle l'attention de l'assemblée sur la seizième question ainsi conçue :

« Toutes les questions relatives aux atteintes portées à la propriété litté-
» raire, rentrant, en raison de l'incertitude qui existera toujours, quant à
» l'objet de cette propriété, dans les questions de conscience et d'équité ;
» et d'ailleurs la nature des occupations ordinaires des magistrats les rendant,
» en général, étrangers aux connaissances techniques, comme aux habitudes
» littéraires, indispensables pour bien juger de ce genre de droits ou de délits,
» ne pensera-t-on pas devoir établir un jury spécial destiné à trancher les
» difficultés que pourrait faire naître l'application des lois? ne conviendra-
» t-il pas alors de choisir à cet effet, parmi les corps littéraires déjà cons-

» titués, celui qui, par sa position élevée et le mérite reconnu de ses
» membres, peut être regardé comme présentant l'élite de la littérature,
» des sciences et des arts? A cet effet, ne jugera-t-on pas à propos de choi-
» sir dans chacune des quatre académies qui composent l'Institut, une
» commission à laquelle seront attribuées les fonctions de ce jury spécial
» dans toutes les questions de propriété relatives aux productions des lettres
» et des arts?

» Ou bien les juges seront-ils seulement autorisés à soumettre les diffi-
» cultés de cette nature à l'arbitrage des gens de lettres, artistes ou savans,
» choisis également dans les quatre académies? »

M. *** observe qu'à la première séance, et lors de la lecture du rapport, l'assemblée s'est fortement prononcée contre la première proposition qu'énonce cette question. L'honorable membre pense donc que la discussion ne doit s'établir que sur l'arbitrage subsidiairement proposé.

M. LE PRÉSIDENT remarque que cet arbitrage est déjà dans les usages des tribunaux.

M. *** pense, au contraire, que, si on trouvait le moyen d'établir de toute nécessité des arbitres ou experts dans les questions de propriété litté-raire, ce serait un avantage pour l'application de la loi.

M. *** repousse comme peu convenable toute disposition qui tendrait à imposer des experts aux tribunaux.

M. LE SECRÉTAIRE soutient qu'on pourrait les leur imposer sans les obliger d'accepter leur décision. Il en est déjà de même dans les questions de division d'héritages, de faux, etc.

M. *** réplique que, dans ce dernier cas, c'est à raison seulement de leur profession et des connaissances spéciales qu'ils doivent posséder que les experts sont appelés.

M. *** observe à ce sujet qu'une question littéraire offre encore moins d'élémens de certitude qu'un faux ; ce serait une raison de plus pour désirer des connaissances spéciales dans ceux qui doivent statuer sur cette matière.

M. *** pense que la tentative d'introduire une mesure qui rentrerait dans le système du jury, pourrait être mal accueillie des pouvoirs législatifs. L'honorable membre prétend d'ailleurs qu'il est d'usage dans les tribunaux d'appeler des experts, non-seulement dans les matières dont on a parlé, mais encore dans celles même de la propriété littéraire.

M. ***** ajoute que l'expertise est d'usage constant au tribunal de commerce; quant à la cour royale, l'avis des experts reste toujours joint à la première affaire, et peut éclairer son jugement.

M. ***** pense qu'il serait à désirer qu'on pût faire aboutir toutes les questions de propriété littéraire au tribunal de commerce.

M. LE SECRÉTAIRE répond qu'il n'appartient pas à l'assemblée de statuer sur un changement de jurisdiction.

M. ***** demande pourquoi le tribunal civil serait moins obligé d'appeler des experts que le tribunal de commerce, qui ne juge pourtant que d'après des spécialités ; ce serait au moins une lumière de plus, et l'expérience confirmerait le principe, puisqu'il est de fait que l'opinion des experts est ordinairement le jugement.

M. ***** répond que les juges ne consentiront pas à se désinvestir, en ce sens qu'ils se diront tout aussi compétens qu'on peut l'être pour juger si, par exemple, l'intercallation, dans un ouvrage, de cent pages d'un autre livre, constitue une contrefaçon ; la loi sera donc inutile, les juges continueront d'agir librement, quelle que soit la décision des arbitres. D'ailleurs, la seule personne qui ait qualité pour faire une recommandation de ce genre est le ministre de la justice, et encore ne peut-il en faire qu'au ministère public.

M. ***** ajoute que la question se réduit à ceci, ou la question sera obligatoire, alors ce sera un jury et elle sera rejetée, ou elle sera facultative, et les tribunaux n'en tiendront aucun compte.

L'ASSEMBLÉE décide, à l'unanimité, qu'il ne sera point fait de disposition spéciale pour l'hypothèse de la seizième question.

L'ASSEMBLÉE arrête également qu'elle s'occupera à la première séance de la propriété des ouvrages dramatiques.

LA séance est levée.

Le président,

Signé le Mis DE LALLY-TOLENDAL.

Le secrétaire,

Signé JULES MARESCHAL.

PROCÈS-VERBAL

DE LA ONZIÈME SÉANCE.

DU LUNDI VINGT-SEPT FÉVRIER MIL HUIT CENT VINGT-SIX.

MEMBRES présens à la séance :

MM.

Le marquis de LALLY-TOLENDAL, pair de France.

ROYER-COLLARD . . . . }
PARDESSUS . . . . } membres de la chambre des
Le comte de MONTBRON . . . . } députés.

De VATIMESNIL, conseiller d'état.

RAYNOUARD . . . . }
MICHAUD . . . . } membres des 4 académies.
ALEXANDRE DUVAL . . . . }

Le baron TAYLOR, commissaire royal près le Théâtre-Français.

MOREAU, homme de lettres . . . . } commissaires des auteurs
CHAMPEIN, compositeur . . . . } dramatiques.

RENOUARD . . . . }
FIRMIN DIDOT . . . . } délégué des libraires.

M. le Vte DE LA ROCHEFOUCAULD, *président.*
M. JULES MARESCHAL, *secrétaire.*

M. LE SECRÉTAIRE donne lecture du procès-verbal de la dernière séance ;
la rédaction en est adoptée.

29

M. LE PRÉSIDENT annonce que M. Champein a désiré soumettre à l'assemblée des réflexions sur la question qui doit être traitée en cette séance, relativement à la propriété des ouvrages dramatiques, considérée sous le rapport de la représentation.

En conséquence il est fait lecture, par M. le secrétaire, de l'opinion de M. Champein (1).

Ouï cette lecture, et sur la proposition de M. le président,

L'ASSEMBLÉE exprime unanimement la satisfaction réelle avec laquelle elle a entendu les développemens de l'opinion de M. Champein, exprimée avec une chaleur d'ame et de style qui fait honneur à son caractère, en même tems qu'elle témoigne de son zèle dans l'accomplissement de ses devoirs, comme mandataire des auteurs.

Et arrête que cette opinion sera imprimée pour être distribuée à chacun des membres de la commission.

M. LE PRÉSIDENT propose à l'assemblée d'entamer immédiatement la discussion sur les droits des auteurs dramatiques ; la question qui se présente d'abord est celle-ci :

La rétribution actuellement accordée aux auteurs, et, pendant dix ans après leur mort, à leurs héritiers, sur les recettes auxquelles donne lieu la représentation de leurs ouvrages, deviendra-t-elle perpétuelle ?

M. *** observe, relativement à la quotité de cette rétribution, qu'elle doit résulter d'un marché libre entre les auteurs et les comédiens.

M. *** répond qu'il y a peu, ou que, même, il n'y a pas d'exemple d'un traité direct de cette nature.

M. *** pense que la question doit s'étendre sous un autre rapport. Pendant la vie des auteurs, le théâtre avec lequel ils ont traité jouit de leurs pièces ; mais il doit arriver un certain tems, après leur mort, ou tous les théâtres du même genre puissent s'emparer de leurs ouvrages.

M. *** soutient qu'il n'est pas vrai de dire que les comédiens héritent des travaux des gens de lettres ; sauf les exceptions tirées des entreprises théâtrales en société, les directeurs seuls, ou pour mieux dire les spéculateurs autorisés, jouissent du bénéfice de la déchéance que la loi prononce au

---

(1) Voir, à la suite du procès-verbal, l'Opinion de M. Champein.

détriment des familles. Passant à l'examen du fond de la question, l'honorable membre estime qu'il y aurait de l'inconvénient à constituer deux sortes de propriété littéraire, l'une pour les auteurs ordinaires, l'autre pour les auteurs dramatiques; il s'ensuivrait que la moindre pièce de théâtre aurait un avantage immense sur les productions les plus élevées de la pensée; d'ailleurs, l'objection que l'on a tirée des éditions de luxe, pour repousser la rétribution perpétuelle sur les ouvrages imprimés ne s'applique-t-elle pas à l'exploitation d'une pièce de théâtre? Ne doit-on pas porter en ligne de compte les frais auxquels le spéculateur est obligé? Et, de plus, le talent des comédiens n'entre-t-il pas, pour la plus grande partie, dans le succès des anciens ouvrages à la représentation? Il est certain qu'on préfère, en général, la lecture des chefs-d'œuvre de la scène, et qu'on ne va plus les entendre que lorsque des comédiens célèbres doivent les reproduire. Il y a donc co-propriété entre les comédiens et les auteurs; il y aurait donc de l'injustice à ne pas accorder aux uns ce que l'on donnerait aux autres.

L'honorable membre pense qu'on jugerait faussement la situation des spéculateurs dramatiques si on tirait du goût général qui existe pour le théâtre, l'induction que leurs bénéfices sont très-considérables. Les provinces surtout sont loin de présenter un tableau aussi satisfaisant; la plupart des directions ne peuvent se soutenir qu'à l'aide des ouvrages libres de toute rétribution. Qu'arrivera-t-il si les travaux des poètes actuels, qui sont destinés à soutenir un jour, avec la gloire de notre littérature dramatique, les exploitations théâtrales dans les provinces, sont frappés d'avance et à perpétuité d'un impôt?

M. *** observe que le motif qui a déterminé à repousser la rétribution perpétuelle sur les livres, a été le défaut de base certaine : cette base existe pour les ouvrages dramatiques; elle est fixe, incontestable; il n'y a donc plus de motif pour repousser un système dont le principe n'est pas contesté. L'objection tirée de la co-propriété des comédiens ne semble pas fondée à l'honorable membre, car l'origine des bénéfices de ces derniers provient du fait de l'auteur; il est juste d'accorder une part dans ces bénéfices à ceux qui en ont été l'occasion, et c'est en ce sens seulement qu'on pourrait entendre la *co-propriété* alléguée, c'est-à-dire comme donnant aux auteurs des droits au moins parallèles à ceux des comédiens; d'ailleurs, si un théâtre reproduit un ouvrage, c'est qu'il y trouve son intérêt, déduction faite de la rétribution.

Il n'est qu'un très-petit nombre de pièces qui survive, même aux auteurs les plus distingués ; ces pièces doivent présenter l'assurance d'un bénéfice assez positif pour qu'on entreprenne de les représenter ; quel motif sérieux y aurait-il donc à repousser une rétribution utile aux héritiers des auteurs, et qui, dans le fait, ne peut nuire aux comédiens ?

M. *** pense que la rétribution perpétuelle sera utile à l'art, en ce sens que les comédiens trouvent actuellement un grand avantage à jouer les ouvrages des auteurs morts plutôt que ceux des auteurs vivans, et que l'équilibre une fois rétabli par l'égalité de la rétribution sur tous les ouvrages, les auteurs vivans échapperont à la défaveur qui les frappe dans l'état présent des choses.

M. LE PRÉSIDENT fait observer que le moyen de lever tous les obstacles sera peut-être de diminuer la quotité actuellement accordée aux auteurs, en raison de l'extension qu'on donnerait à sa durée.

M. *** fait connaître la nature des règlemens qui existent à cet égard entre les auteurs et le théâtre royal de l'Opéra-Comique. La rétribution offre cela de remarquable qu'elle ne s'exerce qu'après le prélèvement du tiers brut de la recette.

M. *** remarque que ce prélèvement a pour objet l'acquittement des frais journaliers et indispensables, mais qu'il n'a pas lieu dans plusieurs théâtres où cependant les frais sont considérables.

M. *** appelle l'attention de l'assemblée sur une importante considération : la concurrence dans la reproduction des ouvrages semble être une condition essentielle du système de rétribution perpétuelle qu'un des préopinans a développé ; mais le privilége auquel l'existence des théâtres est soumise n'est il pas un obstacle insurmontable à la concurrence ? L'honorable membre pense donc que le le moyen d'établir complètement le système si désirable de la rétribution perpétuelle serait de permettre la concurrence, à tous les théâtres indistinctement, dix ans après la mort des auteurs.

M. *** observe à ce sujet que la loi a précisé les genres et limité le nombre des théâtres ; des motifs graves, dont la discusssion n'appartient pas à l'assemblée, ont déterminé ces restrictions : la commission ne peut pas davantage introduire dans la loi qu'elle prépare une disposition qui déclare que les priviléges actuellement établis n'existent plus.

M. *** pense, à ce sujet, que le principe de la concurrence une fois proclamé devra être simplement restreint dans les termes des mesures de police et dans les limites des priviléges. Il s'ensuivrait seulement que les restrictions d'exécution de la loi seraient puisées dans un autre principe. L'honorable membre regarde la distinction des genres qui existe actuellement comme modifiable et révocable ; c'est une raison de plus pour admettre en principe la concurrence ; d'ailleurs l'application en aura toujours lieu, *secundùm subjectam materiam;* il suffira d'ajouter aux termes de la loi, le *tout en se conformant aux ordonnances et règlemens sur le théâtre.*

M. *** pense que, la concurrence une fois établie, la quotité de la rétribution devra être réglée : la réunion de deux sortes de talens contribue au succès des pièces de théâtre, le profit doit donc se partager entre ces deux sources ; or, si le profit est perpétuel, le partage doit l'être aussi. Les obstacles matériels et les dangers qui ont arrêté, pour les livres imprimés, n'existent pas pour les ouvrages dramatiques ; la rétribution perpétuelle doit donc être admise.

M. *** s'élève contre ce qu'il y aurait d'injuste à améliorer encore la condition des auteurs dramatiques, lorsque cette condition est déjà si favorable, comparée à celle des autres auteurs, par suite du double moyen de reproduction que leur présentent et l'impression et la représentation. La considération de l'impossibilité n'est pas la seule qui ait déterminé à repousser la rétribution perpétuelle sur les ouvrages imprimés ; on a dit aussi que les productions de la pensée étaient la propriété universelle de l'esprit humain. La même considération existe pour les ouvrages dramatiques.

M. *** pense au contraire que c'est un motif pour faire cesser, le plus tôt possible, le privilége exclusif quant aux représentations dramatiques; si l'on trouve moyen de placer dans la concurrence l'indemnité légitimement due aux familles, le droit exclusif et par conséquent la validité de la cession faite à un seul théâtre, ne doivent pas s'étendre au delà de dix ans après la mort des auteurs ; autrement l'auteur, investi du droit de traiter à perpétuité, pourrait escompter la jouissance de ses héritiers et déshériter à la fois les siens et le public. Il ne peut donc entrer dans les intentions de

l'assemblée d'accorder la faculté de convertir le droit perpétuel en presta-
tion ou donation; après un laps de tems plus ou moins court, la pièce
appartiendra au public; elle ne sera point enchaînée à un seul théâtre.

M. *** fait observer à ce sujet qu'il est d'usage de conserver la propriété
exclusive d'un ouvrage, au théâtre qui l'a monté, pendant un an et un jour.
Les dix ans de droit exclusif, après la mort des auteurs, semblent donc, à
l'honorable membre, hors de proportion, avec la cause réelle du privilége,
c'est-à-dire le remboursement des avances et l'indemnité des frais.

M. *** exprime la crainte que, par la législation nouvelle, les pièces, frappées d'un impôt, ne se trouvent hors de la circulation. Il est de fait que,
pour une pièce ancienne, le talent des acteurs seul en détermine presque
toujours la reproduction sur le théâtre et le nouveau succès.

M. *** pense aussi que, dans l'avenir, l'impôt préjudiciera au succès soutenu des pièces; l'intérêt de la littérature sera même compromis, car les
pièces importantes, à donner pour modèle, cesseront d'être jouées, par cela
même qu'elles seront frappées de la rétribution.

M. *** regarde ces craintes comme chimériques; le droit, quel qu'il soit,
ne peut être que proportionnel aux recettes, et si les recettes sont considérables, le droit est facile à payer. Les théâtres de province, quoi qu'on en
dise, jouent beaucoup les ouvrages des auteurs vivans et la rétribution ne
les arrête pas, parce que c'est leur intérêt de les jouer.

M. *** propose de fixer la taxe à établir, d'après les règlemens existans.

M. *** observe que les droits actuels des auteurs ne résultent que de conventions qui n'ont pas force de loi.

M. *** s'élève d'avance contre une législation qui laisserait à l'auteur la
libre disposition de son ouvrage, le lendemain de la première représentation. Il demande avant tout que les théâtres puissent être remplis de leurs
avances.

M. *** répond que la garantie réclamée par le préopinant a son principe
dans les règles générales des conventions : ce n'est pas l'objet de la loi, qui
ne préjuge pas les rapports des auteurs avec les théâtres, et leur laisse toute
latitude pendant la durée du privilége.

M. *** voudrait qu'on doublât le nombre des années pendant lesquelles
le privilége est garanti aux héritiers de l'auteur après sa mort : ce besoin
devient plus pressant surtout si l'on juge à propos de diminuer la quotité

des droits existans en raison de l'établissement de la rétribution perpétuelle.

M. LE SECRÉTAIRE pense, comme le préopinant, qu'il serait désirable de
voir porter à vingt ans, au lieu de dix, le droit des héritiers de l'auteur,
quant au privilége exclusif de représentation ; mais il ne voit pas pourquoi
il serait nécesssaire de diminuer les droits existans actuellement. Il ne conçoit cette nécessité qu'à l'égard de la rétribution perpétuelle, qui, par cela
même qu'elle est un avantage nouveau accordé aux auteurs, peut être établie
avec quelques restrictions, afin de ne pas la rendre trop onéreuse pour les
théâtres. Il pense que cette rétribution pourrait être fixée à la moitié des
droits ordinaires.

M. *** pense qu'en prorogeant à vingt ans la faculté exclusive des traités,
on agira contre l'intérêt des auteurs. Puisqu'on trouve une base à la rétribution perpétuelle, elle doit être accompagnée d'une liberté complète dans
l'exploitation des pièces, et cette liberté doit devenir le principe des bénéfices.

M. *** insiste sur la justice qu'il y aurait à ne pas restreindre la faculté
de cession dans des limites trop étroites et contraires aux intentions légitimes des auteurs.

M. *** aborde une considération nouvelle ; l'honorable membre pense
que l'intérêt de la concurrence s'oppose à ce que le montant de la rétribution, après l'extinction du privilége, soit portée à un taux trop élevé.

M. *** exprime cette crainte, qu'avec la faculté de choisir qu'auront
toujours les comédiens, si la rétribution continue d'être élevée ; il ne faille
imposer des amendes aux comédiens pour les obliger à jouer certaines
pièces.

M. *** estime au contraire que, si l'on réduit le droit à moitié après l'extinction du privilége, les intérêts de l'auteur seront lésés, et qu'il se verra
souvent privé de l'espoir que sa famille soit élevée avec le produit de ses
ouvrages.

M. *** pense qu'il ne s'agit pas de plaider ici pour les droits de l'auteur, mais de faire une loi juste et raisonnable. L'honorable membre ne
croit donc pas qu'il y ait une raison de conserver le privilége exclusif
pendant vingt ans après la mort de l'auteur, car, d'après l'expérience des
faits, les cessions absolues n'existent pas et l'auteur reste toujours maître de

sa chose. A quoi bon, par conséquent, établir la nécessité d'un privilége? Il se peut donc qu'on regarde comme juste de laisser subsister la totalité de la rétribution pendant vingt ans après la mort de l'auteur, et d'en réduire la quotité après l'échéance de ce terme. C'est sous ce point de vue seulement que la question doit être envisagée; l'honorable membre déclare qu'il se tient prêt à l'appuyer dans les termes dans lesquels il l'a développée.

M. *** voudrait que, si l'on refusait le droit exclusif aux héritiers, on exprimât au moins le tems pour lequel l'auteur aurait le droit de concéder son ouvrage.

La question, présentée sous le point de vue du privilége exclusif, est mise aux voix par M. le président.

L'assemblée décide, à une grande majorité, que le privilége exclusif pour la représentation des ouvrages sera accordé aux héritiers et ayant-cause des auteurs pendant vingt ans après le mort de ceux-ci, et que la quotité des droits sera maintenue dans les termes des conventions faites ou des règlemens existans.

Elle arrête également, qu'après l'échéance des vingt années qui suivront la mort de l'auteur, une rétribution sur la représentation des ouvrages sera accordée à perpétuité auxdits héritiers et ayant-cause. La quotité de cette rétribution sera ultérieurement déterminée.

Sur l'invitation de M. le président, M. de Vatimesnil se charge d'apporter à la prochaine séance un projet de rédaction pour ces diverses propositions.

La séance est levée à cinq heures et demie.

Le président,
Signé le Vte de LA ROCHEFOUCAULD.

Le secrétaire,
Signé Jules Mareschal.

RÉFLEXIONS

DE M. CHAMPEIN,

LUES DANS LA SÉANCE DU 27 FÉVRIER 1826.

RÉFLEXIONS

DE M. CHAMPEIN,

LUES EN LA SÉANCE DU VINGT-SEPT FÉVRIER MIL HUIT CENT VINGT-SIX.

MESSIEURS,

L'honneur et la reconnaissance que je ressens d'être membre d'une commission composée de noms aussi européens, l'emportent sur le trouble et la crainte que j'éprouve en élevant ma modeste voix dans un lieu où tant d'éloquence retentit. Mais la cause dont vous allez vous occuper est la mienne ; que dis-je ? elle est celle de mes enfans : à ce titre surtout, le courage au moins ne me manquera pas, et, à ce titre encore, j'ose espérer l'indulgence pour mes faibles lumières, lesquelles n'ont d'alimens que dans ma franchise, et dans le profond désir d'assurer, à ceux qui me doivent le jour, un bien *plus à moi* que la vie que je leur ai donnée !

Le mal est plus facile que le bien ! Est-ce que le bien rencontrerait plus d'adversaires que le mal ? J'ai gémi lorsque le principe qui me semblait la base naturelle et indispensable de la nouvelle loi, a été rejeté, vaincu par tant d'obstacles ! Quoi, Messieurs, vous ne pouvez conserver, à toute la race d'un auteur d'ouvrages imprimés, une portion quelconque de sa propriété ?

La littérature dramatique et celle de la librairie me semblaient susceptibles de recevoir les mêmes règles.

Les auteurs d'ouvrages à imprimer ont besoin des libraires pour se faire lire du public, comme les auteurs d'ouvrages à représenter ont besoin des comédiens pour se faire entendre du public. De chaque côté, le malheureux auteur doit subir une épreuve, un arbitraire. Il doit réussir auprès des libraires et des comédiens avant de pouvoir courir la chance de réussir auprès du public; rien ne les oblige à jouer ou à imprimer les ouvrages. Leur intérêt seul, le plus ou moins de succès pécuniaires qu'ils croient apercevoir les décident : et vous le savez, Messieurs, l'erreur est l'apanage de l'humanité! Des comédiens repoussèrent avec mépris *l'OEdipe* de Voltaire! et si ce grand homme, encore dans l'adolescence, avait été arrêté, découragé par ces premiers obstacles, qui sont les plus sensibles, nous aurions perdu le génie le plus extraordinaire!

L'ouvrage sorti des mains de l'auteur, qu'il soit représenté ou imprimé, devient un objet de spéculation; le but doit donc être le même; pourquoi est-il beaucoup plus difficile à atteindre sur un terrain que sur l'autre? La liberté de la presse est cependant mille fois plus éloquente encore sur la scène que dans les livres : la censure le prouve. Le nombre des spectateurs sera toujours beaucoup plus grand que celui des lecteurs. Jamais la liberté de la presse ne souffrirait d'un denier rendu à perpétuité aux descendans de l'auteur, pas plus qu'elle ne souffre de l'achat des matériaux nécessaires à une édition! Ne craignez pas non plus que la France manque de libraires; les héritiers le deviendraient plutôt eux-mêmes! Ce n'est pas une modique rétribution qui peut d'ailleurs les ruiner; assez long-tems eux et les comédiens se sont enrichis de la dépouille de la veuve et de l'orphelin; qu'ils soient donc les premiers à offrir des modes de percevoir à perpétuité le droit des héritiers! Une voix éloquente a dit : « Là où brûle la passion de la gloire, de petites et sordides passions s'éteignent. » Pourquoi ces paroles, qui honorent les comédiens, ne pourraient-elles s'appliquer à MM. les libraires?

Quand on veut le bien, et quand on a l'auguste volonté du monarque pour appui, je ne crois pas aux obstacles!

Après l'auteur, ses ouvrages ne sont plus à personne. Un produit déterminé en appartient seul à ses représentans. Il doit être permis à tous d'exploiter ses ouvrages, *sans le consentement* des héritiers, qui ne peuvent avoir que la faculté de réclamer un droit pécuniaire qui leur sera accordé par la loi. Que cette loi dise aux représentans d'un auteur : Héritez à per-- pétuité dans la ligne directe et collatérale, mais seulement comme usu- fruitiers ; après la mort de l'auteur, que son œuvre demeure tel qu'il l'a laissé ! Respect à la propriété, et alors on ne verra jamais détruire la poule aux œufs d'or.

Le tems seul a le droit de toucher aux œuvres de la pensée, et ce droit, il l'exerce avec toute la sévérité d'un juge incorruptible !

La propriété littéraire doit toujours exister pour les auteurs et les héri- tiers ; ils doivent toujours en recevoir une rétribution, qu'ils soient joués sur un théâtre, ou imprimés par un libraire ; et, s'il existait encore d'autres moyens d'exploiter un ouvrage, l'auteur ou les héritiers devraient y parti- ciper.

Le produit assuré aux auteurs dramatiques, par l'impression de leurs ou- vrages, ne peut donc nullement servir de compensation pour refuser aux héritiers la perception indéfinie du droit proportionnel acquis sur les recettes.

Des obstacles que je ne *comprends pas* ont arraché la perpétuité aux hé- ritiers d'auteurs d'ouvrages imprimés ; ces mêmes obstacles pourraient-ils se reproduire pour la littérature dramatique ? Que doit-on craindre plus que la honte et l'ingratitude dont se rend coupable une nation qui laisse mendier la petite-nièce de Corneille ? Quels obstacles s'opposeraient à un tel repro- che ? et quel courage oserait en élever ?

L'esprit de propriété double la force de l'homme ; ah ! Messieurs, dou- blez donc celle des grands hommes ! honorez-les en leur rendant justice jus- que dans les héritiers directs et collatéraux.

Accordez tous vos efforts à ces êtres qui semblent devoir racheter leur gloire par tant de tourmens ! je le demande ; s'il était possible qu'un des- cendant d'Homère eût conservé sa précieuse origine, comme nos grandes familles conservent leurs titres de noblesse, et qu'il se trouvât au milieu de nous, quel tressaillement de respect et de reconnaissance n'éprouverions- nous pas, et qui oserait lui refuser son héritage ?

Au nombre des fatalités qui poursuivent les hommes de génie, il en est une qui atteste la nécessité d'appeler la ligne collatérale ; en général, le bonheur de la paternité embellit rarement le sort des grands hommes ;

Corneille, *Molière*, *Voltaire* et tant d'autres dont les noms m'échappent, justifient cette triste remarque.

Mes amis *Grétry* et *Dalayrac*, dont le répertoire, si nombreux, est si productif depuis plus de soixante ans, sont morts sans enfans. Une lettre que j'ai fait lire à M. Pardessus, que j'ai reçue il y a quinze jours, signée *Grétry*, neveu de notre *Grétry*, conçue dans les termes les plus affligeans, et qui n'est enfin qu'un appel à la générosité des artistes, m'afflige d'un souvenir pénible. Cet infortuné neveu de *Grétry*, aveugle depuis long-tems, père de famille, sans ressource, voit, depuis longues années, les comédiens s'enrichir de ses dépouilles!

A cette lettre, je pourrais, Messieurs, en joindre une autre, conçue dans les mêmes termes, et signée *Favart,* fils du célèbre *Favart,* dont tous les théâtres ont exploité récemment les ouvrages, en refusant une indemnité à son fils malheureux!

Un directeur a donné à son théâtre l'ouvrage de *Desforges*, *le Sourd*, qui a eu deux cents représentations; il a bénéficié des recettes et il a refusé inhumainement au fils de *Desforges*, malheureux, sans ressource, une légère rétribution, un faible secours!

Ah! Messieurs, faites cesser un pareil scandale! il ne peut cesser qu'en accordant aux représentans directs et collatéraux le droit d'hériter à perpétuité. L'espace de trente ans, pour la ligne directe, serait bien insuffisant! Il y a trente-trois ans que Favart est mort, et son fils n'a que cinquante ans! Il a encore un long avenir, et il serait déjà dépouillé depuis trois ans! Il est peut-être plus injuste de dépouiller, après trente ans de jouissance, qu'après dix ans?

Mais pourquoi les déshériter? n'y consentez jamais! Tant qu'un ouvrage produit un bénéfice quelconque, ce bénéfice appartient à la famille de l'auteur; il faut le lui rendre! il faut, dans le siècle où les sciences, où l'esprit humain *s'étendent* avec la rapidité de la lumière, il faut que les hommes qui consacrent leur vie à la gloire de la patrie ne soient plus frappés de cette réflexion si pénible : « La postérité honorera peut-être mes ouvrages, et ma postérité en sera déshéritée. »

Notre belle France, a dit Voltaire, si riche en beaux titres, honore les talens, mais les récompense mal; l'Angleterre les traite mieux sous le rapport pécuniaire. Cependant tous les pouvoirs, toutes les puissances doivent leur appui aux arts. Les grands princes savent qu'Homère a donné l'immortalité aux héros qu'il a chantés ; les tyrans mêmes les ont protégés, dans ce sens qu'ils les craignent, et que les chaînes qu'ils leur font porter sont quelquefois dorées !

Que la gloire inhostile, que la gloire pure et bienfaisante reçoive enfin une institution libérale.

Le principe écrit en tête de notre législation : *La loi n'a point d'effet rétroactif*, sera respecté, du moment que la loi nouvelle ne percevra les droits d'auteur que sur les produits à venir, et non sur les produits passés.

Que les héritiers de tous les auteurs morts, n'importe à quelle époque, jouissent, du moment de la promulgation de la loi, de la propriété de leurs ancêtres ! Qu'ils reçoivent leur rétribution au fur et à mesure qu'ils se présenteront, et seulement du jour qu'ils se présenteront.

Ce moyen évite les embarras de la divisibilité des familles ; c'est aux héritiers à faire valoir leurs droits. On les paiera seulement du moment qu'ils paraîtront, sans qu'ils puissent jamais rien réclamer pour le tems qui se serait écoulé même depuis la promulgation de la loi, et où ils n'auraient pas élevé leurs réclamations.

Il existe à Paris, depuis plus de trente ans, une agence chargée de percevoir les droits d'auteurs. Cette agence fait payer également les droits des héritiers pendant les dix ans qui leur étaient accordés : elle pourra les faire payer de même à perpétuité.

Les modes de percevoir sont très-aisés ici, les recettes sont visibles. Ces modes de percevoir les droits des héritiers existent depuis long-tems ; ils n'ont besoin que d'être conservés et continués à perpétuité, au lieu de n'exister que pendant dix ans.

Ce terme de dix ans est si court que la politique des théâtres spécule sur son exiguité !

Après la mort d'un auteur, si ses ouvrages ont obtenu du succès, et qu'ils soient susceptibles encore de faire des recettes, les comédiens ne les jouent pas ou peu ; mais quand les dix ans sont expirés, ils les exploitent alors avec beaucoup plus de zèle. Je pourrais citer dix exemples pris parmi mes contemporains.

Tous ces abus, toutes ces injustices me font vivement désirer ; et, j'ose dire, *espérer*, la perpétuité pour les héritiers des auteurs dramàtiques. Hélas! le nombre des ouvrages qui survivent de beaucoup à leur auteur est-il donc déjà si grand? Les anciens répertoires, quels que soient leurs chefs-d'œuvre, ne peuvent pas soutenir seuls un théâtre.

Il nous faut du nouveau, n'en fût-il plus au monde.

Et ce nouveau-là meurt souvent avant l'auteur. Les héritiers alors n'useront guère de la perpétuité, et, vous le savez, Messieurs, c'est le plus grand nombre.

Les bienfaits de la perpétuité ne pourront donc s'étendre que sur un petit peuple d'élus. Car il faut que l'ouvrage réussisse toujours pour qu'on le joue; alors ce sont des chefs-d'œuvre, et nos immortels, je veux parler des auteurs morts, sont rares. Le génie brille un moment et s'éteint pour des siècles! Que du moins son passage éphémère soit accueilli par une destinée plus heureuse! Les lauriers d'Apollon appellent la foudre au lieu d'en garantir.

La gloire semble n'appartenir qu'à la Divinité, et, nouveau Prométhée, l'homme audacieux qui ose s'en emparer dérobe un feu divin qui doit le consumer!

Homère, qui a embelli la vertu de vers si beaux, *Homère*, le plus glorieux de tous, est mort de misère! *Socrate,* qui donnait de la vertu de sublimes leçons; *Socrate*, le plus sage de tous, est empoisonné juridiquement! *Platon*, son disciple, est livré à l'esclavage par l'ordre même du prince qui le protégeait!

Avant eux, *Pythagore*, qui étendait l'humanité jusqu'aux animaux, fut brûlé vif par les Crotoniates. *Anacréon* meurt étranglé! *Euripide*, autre disciple de *Socrate*, est dévoré par des chiens; *Eschyle* a la tête écrasée; *Sophocle* meurt comme *Anacréon*. Plus tard, la même influence les poursuit encore!

Le Tasse, condamné à mort dès l'âge de huit ans, sans patrie, sans biens, sans amis, souffrit l'exil, la pauvreté, la faim, la calomnie, et meurt au moment où Clément VIII allait poser sur sa tête un laurier! *Le Camoëns*, dont l'esclave allait de porte en porte mendier pour son maître et pour lui!

Le devancier de *Corneille*, qui quelquefois est son égal, *Rotrou*, dont il existe encore des descendans, victime d'un touchant dévouement; meurt à la fleur de l'âge, dans la maturité d'un beau talent! *Corneille* expire dans la misère; ses dernières paroles furent des actions de grâces à Louis XIV, qui, la veille de sa mort, lui envoya cent écus! *Racine*, malheureux par sa sensibilité, meurt bien avant le tems! *Molière*, le grand *Molière*, jeune encore, est arraché violemment de la vie! *Jean-Jacques* meurt ou de chagrin ou de poison. De nos jours, trois jeunes poètes, pleins d'avenir, *Malfilâtre*, dont *Gilbert* a dit :

> La faim mit au tombeau Malfilâtre ignoré!

Millevoye, et ce même *Gilbert*, sont tombés comme ils entraient dans la vie!

Je m'arrête..... Un sentiment pénible a serré mon cœur et brisé mes idées..... Mais la même influence ne peut exister dans cette enceinte, où je vois tant de hautes garanties et de loyales protections!

L'espérance renaît dans mon ame; elle m'inspire une profonde reconnaissance pour le monarque qui veut protéger les travaux de la pensée; cette même reconnaissance, je l'offre à celui qui nous préside, qui a provoqué cette auguste volonté, et aux membres d'une commission aussi éclairée, qui ont bien voulu m'accorder un de leurs précieux momens, et qui vont rendre aux enfans, aux héritiers, la sainte légitimité de l'héritage de leurs ancêtres!

PROCÈS-VERBAL

DE LA DOUZIÈME SÉANCE.

DU LUNDI SIX MARS MIL HUIT CENT VINGT-SIX.

MEMBRES présens à la séance,

MM.

Le marquis DE LALLY-TOLENDAL.	MICHAUD.
Le vicomte LAINÉ.	Le baron TAYLOR.
PARDESSUS.	MOREAU.
Le comte de MONTBRON.	ETIENNE.
VILLEMAIN.	CHAMPEIN.
Le baron CUVIER.	FIRMIN DIDOT
ALEXANDRE-DUVAL.	RENOUARD.

M. le VICOMTE DE LA ROCHEFOUCAULD, *président*.

M. JULES MARESCHAL, *secrétaire*.

M. LE PRÉSIDENT communique une lettre de M. Royer-Collard, qui exprime ses regrets de ne pouvoir assister à la séance, en priant la commission de vouloir bien remarquer que c'est la première fois qu'il n'aura point été exact à s'y rendre.

M. LE SECRÉTAIRE donne lecture du procès-verbal de la dernière séance ; la rédaction en est adoptée.

M. LE PRÉSIDENT annonce que, d'après l'ordre du jour, la discussion va continuer sur les droits des auteurs dramatiques, relativement à la représentation de leurs ouvrages.

A ce sujet, M. le président annonce que M. de Vatimesnil, qui, à la fin de la précédente séance, s'était chargé de rédiger, dans une série d'articles, les diverses dispositions adoptées par l'assemblée, lui a fait passer le résultat de son travail, en lui témoignant le regret de ne pouvoir venir prendre part, pour ce jour, à la suite de la discussion.

M. LE PRÉSIDENT donne lecture du projet de M. de Vatimesnil.

LE premier article ne donne lieu à aucune observation. Il est ainsi conçu :

« Les ouvrages dramatiques des auteurs vivans ne pourront être repré-
» sentés sur aucun théâtre public, dans toute l'étendue du royaume, sans
» le consentement formel et par écrit des auteurs. »

CET article, qui rappelle une disposition de la législation existante, et qui reproduit l'article 3 de la loi du 19 janvier 1791, est adopté par l'assemblée.

L'ARTICLE 2 est conçu en ces termes :

« L'auteur d'un ouvrage dramatique peut céder à un théâtre le droit
» exclusif de représenter son ouvrage pendant vingt ans ; ce droit est ga-
» ranti au théâtre cesssionnaire, quelle que soit l'époque du décès de
» l'auteur. »

CET article donne lieu à plusieurs réclamations.

M. *** pense que le projet ne reproduit pas exactement les idées sur lesquelles on s'était accordé à la dernière séance.

La décision prise en cette séance se bornait à la prolongation, pour dix nouvelles années, du privilége exclusif existant actuellement au profit des héritiers de l'auteur.

M. *** estime au contraire que l'article en discussion consacre une disposition analogue à celle déjà adoptée pour les ouvrages imprimés. Elle offre en effet à l'auteur l'avantage de pouvoir traiter pour un tems déterminé, indépendamment de la durée de sa vie. Cette disposition ne préjugera rien en outre sur la décision que le préopinant a rappelée, et qui devra faire l'objet d'un autre article. L'honorable membre pense néanmoins que l'article en discussion aurait besoin d'être plus développé, afin de ne laisser aucune prise aux fausses interprétations.

M. *** demande si, dans le système que le préopinant vient de développer, il est entendu que le terme pour lequel l'auteur aura traité, absorbera le droit personnel aux héritiers pour autant de tems que ce terme aura excédé la vie de l'auteur? L'honorable membre pense aussi qu'il importe que la perception du droit quotidien sur les représentations ne soit pas confondu avec les cessions formelles et absolues auxquelles l'article est applicable.

M. *** répond, sur le premier point, que son intention a été que, dans aucun cas, le privilége ne s'étendît pas au delà de vingt ans après la mort de l'auteur. Sur le second point, la rédaction de l'article devra être assez claire pour qu'il n'y ait pas lieu à la confusion.

M. *** fait observer que, puisqu'on vient par l'article précédemment adopté de rappeler une disposition fondamentale de la législation existante, il est à désirer que la loi consacre aussi de nouveau la liberté des transactions, telle qu'elle est actuellement garantie aux auteurs et aux comédiens ; l'honorable membre cite, à l'appui de l'opportunité de sa proposition, l'exemple de plusieurs autorités locales, qui ont cru pouvoir intervenir dans les transactions entre les théâtres et les auteurs, et réduire, sur certains ouvrages, les droits de représentation, tels que les accordent les tarifs en vigueur ; il ajoute que, dans ces diverses circonstances, les auteurs ont trouvé une protection éclairée de leurs droits, dans l'autorité supérieure compétente.

M. Pardessus appuie la proposition du préopinant. L'honorable membre observe que l'art. de la loi du 19 juillet 1791, auquel le préopinant a fait allusion, n'offrant pas une rédaction satisfaisante, il importe d'en présenter une nouvelle plus conforme aux règles de la langue et à la clarté qu'exige toute disposition législative. En conséquence, l'honorable membre donne lecture de l'article suivant, qui devra suivre immédiatement celui que l'assemblée a précédemment adopté :

« Les conventions entre les auteurs ou leurs ayant-cause et les entrepre-
» neurs de spectacles continueront d'être libres ; aucune autorité ne pourra
» ni tarifer les rétributions, ni modérer ou augmenter le prix convenu, et
» les rétributions revenant aux auteurs ou à leurs ayant-cause, ne pour-
» ront être saisies ni arrêtées par les créanciers des entrepreneurs de spec-
» tacles. »

L'auteur de cette proposition fait remarquer que, conformément au vœu précédemment exprimé par l'assemblée, il a réservé pour le titre qui devra se composer de la pénalité de toute la loi, la sanction pénale que contenait la loi de 1791.

L'ASSEMBLÉE adopte l'article proposé.

Elle décide en même tems qu'il sera le second du titre relatif aux droits des auteurs dramatiques.

L'ARTICLE second du projet de M. de Vatimesnil se trouve donc appelé à former le troisième du nouveau titre.

M. ***, qui en propose une nouvelle rédaction, déclare qu'il ne comprend pas bien dans quel but on accorde le nouveau droit aux auteurs, et pourquoi la loi, qui ne s'interpose jamais entre les conventions des particuliers, sans un puissant intérêt, dérogerait ici aux règles ordinaires.

M. *** pense, au contraire, que l'article n'est pas nuisible, mais inutile ; car, s'il est vrai que le privilége exclusif se prolonge vingt ans après la mort de l'auteur au profit de ses héritiers, il en résulte que, conformément au principe général précédemment adopté par l'assemblée relativement à la transmission des priviléges, l'auteur peut céder son droit pour vingt ans après sa mort ; l'honorable membre pense donc que l'article en discussion présenterait un double emploi.

M. *** remarque que l'intention de l'auteur du premier projet semble avoir été de confondre la durée du privilége exclusif avec celle de la vie de l'auteur, à moins d'une cession absolue de la part de ce dernier ; mais si l'on convient de protéger le privilége exclusif pendant vingt ans après la mort de l'auteur, le besoin ne se fait plus sentir d'une disposition spéciale qui, en accordant une garantie plus certaine aux comédiens, procure à l'auteur un avantage pécuniaire plus considérable.

En conséquence de ces diverses explications , M. Pardessus donne lecture de l'article suivant , dont la rédaction est provisoirement adoptée :

« Après le décès d'un auteur, le droit exclusif qui lui appartenait est » dévolu à ses héritiers pendant vingt ans, à moins que l'auteur ne l'ait » cédé en tout ou partie de son vivant ; et , dans ce dernier cas , les » héritiers ne jouissent que du tems dont l'auteur n'a pas disposé. »

M. LE PRÉSIDENT , après avoir en peu de mots résumé la discussion qui précède , donne itérativement lecture des trois articles sus-énoncés , et les soumet à l'approbation définitive de l'assemblée.

LA lecture du premier article donne lieu à une observation de M. ***. L'honorable membre semble craindre qu'il n'en résulte implicitement au profit de l'auteur le droit de retirer sa pièce aussitôt après la première représentation et de la porter à un autre théâtre avant que le premier ait eu le tems de se récupérer de ses avances.

M. *** répond qu'il existe des conventions pour obvier à cet inconvénient et que ces conventions continueront d'être garanties par la disposition générale qui s'y rapporte. Toutefois, si ces traités n'étaient pas en usage dans tous les théâtres , et qu'un auteur voulût abuser des termes de la loi , l'honorable membre ne doute pas que les tribunaux n'accordassent des dommages-intérêts au théâtre lésé. Enfin , relativement aux pièces représentées sans convention préalable avant la promulgation de la présente loi, les parties resteront dans le *statu quo* de la législation existante : les tribunaux jugeront arbitralement et d'après les principes de l'équité, à défaut de dispositions spéciales, et même, s'il y a lieu, ils appliqueront la règle du code , qui ordonne, en matière de conventions , de suppléer tout ce qui est d'usage. Quant aux pièces qui seront représentées postérieurement à la promulgation de la loi, les auteurs et les comédiens devront se tenir pour bien avertis et faire toutes les conventions nécessaires à la conservation de leurs droits.

M. *** déclare qu'après avoir entendu ces explications , il retire son observation.

L'ARTICLE premier est définitivement adopté, ainsi que les deux suivans, qui ne donnent lieu à aucune nouvelle remarque.

L'ASSEMBLÉE arrête, en même tems, que ces trois articles formeront, dans le titre de la propriété dramatique , un paragraphe distinct qui sera intitulé : *Du droit exclusif et temporaire*. Le second sera intitulé : *Du droit perpétuel*.

M. LE PRÉSIDENT donne lecture de l'article 3 du projet de M. de Vatimesnil.

Cet article est adopté sans réclamation ; il est ainsi conçu :

« Après les vingt années énoncées dans l'article précédent, tout théâtre,
» pourvu que les règlemens émanés de l'autorité compétente ne s'y opposent
» pas, pourra représenter l'ouvrage, sous la condition de payer aux héri-
» tiers un droit proportionnel, qui sera déterminé ci-dessous. »

Cet article formera le quatrième du titre de la propriété dramatique, et le premier du second paragraphe.

L'article 4 du projet de M. de Vatimesnil, et dont M. le président donne également lecture, était ainsi conçu :

« Le droit proportionnel des héritiers de l'auteur sera perpétuel. »

Une discussion s'élève sur la rédaction de cet article.

M. *** voudrait que le droit en question s'arrêtât aux degrés successibles.

Plusieurs membres insistent pour qu'emploi soit fait de l'expression *d'héritiers du sang*.

M. *** demande une explication sur le sens dans lequel l'assemblée entend cet article. En adoptant le degré successible, en résultera-t-il qu'on doive toujours les compter à partir de la personne de l'auteur, en sorte que le droit s'éteigne avec l'héritier au douzième degré de la personne de l'auteur ? Cette observation n'a pas de suite.

M. le président donne lecture d'une rédaction nouvelle de l'article en discussion. Cette rédaction est ainsi conçue :

« Le droit proportionnel sera perçu par les seuls héritiers de l'auteur
» tant qu'il en existera au degré successible. »

L'article ainsi rédigé est adopté : il formera le cinquième du titre de la propriété dramatique.

L'article 5 du projet de M. de Vatimesnil, destiné à former le sixième du titre, est également adopté sans réclamation ; il est ainsi conçu :

« En ce qui concerne l'impression des ouvrages dramatiques, les droits

» des auteurs et de leurs héritiers, seront soumis aux règles générales tra-
» cées par les articles... de la présente loi. »

M. LE PRÉSIDENT annonce que l'assemblée va avoir à s'occuper du tarif
à adopter pour le droit perpétuel.

M. *** rappelle à l'assemblée qu'elle semblait avoir adopté pour base
de ce tarif, à la fin de la dernière séance, la moitié des droits tels qu'ils
sont perçus maintenant; mais cette quotité peut changer, et la loi ne se
trouverait plus alors en harmonie avec les circonstances. Il sera donc plus
convenable de faire dépendre la quotité du droit perpétuel de celle qui résultera des conventions existantes, lors de l'extinction du privilége exclusif.

M. *** trouve cette quotité excessive. L'honorable membre pense que,
plus on élèvera dans l'avenir le prix de la rétribution, plus on nuira aux
intérêts de la littérature.

M. *** remarque qu'il existait un inconvénient bien plus grand dans
l'extension du privilége exclusif, et pourtant l'avantage des auteurs l'a fait
adopter sans opposition.

M. *** demande quelle sera la base de la rétribution pour la représentation, en province ?

M. *** répond qu'il existe un tarif régulier, pour cet objet, où l'importance
relative des localités est appréciée; il est même arrivé souvent que l'assemblée des auteurs ait pris en considération la situation malheureuse d'un directeur pour lui accorder une diminution sur les droits réglés par le tarif.
D'ailleurs, la loi trouvera peu d'applications de cette nature, car il est très-
rare qu'on représente en province les ouvrages de l'ancien répertoire.

M. LE SECRÉTAIRE propose l'article suivant, dont la rédaction est provisoirement adoptée :

« La rétribution fixée par les articles précédens sera calculée sur la moi-
» tié des droits qui existeront, en vertu des conventions, au profit des hé-
» ritiers de l'auteur au moment où le privilége exclusif s'éteindra.

» Pour les théâtres des localités où il existe des tarifs, le droit sera
» de la moitié du prix porté dans ces tarifs. »

L'ASSEMBLÉE arrête que cet article formera le septième et dernier du
titre de la propriété dramatique.

M. LE PRÉSIDENT annonce à l'assemblée qu'avant que la discussion s'engage sur la propriété des objets d'art, il va lui soumettre une question importante, qui ne se rattache pas, il est vrai, directement à celle de la propriété dramatique, mais qui n'en est pas moins étroitement liée aux mêmes intérêts; il s'agit des désordres qui résultent de la distribution des billets de faveur. M. le président pense qu'au moment où l'excès d'un abus révoltant l'oblige à chercher les moyens d'y mettre un terme, il ne saurait s'entourer de trop de lumières, et assurer d'avance aux mesures qu'il adoptera une approbation assez éclatante. D'après ces motifs, il s'est décidé à soumettre à l'honorable assemblée l'examen de cette importante question, persuadé qu'il est du prix qu'elle mettra à sa solution définitive, du zèle avec lequel elle en cherchera les moyens, de la sagacité qui ne peut manquer de la conduire à ce désirable résultat. Depuis long-tems, la profusion avec laquelle les billets de faveur sont distribués dans les différens théâtres, et les ventes illicites et clandestines qui résultent de cette profusion ont excité les plaintes du public et sollicité l'attention de l'autorité. Ces abus sont arrivés à un tel point, qu'on ne saurait trop se hâter d'y porter remède. Il est inutile d'insister sur les motifs qui donnent tant de gravité à cette question, sans parler de la littérature dont les intérêts sont compromis et des auteurs comme des acteurs sur lesquels la terreur lève sans cesse un impôt. Il suffit de dire que, dans le cours de l'année dernière, il a été vendu une quantité de billets de faveur des différens théâtres, évaluable à 800,000 fr., si ces billets avaient été pris au bureau. L'assemblée peut donc calculer de quelle somme le patrimoine des pauvres a été frustré.

M. le président annonce que M. le secrétaire va donner lecture d'un rapport où cette question a été envisagée plus en détail, et où la plus grande partie des difficultés d'exécution pour les remèdes à appliquer ont été développées.

M. LE SECRÉTAIRE fait, en conséquence, lecture de ce rapport (1).

M. *** demande l'insertion de ce rapport au procès-verbal. Il propose ensuite une déclaration par laquelle l'assemblée, approuvant les motifs développés par M. le président, reconnaîtrait son incompétence pour toute dé-

---

(1) Voir ce Rapport à la suite du procès-verbal.

cision de cette nature, et s'en référerait aux soins de l'autorité chargée de la direction des théâtres.

M. *** pense qu'il n'est pas exact de dire que les auteurs vendent leurs billets ; d'ailleurs, il est impossible d'empêcher les cabales : on en fait avec les billets pris au bureau comme avec les autres. Dans tous les cas, comment imputer sans injustice aux auteurs la vente qui serait faite de leurs billets par les personnes auxquelles ils les donnent? Enfin l'on ne parle que du moindre des abus, le plus grand vient des acteurs qui font publiquement commerce de billets et d'entrées.

M. *** abonde dans le sens du préopinant sur ce dernier point, mais il est loin de partager sa sécurité sous un autre rapport ; il n'est que trop vrai que quelques-uns des plus riches parmi les auteurs trafiquent de leurs billets : néanmoins, l'honorable membre ne pense pas qu'on puisse arriver à empêcher le mal. On en viendrait à bout, peut-être, en diminuant le nombre des billets accordés aux auteurs ; mais ceux-ci ne manqueront pas de s'y opposer et d'en appeler à leurs conventions antérieures.

M. LE PRÉSIDENT fait observer que son but n'est pas de porter atteinte aux droits des auteurs, mais de les engager à s'armer avec lui contre un abus malheureusement trop positif. C'est donc leur assentiment qu'il demande aujourd'hui relativement à ce qui les touche et pour des mesures devenues nécessaires. Quant à ce qui regarde les acteurs, l'assemblée peut être persuadée d'avance que des mesures sévères seront prises, et que le mal ne continuera pas dans ce qu'il offre de plus fort et de plus frappant.

M. *** remarque que ce serait vainement qu'on voudrait faire résulter une sanction pénale d'une ordonnance du roi. Il est clair qu'une ordonnance ou un règlement de police ne peuvent statuer que sur des faits d'une nature conforme aux espèces générales posées par le code pénal ; hors de ces cas, l'ordre constitutionnel s'oppose à ce qu'il regarde comme un envahissement du pouvoir exécutif ; d'un autre côté, il est impossible qu'un tribunal voie un délit caractérisé dans un fait analogue à la vente d'un billet de faveur. Il importe donc d'arriver au but que l'administration désire, autrement que par des moyens législatifs et judiciaires.

M. *** rapporte qu'il a vu naître l'abus auquel on veut aujourd'hui mettre un terme ; cet abus n'a pas plus de quatorze ans d'existence. Avant cette époque, les acteurs ne savaient souvent comment placer leurs billets ; l'abus est venu des acteurs ; les auteurs n'y ont que faiblement coopéré. Il est donc un moyen de les rendre complètement étrangers aux scandales signalés ; qu'on leur accorde, par exemple, deux loges pour compensation de leurs droits, et qu'il n'entre au parterre que des billets payans. La cabale sifflera d'abord pour de l'argent ; mais elle se lassera de payer le désordre, et les auteurs seront les premiers à recouvrer leur indépendance.

M. *** approuve les vues généreuses développées par le préopinant ; mais il les regarde comme ne pouvant amener aucun résultat. L'honorable membre soutient qu'on ne peut ni empêcher les directeurs de délivrer des billets, ni en refuser aux auteurs. Il regarde d'ailleurs la défense de vendre, inscrite sur les billets, comme tout-à-fait illusoire.

M. *** estime que des mesures efficaces pourront être prises pour les théâtres royaux, mais qu'il sera bien difficile d'atteindre les entrepreneurs particuliers.

M. LE PRÉSIDENT exprime combien il a été touché de la noblesse de la proposition faite par l'un des préopinans. Il pense que cette offre serait de nature à être soumise comme proposition à l'assemblée des auteurs. Lui-même il n'a provoqué cette discussion que parce qu'il s'adressait à leurs représentans. Relativement à la possibilité d'une ordonnance, M. le président fait observer qu'il n'est dans l'intention d'en provoquer que pour la vente, et, qu'à cet égard, on doit reconnaître une sorte de délit caractérisé dans le tort causé au patrimoine des pauvres par le fait de cette vente illégale. Les mesures de répression ne s'appliqueront, il est vrai, qu'aux théâtres royaux, qui seuls dépendent de la maison du roi ; mais l'heureux résultat qu'on peut espérer de ces mesures déterminera sans doute l'autorité compétente à les appliquer aux théâtres secondaires.

M. *** pense que la difficulté est assez importante pour qu'une loi soit provoquée à défaut de garantie suffisante dans les règlemens existans. L'honorable membre ne croit pas néanmoins qu'il soit nécessaire d'aller si loin, et il incline à penser qu'il se trouve dans les dispositions de police des applications faciles au cas présent. N'y aurait-il pas moyen, par exemple, de percevoir le droit des pauvres sur les billets de faveur ?

M. LE SECRÉTAIRE pense que l'état des choses rend nécessaire une disposition législative ; il croit, d'ailleurs, que la perception du droit des pauvres sur les billets de faveur aurait l'inconvénient d'en autoriser le trafic.

A cette occasion , M. le secrétaire communique à l'assemblée la lettre qu'é-
crivit le préfet de police , lorsqu'il fut consulté sur les mesures à prendre
pour arrêter la vente des billets de faveur.

Il résulte de cette lettre qu'il n'existe , de la part des autorités de police.,
aucun moyen d'empêcher cet abus.

M. *** appuie l'opinion précédemment émise pour la provocation d'une
loi ; l'honorable membre pense que les questions qui se rattachent au théâtre
sont traitées en France avec beaucoup trop de légèreté. L'intérêt en est cependant d'une haute importance : il s'agit de la gloire littéraire de notre
pays.

M. *** pense également qu'une loi serait d'autant plus nécessaire que,
dans l'état actuel des choses, un directeur pourrait fermer les bureaux, et,
par des ventes clandestines de billets, remplir la salle et frauder entièrement le droit des pauvres. Mais s'il est vrai de dire que les pauvres sont
spoliés, les auteurs le sont aussi. Aussi se sont-ils souvent occupés de cet
abus ; mais toujours ils ont trouvé des obstacles aux réformes dans les comédiens, qui leur ont répondu : *Nous sommes maîtres chez nous.*

M. *** annonce qu'il s'est arrêté à l'idée d'une ordonnance royale , qui
prescrirait aux théâtres royaux de s'entendre à cet égard avec les auteurs.
L'honorable membre pense que, par ce moyen , on trouverait assez de
ressources dans les règlemens existans pour remédier au mal.

M. *** soutient qu'on ne peut dire que celui qui a vendu un billet de faveur
ait commis un délit. Il faut donc aller à la source du mal. Celui qui vend le
billet ne fraude pas le droit des pauvres , c'est celui qui a fait sortir le billet ;
Car la vente ne résulte que de l'émission excessive qui en est faite. Est-il
donc impossible à l'autorité de régler , par un acte, le nombre des billets à
délivrer? N'y aurait-il pas une profonde injustice à laisser un leurre à la
fraude par la profusion qui existe aujourd'hui, et de frapper en même tems
les malheureux qui s'y seraient laissés entraîner?

M. *** résume la marche que l'autorité aura à suivre dans la réforme
qu'elle entreprend. Il faudra d'abord chercher si un acte administratif n'of-
frira pas des ressources suffisantes; si on se voit obligé de renoncer à ce
moyen, on cherchera dans la législation existante, un délit caractérisé
pour la répression duquel une ordonnance puisse appliquer une pénalité
déjà consacrée par la loi. Enfin , si l'on est forcé d'abandonner ce der-

nier moyen, une loi seule pourra obvier à ce grave inconvénient, et elle devra être provoquée.

M. LE PRÉSIDENT approuve la marche indiquée par le préopinant. Il se félicite de ce que l'assemblée ait senti toute l'importance de la question qu'il lui a soumise, et se soit livrée avec tant de zèle à la recherche des moyens propres à la résoudre. Il est possible, cependant, que plusieurs membres aient été pris au dépourvu, et que la méditation leur fournisse ultérieurement des vues plus directes et plus applicables. Il invite, en conséquence, chacun d'eux à vouloir bien examiner mûrement la question sous toutes ses faces, et à apporter, à la prochaine séance, le résultat de ses réflexions.

LA proposition de M. le président est adoptée, et la discussion est remise au lundi 13 mars.

LA séance est levée.

Le président,
Signé le Vte DE LA ROCHEFOUCAULD.

Le secrétaire,
Signé JULES MARESCHAL.

RAPPORT

FAIT PAR M. JULES MARESCHAL,

AU NOM

DE M. LE VICOMTE DE LA ROCHEFOUCAULD,

EN LA SÉANCE DU 4 MARS 1826,

SUR L'EXISTENCE DES CABALES SALARIÉES DANS LES THÉATRES,

ET SUR L'ABUS DES BILLETS DE FAVEUR.

RAPPORT

SUR L'EXISTENCE

DES CABALES SALARIÉES DANS LES THÉÂTRES,

ET SUR L'ABUS DES BILLETS DE FAVEUR.

PARMI les abus les plus contraires au bon ordre et aux intérêts de l'art dramatique, il n'en est point qui soit plus généralement senti que l'existence des cabales salariées et des applaudisseurs à gages, qui infestent les théâtres.

Il n'est personne qui ne réprouve hautement ce monstrueux usage, qui met le succès ou la chute des pièces à la merci d'un petit nombre d'individus, étrangers au véritable public, et soldés pour applaudir ou pour improuver, non suivant le mérite des ouvrages ou des acteurs, mais suivant l'ordre, l'intérêt ou le caprice du chef de cette bizarre et honteuse association.

Ce scandale, depuis long-tems signalé, est à la fois un juste sujet d'irritation pour les spectateurs, dont la patience lassée a souvent failli amener de graves désordres; et une cause réelle de dégradation de l'art, soit en procurant, par des applaudissemens non mérités, les apparences d'un succès à l'œuvre de la médiocrité ou du mauvais goût, soit en repoussant et en décourageant, par l'injuste et servile opposition d'une cabale, des auteurs ou des artistes d'un talent véritable.

Et qu'on ne croie pas, comme quelques personnes sont disposées à le penser, que ce désordre aît sa cause réelle dans un sentiment d'amour-propre ou de rivalité de la part des acteurs ou de certains auteurs : ce serait leur faire injure que d'en juger ainsi, et l'existence de la cabale est devenue pour eux, en général, non moins fâcheuse que pour le public. Depuis long-tems constituée au profit d'un intérêt exclusif du leur, d'une cupidité toute

33

personnelle, il n'y a guère de rapports entre elle et les hommes de lettres ou les artistes qui se vouent à la scène, que les rapports dus à l'influence qu'elle exerce sur eux, en dépit d'eux-mêmes, par la crainte de ses hostilités. C'est un joug qu'ils ne portent qu'avec répugnance, qu'avec dégoût ; c'est une puissance odieuse, à laquelle ils paient tribut, à peu près comme on sacrifiait aux divinités malfaisantes, pour détourner les effets d'une malignité qu'ils redoutent : mais ils applaudiraient, des premiers, à sa destruction, pénétrés qu'ils sont des ravages qu'elle exerce, comme du mépris qu'elle mérite.

L'assemblée en resterait pleinement convaincue, si elle connaissait tous les élémens dont se forme cette étrange institution ; et, s'il n'était au dessous de sa gravité d'entrer dans le détail des moyens par lesquels s'exploite cette ignoble industrie, elle verrait clairement combien, auteurs et acteurs, quoique paraissant recueillir, par le fait, les fruits du *travail* journalier de la cabale, en souffrent, dans la réalité, beaucoup plus qu'ils n'en profitent, et ne font, en cela, que céder à une force qu'ils ne sauraient maîtriser.

S'il y a unanimité sur le sentiment d'indignation que fait naître un pareil état de choses et sur l'ardent désir de le voir cesser, l'on n'est pas moins unanime sur l'une de ses causes principales, l'abus des billets de faveur.

Il est évident que c'est à l'aide de ces billets que les chefs de cabale se procurent la facilité de recruter et d'introduire, dans les salles de spectacle, les individus qu'ils mettent en œuvre pour accomplir leur dégradante mission.

Si donc l'on veut travailler utilement à l'expulsion de la cabale, c'est d'abord contre l'abus des billets donnés qu'il faut diriger ses efforts.

Ces billets peuvent être divisés en quatre classes ; savoir :

1º. Ceux dits *d'auteurs*, que l'usage, les règlemens ou les conventions accordent à ceux-ci et qui sont signés par eux.

2º. Ceux dits *de service*, que les administrations théâtrales distribuent aux acteurs ou aux employés du théâtre.

3º. Ceux dits *d'administration*, qui sont destinés aux personnes étrangères au théâtre.

4º. Et, enfin, ceux dits *d'acteurs*, que, dans quelques théâtres, ces derniers sont autorisés à donner sur leur signature.

C'est en général à la profusion avec laquelle ces billets sont distribués, aussi bien qu'au peu de soin et de discrétion avec lesquels ils sont le plus ordinairement placés, par les personnes qui les reçoivent de l'administra-tion, qu'on en doit attribuer l'abus.

C'est surtout à l'obsession exercée sur les acteurs, et parfois aussi sur les auteurs, par la crainte de la cabale qui trouble et déshonore les par-terres de nos théâtres, qu'on doit de voir la presque totalité des billets dont les uns et les autres peuvent disposer, passer entre les mains des chefs de cette cabale, qui, non contens d'en user au profit de leur scandaleuse in-dustrie, en font d'ailleurs un objet direct de trafic et de spéculation.

Sous ce dernier rapport, les choses ont été poussées si loin que, d'après des calculs dont tout annonce l'exactitude, il a été vendu, dans l'année qui vient de s'écouler, pour plus de *huit cent mille francs* de billets de faveur des divers théâtres de Paris.

Si, indépendamment de ce que ce trafic offre d'illicite, l'on réfléchit que les établissemens de charité sont dotés, par la loi, d'un prélèvement important sur les recettes des théâtres, l'on voit que, par l'abus des billets de faveur, les pauvres ont été frustrés, pour cette seule année, d'une ressource qui eût pu consoler bien des misères et sécher bien des larmes.

Ainsi, sous quelque point de vue qu'on envisage l'abus dont il s'agit, il est également condamné par l'intérêt du bon ordre, par l'intérêt de l'art dramatique et par le respect dû au malheur.

Il y a donc et devoir et nécessité de le combattre, de le détruire, s'il est possible.

Un moyen efficace, infaillible, de destruction existerait dans la suppres-sion totale des billets de faveur.

Si des usages anciens, d'où naissent, en général, des habitudes qui de-viennent facilement des besoins, ne sollicitaient pas toujours quelques mé-nagemens, il est incontestable que la mesure en question pourrait être, d'ailleurs, appliquée sans obstacle aux billets de service et d'administration, comme aux billets d'acteurs, et il suffirait, à cet égard, de la volonté ex-primée par les diverses administrations théâtrales.

Resteraient donc les billets d'auteur.

A l'égard de ceux-ci, il y aurait certainement résistance.

Cette résistance s'appuierait sur des objections qui déjà ont été plusieurs fois présentées.

On alléguerait que des conventions existent entre les auteurs et les théâtres, en vertu desquelles il est attribué aux premiers un certain nombre de billets pour les jours de représentation de leurs ouvrages ; que ces conventions ont nécessairement créé, au profit des auteurs, un droit qui ne peut leur être enlevé sans leur consentement ; que, même dans le cas où il n'existerait pas d'engagement écrit entre les auteurs et les administrations théâtrales, il y a, dans les règlemens émanés de celles-ci, des dispositions qui déterminent le nombre des billets à distribuer aux auteurs ; que de là résulte, en faveur de ceux-ci, un droit équivalent à celui qu'aurait produit une convention réciproque ; que l'avantage de ces billets entre dans l'appréciation des droits d'auteur ; qu'il fait, pour ainsi dire, partie du prix stipulé pour l'ouvrage, et que, dès lors, supprimer les billets, serait réduire arbitrairement ce prix, enfreindre les conditions auxquelles l'auteur a consenti à livrer sa pièce, et violer, à son égard, les principes de la justice aussi bien que l'esprit du contrat.

Ces objections, il faut l'avouer, paraissent fondées en raison, quant aux auteurs des pièces reçues, et l'on peut dire que la suppression, pour l'avenir, des billets dont ils ont actuellement la jouissance, aurait, à leur égard, une rétroactivité qui pourrait être considérée comme une injustice réelle, puisqu'elle détruirait des droits acquis.

Ainsi, pour opérer légalement la suppression relativement à cette classe d'auteurs, il faudrait nécessairement qu'elle y consentît, et il n'y a pas d'apparence qu'elle voulût donner ce consentement sans une indemnité quelconque.

Dans ce dernier cas, examinons sur quelle base pourrait être réglée l'indemnité.

Il n'y en aurait qu'une rationnelle et convenable : ce serait le bénéfice que les auteurs retirent de leurs billets.

Mais, pour admettre cette base d'évaluation, il faudrait admettre aussi que ces billets peuvent devenir régulièrement pour eux la source d'un bénéfice, c'est-à-dire qu'ils peuvent en tirer profit, en un mot, qu'ils ont le droit de les vendre.

Or, c'est ce qui, au contraire, a toujours été contesté, et, ce nous semble, avec grande raison.

Il est évident, en effet, que tout le profit pécuniaire, entendu dans les conventions qui interviennent entre les auteurs et les administrations théâtrales, est renfermé dans la stipulation du droit d'auteur, c'est-à-dire, soit d'une somme quelconque payée à forfait, soit d'un prélèvement successif et proportionnel sur les recettes.

Quant aux billets, c'est évidemment une pure prérogative, qui a sa cause dans des raisons de convenance relatives à l'auteur ; c'est une satisfaction, très-légitime sans doute, accordée à son amour-propre, mais qui, par cela même, exclut toute idée de profit matériel ; c'est, en un mot, une espèce de droit honorifique dont il ne peut et ne doit user qu'en ce sens.

Et la preuve que cela n'a jamais été compris autrement, que jamais l'on n'a pensé à faire une distinction entre la nature, toute gratuite, des billets d'administration et celle des billets d'auteur, c'est que jamais ceux-ci n'ont été, non plus que les autres, grevés, comme le sont tous les billets payans, de la taxe envers les pauvres, par le fait du prélèvement qui se fait sur toutes les recettes provenant de la vente journalière des billets de cette dernière espèce.

Au surplus, ce qui démontre mieux encore que cela, et d'une manière irrécusable, que les billets d'auteur sont, par leur nature, hors du commerce, et ne peuvent devenir la source d'un profit légal, c'est que les auteurs eux-mêmes ont constamment témoigné de leur répugnance absolue pour cette sorte de trafic, et qu'ils le considèrent non-seulement comme indigne d'eux, mais aussi comme contraire à l'esprit des conventions qui leur accordent la disposition de ces billets.

Il ne nous semble donc pas possible, légalement, d'admettre comme base d'évaluation de l'indemnité dont il s'agit, un bénéfice qui ne repose sur rien de légal.

Que si pourtant l'on pensait pouvoir s'arrêter à cette idée, il faudrait alors considérer que la vente d'un billet d'auteur, toujours faite à vil prix, ne rend pas même, d'ordinaire, la moitié du prix de bureau. Ainsi, pour prévoir toutes les hypothèses et pour rester d'ailleurs dans les termes de la raison et de la convenance, qui ne permettent guère de racheter un avantage, pour ainsi dire illicite, ou, au moins, un droit fort douteux, au même prix qu'on le devrait faire pour un droit bien établi, il faudrait fixer au tiers, si ce n'est même au quart, de la valeur réelle, celle des billets à supprimer, et stipuler que cette valeur sera comprise dans le décompte des droits d'auteur.

Quelque restreinte que puisse paraître, d'ailleurs, cette évaluation, il est certains cas où elle doublerait, presque, les autres droits.

Reste à savoir s'il serait juste et possible d'imposer aux théâtres, déjà grevés de tant de charges, cette nouvelle obligation.

Par cela même qu'elle serait très-grave, il y aurait nécessité absolue d'en restreindre l'application au seul cas de pièces déjà reçues.

Quant aux ouvrages non encore admis, il faut considérer les choses sous un autre point de vue, et il est évident que la position des administrations théâtrales n'est plus la même vis-à-vis des auteurs.

En effet, comme il n'y a encore, dans ce cas, aucun engagement contracté envers ces derniers, et par conséquent aucun droit acquis à leur égard, il n'y a lieu, dès lors, à aucune obligation d'indemnité pour la suppression d'un avantage qui a pu être pour eux une espérance, mais qui n'a jamais été un droit réel.

Dans le fait, l'expectative des auteurs, quant aux billets, ne peut plus être considérée, alors, que comme reposant sur un usage ; et que cet usage soit ou non consacré par des règlemens d'administration, du moment où l'on vient à reconnaître qu'il entraîne forcément des abus contraires au bon ordre, à l'intérêt des théâtres, et même à des intérêts plus élevés, rien ne peut s'opposer à ce qu'il soit aboli par la même force qui l'avait jusqu'ici protégé.

Il faut toutefois, ce nous semble, faire une exception à ce qui vient d'être dit à l'égard des pièces non encore reçues : c'est relativement aux auteurs qui auraient formellement, et par écrit, contracté avec un théâtre, pour l'avenir, ainsi que cela s'est fait, il y a quelques années, entre un assez grand nombre d'hommes de lettres ou compositeurs, et la direction, de l'Opéra-Comique de Paris, contrat dans lequel existe la stipulation des billets, et qui semble devoir être respecté sous ce rapport comme sous tous les autres.

Encore pourrait-on dire que, n'étant point limité, cet engagement est par cela même toujours résoluble, parce qu'il n'y a pas d'obligations perpétuelles sans stipulation positive, ou hors des cas spéciaux déterminés par la loi.

Et, au surplus, la considération tirée de l'intérêt du bon ordre, est tellement puissante, en raison comme en principe de droit public, qu'elle pourrait paraître suffisante pour motiver même la résiliation des conventions faites pour l'avenir, même le retour sur l'exécution de celles contractées par le passé. Tout ce qui pourrait être exigé par la justice, ce serait de faire constater, par un examen scrupuleux, les caractères de l'abus résultant de ces conventions, afin de reconnaître si, par sa gravité et ses conséquences, il intéresse à un assez haut point l'ordre public, pour motiver la rigueur dont il serait l'objet.

Mais, de ce qu'en général il serait possible, sans injustice réelle, de supprimer les billets d'auteur, s'ensuit-il rigoureusement qu'on le doive faire? et la juste considération due à des hommes honorables, qui illustrent ou enrichissent nos diverses scènes de productions auxquelles nous devons de si nobles, de si douces, et souvent de si utiles récréations, ne fait-elle pas une loi de chercher à concilier, autant qu'il est possible, les intérêts de leur satisfaction personnelle, avec les intérêts généraux? Ne saurait-on, sur le point dont il s'agit, trouver dans des voies amiables un remède au mal qui existe, sans blesser les égards qu'on doit aimer toujours à conserver pour eux? et ne peut-on, enfin, espérer de trouver les moyens de pourvoir à l'abus, autre part que dans la destruction de l'usage?

Il s'en présente quelques-uns dont il faudrait, ce nous semble, essayer avant tout l'efficacité.

Le premier qui s'offre naturellement à l'esprit, c'est la réduction des billets au nombre déterminé par les règlemens, et l'exécution scrupuleuse des conventions qui autorisent les théâtres à retenir sur les droits d'auteur le prix des billets délivrés en excédant de ce nombre.

Ce moyen est entièrement dans les mains de l'administration, et l'intervention des auteurs est ici tout-à-fait inutile, parce qu'il ne s'agit que d'exécuter des conventions existantes.

Il est un second moyen qui résulterait de l'établissement de certaines formalités nouvelles dans la délivrance des billets d'auteur.

En effet, l'une des facilités les plus grandes qui soient offertes au trafic de ces billets, c'est la forme actuelle dans laquelle ils sont donnés, c'est-à-dire leur délivrance par les auteurs directement; mode qui fait obstacle à ce qu'on puisse leur imprimer officiellement un caractère tel que l'illégalité de ce trafic soit déclarée par le billet même qui en est l'objet.

On pense donc qu'il conviendrait de changer cet état de choses, et de statuer qu'à l'avenir les auteurs recevraient des administrations théâtrales les billets qui leur sont accordés : rien du reste n'empêcherait qu'on leur laissât le droit de délivrer, à cet effet, des bons sur l'administration du théâtre débiteur des billets, dans la limite des quotités réglées : ou bien, pour éviter toute complication, l'on pourrait leur continuer le droit de signer personnellement les billets, mais seulement sur les formules imprimées qui leur seraient fournies à l'avance par l'administration.

D'un autre côté, si l'on considère que la cabale n'occupe, en général, que le parterre des théâtres, sans doute on pensera que ce serait lui enlever de grandes facilités que de lui interdire cette partie de la salle, dont elle se procure maintenant l'entrée par les billets de faveur; l'on y parviendrait en obtenant des auteurs la faculté d'échanger les billets de parterre qui leur sont accordés contre des billets de places différentes qui seraient moins à la convenance des cabaleurs.

Il y a quelque lieu d'espérer que ces mesures pourraient suffire pour réprimer le scandale qui fait l'objet des plaintes si vives et si générales.

Pour leur parfait accomplissement, l'administration a besoin du concours de la bonne volonté de MM. les auteurs, et l'on est d'autant plus fondé à l'espérer de leur part que, véritablement, ces mesures ne leur porteront aucune espèce de préjudice, et qu'elles seront d'ailleurs, pour eux, avec l'occasion de protester contre des désordres auxquels ils sont certainement étrangers, celle de donner une preuve nouvelle des sentimens d'honneur et de délicatesse qui les animent.

Si l'expérience qui serait faite de ces mesures venait à en démontrer l'insuffisance, alors serait complètement justifié l'emploi de moyens plus rigoureux, plus absolus, et il resterait à l'autorité la ressource comme le devoir, ou de supprimer sans distinction tous les billets de faveur, ou de provoquer des dispositions législatives plus efficaces pour la prohibition du trafic des billets, ainsi que pour la punition de l'espèce de délit qui en résulte tant contre l'intérêt du bon ordre que contre celui des pauvres.

PROCÈS-VERBAL

DE LA TREIZIÈME SÉANCE.

DU LUNDI TREIZE MARS MIL HUIT CENT VINGT-SIX.

MEMBRES présens à la séance :

MM.

Le marquis de LALLY-TOLENDAL.
Le vicomte LAINÉ.
PARDESSUS.
Le comte DE MONTBRON.
De VATIMESNIL.
Le baron CUVIER.
MICHAUD.
PARSEVAL-GRANDMAISON.

RAYNOUARD.
ALEXANDRE DUVAL.
Le baron TAYLOR.
MOREAU.
CHAMPEIN.
TALMA.
RENOUARD.
FIRMIN DIDOT.

M. LE VICOMTE DE LA ROCHEFOUCAULD , *président.*

M. JULES MARESCHAL , *secrétaire.*

M. LE SECRÉTAIRE donne lecture du procès-verbal de la dernière séance ; cette lecture donne lieu à l'observation suivante :

M. DE VATIMESNIL , à l'occasion des discussions élevées à cette séance sur son projet, et constatées par le procès-verbal, déclare qu'il avait cru qu'à la fin de la précédente séance la majorité s'était décidée pour l'ouverture immédiate des droits du domaine public, après la mort de l'auteur.

34

M. *** soutient, au contraire, que la disposition adoptée a été conforme à celle dont le procès-verbal fait mention.

M. *** pense que l'observation du préopinant, à part la question de fait, mérite, en droit, toute l'attention de l'assemblée.

L'honorable membre déclare, en conséquence, qu'il prend sur lui la proposition dont il s'agit, et qu'il est prêt à la développer. Est-il convenable, en effet, de laisser aux héritiers un droit de vie et de mort sur les ouvrages dramatiques de leur auteur? Certes, l'intérêt qui a fait conserver le droit pour les livres imprimés n'est pas le même pour les pièces de théâtre. Ici il existe une base fixe pour la rétribution perpétuelle; ici on ne peut craindre que le prélèvement en faveur des héritiers soit assimilé à un impôt.

M. *** appuie la proposition du préopinant : l'intérêt de renouvellement de publicité est bien plus grand pour le théâtre que pour la presse. Dans ce dernier cas, les exemplaires existans des éditions données par l'auteur peuvent, jusqu'à un certain point, tenir lieu de nouvelles publications.

M. *** pense, au contraire, que la liberté de la concurrence serait plus nuisible qu'utile aux héritiers des auteurs. Un ouvrage librement dévolu à tous les théâtres n'est pas de nature à piquer la curiosité publique.

Par suite de cette discussion, M. le président propose la disposition suivante :

« Les héritiers jouiront pendant vingt ans des droits accordés à l'auteur ;
» mais ils ne jouiront pas du droit qu'avait l'auteur d'empêcher la représentation de sa pièce. »

Cette disposition est approuvée, sauf rédaction définitive ; elle devra former le dernier paragraphe du troisième article du titre de la propriété dramatique.

D'après les explications qui précèdent, et en raison de la nouvelle disposition adoptée par l'assemblée, M. *** retire son observation, et la rédaction du procès-verbal est définitivement adoptée.

La discussion est ouverte de nouveau sur les abus des billets de faveur.

M. le président donne, à ce sujet, lecture d'une lettre écrite par M. Coulomb, au nom du conseil général des hospices.

Il résulte de cette lettre que le conseil général s'occupe en ce moment des moyens de mettre un terme à l'abus qui fixe également l'attention de l'assemblée. M. Coulomb demande, au nom du conseil, que communication lui soit donnée des déterminations prises ou à prendre par l'assemblée, et il exprime en même tems le désir, que, du coordonnement de ces mesures avec celles que le conseil jugerait à propos de prendre, puisse résulter la réforme universellement réclamée.

M. LE PRÉSIDENT fait observer qu'au nombre des moyens que le conseil général paraît disposé à adopter, se trouve le prélèvement du droit des pauvres sur les billets de faveur. Cette mesure, en tout favorable aux hospices, ne s'accorderait pas avec l'intérêt des théâtres. Elle aurait l'inconvénient déjà signalé de consacrer le droit de vendre ces billets.

M. *** pense que la marche indiquée dans la lettre de M. Coulomb n'est pas celle que l'assemblée doit suivre. La commission doit, au contraire, engager le conseil général à lui faire part des mesures qu'il aurait adoptées en faveur des pauvres. Ces déterminations prises, en vue d'un intérêt particulier, seraient subordonnées à celles que l'assemblée indiquerait pour satisfaire aux intérêts généraux.

L'ASSEMBLÉE adopte cette proposition ; elle arrête, en conséquence, que d'ici à la prochaine séance, il sera écrit une lettre à M. Coulomb dans le sens que le préopinant vient d'indiquer. Elle exprime, en même tems, le désir de connaître, à la première séance, le résultat de la délibération du conseil général, afin de pouvoir prendre une résolution définitive.

LA discussion est continuée sur les moyens de répression du trafic illicite des billets.

M. *** fait observer que la législation des théâtres s'est faite par ordonnances. Pourquoi le roi ne pourrait-il pas régler, par le même moyen, un objet qui rentre dans la même catégorie ?

M. *** rappelle l'obstacle qu'oppose l'application d'une pénalité quelconque à un délit sur lequel aucune loi n'a statué.

M. *** observe, à ce sujet, que la seule hypothèse légale où la vente des billets de faveur soit applicable, est celle du désordre commis dans un théâtre. Ce délit n'est passible que d'une amende évaluée à trois journées de travail de 1 fr. 50 cent. chaque. La récidive seule est punie par trois jours de prison. L'honorable membre, tout en exprimant le regret de ne trouver dans la législation que des ressources insuffisantes, pense qu'on trouverait un grand secours dans l'employé des hospices qui assiste dans chaque théâtre à toutes les représentations. Il suffirait que les billets de faveur ne donnassent entrée dans les salles qu'après avoir été estampillés par ce préposé.

M. LE PRÉSIDENT fait observer que ce moyen rentre dans la classe de ceux qui se rapportent à l'intérêt particulier des hospices, et qui ne peuvent satisfaire les besoins de l'ordre public.

M. *** pense qu'on ne peut suspendre l'émission des billets de faveur. Ces billets sont délivrés en vertu de traités existans avec les administrations; d'ailleurs, les directeurs ont en leur pouvoir une foule de moyens d'éluder la loi qu'on voudrait établir; mais il faut le dire, le mal vient de plus haut : on n'osait autrefois acheter un billet, maintenant on a mis toute pudeur de côté; les premières classes de la société veulent aller au spectacle pour rien; il faut forcer le public à payer son entrée.

M. LE PRÉSIDENT estime qu'en inscrivant sur les billets de faveur qu'ils ne peuvent être vendus, on pourrait, en même tems, forcer, par une ordonnance, les agens de police à sévir contre les vendeurs.

M. *** demande de quel droit l'autorité défendrait la vente des billets; on a allégué le cas de désordre, mais il n'est rien qui ne puisse en produire; il faudrait, pour qu'il y eût motif de défense, que le trafic des billets fût la cause immédiate et certaine du désordre.

M. *** répond qu'il suffit d'être sûr que ce trafic est la source de presque tous les désordres qui se commettent.

M. LE PRÉSIDENT demande si l'on ne doit pas considérer le don d'un billet comme renfermant implicitement la condition de ne point le vendre?

M. *** pense que c'est une question nouvelle à laquelle les dispositions relatives au désordre ne sont nullement applicables.

M. *** soutient que pour extirper le mal il n'est besoin ni de loi ni d'ordonnance; on en viendra facilement à bout par des mesures de police administrative.

M. LE PRÉSIDENT répond qu'il partagerait la sécurité du préopinant si la police n'avait déclaré elle-même qu'elle ne pouvait poursuivre en vertu des règlemens existans.

M. *** réplique qu'il avait entendu par mesure administrative la restriction du nombre des billets.

M. *** rapporte que depuis long-tems il avait signalé, dans les journaux, l'abus dont on s'occupe ; mais l'expérience lui a démontré que cet abus ne pouvait être détruit ; le préfet de police empêchera, quand il le voudra, de vendre les billets de faveur à la porte des théâtres, mais il ne pourra poursuivre ce trafic dans les maisons où il est établi et régularisé, et c'est de là que vient presque tout le mal ; d'ailleurs, on ne sévira point contre l'auteur qui a vendu , mais contre les intermédiaires, et cependant les auteurs qui ont des marchés avec les claqueurs ne sont-ils pas les vrais coupables ? A vrai dire, toutefois, l'abus est poussé beaucoup plus loin pour les billets d'acteurs ; après les premières représentations les auteurs n'ont plus droit qu'à un très-petit nombre de billets.

M. *** pense que ce serait déjà un grand avantage d'empêcher la vente à la porte des théâtres.

M *** ajoute que, lorsqu'une ordonnance aura été rendue, l'autorité, pour compléter son ouvrage, prendra des mesures pour restreindre le nombre des billets dans les administrations.

M *** pense que si on ne veut pas supprimer les billets de faveur, le seul moyen d'en empêcher la vente , sera d'exiger qu'ils soient nominatifs.

M. LE PRÉSIDENT annonce qu'il a déjà pris des mesures soit pour restreindre le nombre des billets à l'Académie royale de musique, soit pour en empêcher le trafic. Ces mesures, bien qu'elles aient produit un résultat satisfaisant, n'ont point été suffisantes. S'il a cru devoir s'adresser à l'assemblée, c'est parce que la police a déclaré qu'elle ne pouvait concourir à compléter ces mesures : si donc la commission est d'avis qu'une ordonnance doive être provoquée contre la vente illicite des billets, et que les motifs de cette ordonnance puissent être puisés dans les désordres causés par cette vente ; le préfet de police ne pourra se refuser à poursuivre puisqu'on lui en aura donné les moyens en l'armant d'une ordonnance royale ; cependant, avant de prendre une résolution définitive, l'assemblée a désiré connaître les résultats des délibérations du conseil-général des hospices ; M. le président propose donc de remettre la suite de la discussion à la prochaine séance, où ce résultat lui aura été probablement soumis. Il annonce en même tems que la discussion va s'ouvrir sur *la propriété des objets d'art.*

M. ***, abordant ce sujet, sous le rapport de la peinture, estime qu'en règle générale, il existe une analogie parfaite entre un poëme et un tableau. Il est donc juste d'accorder aux artistes ce qu'on a concédé aux écrivains.

Passant à l'examen du Mémoire soumis à l'assemblée par les fabricans de bronze, l'honorable membre convient que cette partie de l'industrie française mérite toute la protection du gouvernement en raison de la perfection de ses produits, et de la part active qu'on doit lui attribuer dans la prospérité du pays. Mais il croit que les organes de cette branche du commerce national se sont trompés en prétendant à la propriété absolue des modèles qu'ils exploitent, tandis que cette propriété appartient réellement à l'artiste qui les a composés, et ne peut être dévolue aux bronziers qu'en vertu d'une cession formelle de l'auteur. Une fois donc qu'on les aura rangés dans la catégorie des spéculateurs ordinaires, le sujet de leurs plaintes se réduira à une question de fait dont la décision appartiendra aux tribunaux.

M. *** fait observer que la loi de la propriété de la pensée ne peut avoir d'application que relativement aux productions des arts susceptibles de multiplication. Toutes les autres, telles qu'un tableau, une statue, sont en elles-mêmes de véritables meubles, auxquelles les règles du droit commun sont entièrement applicables.

M. de *** donne lecture de l'article premier de la loi du 19 janvier 1793, qui a réglé jusque ici la propriété des objets d'arts. L'honorable membre voudrait savoir si le droit de copie est garanti par cet article à l'auteur original.

M. le président fait observer qu'il est de règle, dans les Musées royaux, que le droit de copie passe à l'acquéreur avec l'original dont il devient propriétaire.

M *** pense, au contraire, que le droit de copie devrait rester uni à la personne de l'auteur, comme celui de gravure ou de moulage. Le copiste en effet ne profite-t-il pas, comme le graveur, de la pensée de l'auteur original ? D'ailleurs, à moins de convention spéciale, on ne conteste pas à l'auteur le droit de reproduire son propre ouvrage, ce qui tendrait à faire considérer le droit de copie comme inhérent à sa personne.

M. *** estime que les préopinans n'ont pas posé la question comme elle devait l'être. Ce qu'il importe d'examiner, c'est de savoir quelles applications rentrent dans la loi de propriété. Or, la loi ne peut avoir d'effet certain et déterminé que sur les reproductions obtenues en vertu d'un procédé mécanique. Pour le reste, il n'y a urgence ni nécessité. D'ailleurs, toutes les contestations se réduiront à des questions de fait auxquelles les règles du droit commun seront applicables.

M. LE PRÉSIDENT approuve la distinction établie sur le préopinant. Il engage d'ailleurs l'assemblée à relire avec attention le Mémoire des bronziers. Et, attendu l'heure avancée, il propose de remettre la suite de la discussion à la prochaine séance.

CETTE proposition est adoptée.

LA séance est levée.

Le président,

Signé LE Vᵗᵉ DE LA ROCHEFOUCAULD.

Le secrétaire,

Signé JULES MARESCHAL.

PROCÈS-VERBAL

DE LA QUATORZIÈME SÉANCE.

DU LUNDI VINGT MARS MIL HUIT CENT VINGT-SIX.

MEMBRES présens à la séance,

MM.

Le marquis DE LALLY-TOLENDAL.	MICHAUD.
Le vicomte LAINÉ.	Le baron TAYLOR.
PARDESSUS.	MOREAU.
Le comte de MONTBRON.	ETIENNE.
VILLEMAIN.	CHAMPEIN.
Le baron CUVIER.	FIRMIN DIDOT
PICARD.	RENOUARD.

M. le VICOMTE DE LA ROCHEFOUCAULD, *président.*

M. JULES MARESCHAL, *secrétaire.*

M. LE SECRÉTAIRE donne lecture du procès-verbal de la dernière séance ; la rédaction en est adoptée.

M. LE PRÉSIDENT donne communication d'une lettre de M. Coulomb, écrite au nom du conseil-général des hospices, en réponse à celle que l'assemblée avait chargé M. le président de lui adresser. Il résulte de cette lettre que le conseil général n'a pas encore pris de résolution définitive sur la répression du trafic des billets de faveur. M. le président communique en même tems à l'assemblée un projet d'ordonnance sur cet objet.

M. *** pense que le projet porterait atteinte à un droit véritable : car il est incontestable qu'un billet est une propriété comme une autre ; si, par exemple, un auteur est convenu qu'il n'aurait pour tout droit que des billets, on ne pourra l'empêcher de les vendre. L'ordonnance violerait donc les dispositions de la loi sur la liberté des conventions. L'honorable membre ne se dissimule pas néanmoins quel est l'excès du mal, et la nécessité qu'il y a d'y porter remède. Il rapporte à ce sujet qu'à sa connaissance l'administration d'un théâtre reçoit annuellement 3,ooo fr. d'un entrepreneur de succès pour prix du monopole de la cabale.

M. *** estime que le plus grand inconvénient de l'ordonnance serait l'impossibilité où l'autorité se trouverait de se faire obéir.

M. *** s'étonne de ce qu'on ne prohibe pas des conventions qui sont reconnues nuisibles à tout le monde.

M. *** répond qu'on ne pourrait le faire que par une loi qui rapporterait, sous ce rapport, celle qui établit la liberté des transactions.

M. Cuvier examine successivement les principaux inconvéniens qui résultent de la vente des billets de faveur ; on se plaint d'abord que ce trafic, causé par une émission excessive, entretienne et encourage cette émission ; on prétend ensuite que, par ce moyen, les salles sont souvent remplies de billets gratuits ou vendus à moitié prix avant que les billets payans aient pu y pénétrer ; enfin, on remarque que ce trafic cause à la porte des théâtres de fâcheux désordres. Telles sont les objections dignes d'attention qui ont été présentées dans le cours de la discussion ; quant à celles que l'on tire de l'existence des cabales, l'honorable membre ne pense pas qu'on puisse ni qu'on doive s'en occuper ; le désordre qui résulte des cabales est réprimé par des mesures de police ; il n'y a qu'un moyen de s'opposer aux cabales, c'est de ruiner les entreprises de ce genre, et c'est ce qui, pour l'honorable membre, semble résulter nécessairement de la mesure qu'il va proposer. Cette mesure consisterait à convertir tous les billets de faveur en bons échangeables au bureau contre des billets payans ; ces bons, à la fin de chaque représentation, seraient contrôlés avec le montant effectif de la recette, et le préposé des hospices n'en percevrait pas moins les droits des pauvres sur la totalité des billets.

L'honorable membre pense que cette mesure est de nature à faire cesser les abus qu'on a signalés.

Cette proposition est appuyée par plusieurs membres.

M. *** voudrait seulement que les bons collectifs ne fussent pas pour plus de deux billets.

M. LE PRÉSIDENT fait observer que les bons eux-mêmes pourraient être vendus.

M. *** répond qu'on détournera les spéculateurs de la vente en ne donnant pas aux bons une forme déterminée.

M. *** observe que, dans la question qu'on agite, la cause des pauvres est hors de thèse, puisqu'il existe des abonnemens pour l'administration des hospices dans presque tous les théâtres.

M. *** demande ce qu'on aurait à faire pour les conventions existantes, si la proposition sus-énoncée était admise.

M. *** répond qu'il n'y aurait qu'un nouveau traité à conclure pour compenser, par le nombre des billets, le droit à percevoir au profit des pauvres. La proposition qu'on discute a cet avantage sur une ordonnance ou sur une loi, qu'elle est au moins exécutable. Comment, en effet, empêcher la vente d'un billet non contrefait? Il faudrait le saisir au moment de la vente, ce qui n'arriverait presque jamais.

M. *** fait observer qu'il existe, pour les exploitations théâtrales, un mode d'industrie pour faire croire au succès des ouvrages représentés. Les théâtres royaux souffriraient donc des dispositions adoptées par l'autorité, qui, ne pouvant frapper les petits théâtres, les laisseraient libres de continuer leurs spéculations en ce genre. Les auteurs eux-mêmes préféreraient alors les petits théâtres où le succès leur serait assuré. Quant à ce qu'on a dit que des personnes munies de billets de faveur entraient avant le public payant, l'honorable membre soutient que cette assertion n'est pas exacte. Les billets de faveur sont admis concurremment avec les billets pris aux bureaux. D'ailleurs, les abus de ce genre sont absolument inévitables : jamais on n'empêchera un directeur d'introduire dans la salle telle personne qu'il voudra, sous quelque prétexte que ce soit. L'honorable membre pense donc qu'il faut se contenter d'empêcher la vente des billets sous le péristyle des théâtres. Cette concurrence qui s'établit là entre les vendeurs des billets de faveur et l'administration, produit de grands désordres, et il est facile d'y porter remède. L'honorable membre rapporte à ce sujet que plusieurs administrations théâtrales ont pris le parti de faire arrêter les vendeurs de billets, bien que cette mesure fût en elle-même arbitraire, et il est certain que ces arrestations ont diminué sensiblement le mal.

M. *** remarque que la portion de billets qui se vend au rabais est précisément celle qui ne se serait pas vendue aux bureaux. Le directeur qui ne veut pas que sa salle soit vide, donne alors des billets pour qu'elle soit remplie; il n'y a rien là que de très-naturel, et l'honorable membre ne voit pas dès lors pourquoi on s'y opposerait; il est donc tout-à-fait inutile d'aborder la question de la vente en général, la discussion doit se restreindre à la répression de la vente tumultueuse; or rien n'est plus aisé que d'appliquer une mesure de police pour remédier à ce désordre.

M. *** rapporte que, lors de l'assemblée des directeurs des théâtres royaux pour l'examen de cette question, on avait proposé de remplacer les billets de faveur par des lettres cachetées avec un signe convenu et variable pour désigner la place; la crainte que cette mesure ne fût pas sévèrement exécutée dans tous les théâtres, avait seul fait abandonner cette proposition.

M. LE PRÉSIDENT résume les diverses opinions émises pendant la discussion qui précède : d'un côté, il a été reconnu impossible de supprimer entièrement les billets de faveur; de l'autre, on a jugé nécessaire de s'opposer à la vente de ces billets, et surtout à celle qui a lieu à la porte des théâtres.

M. le président pense donc qu'il devra provoquer une ordonnance sur la vente des billets, en combinant les moyens que consacrera cette ordonnance avec la proposition de M. Cuvier. Enfin, il importe avant tout de flétrir le trafic en lui-même, en spécifiant sur chaque billet *qu'il ne peut être vendu.*

M. *** fait observer que le désordre est la seule culpabilité que la police puisse atteindre : ainsi donc, en inscrivant sur le billet la culpabilité de la vente, on ne pourra toujours appliquer que la peine du désordre, et la mesure, dès lors, sera toujours illusoire.

M. LE PRÉSIDENT répond que la vente n'a jamais été réclamée comme un droit, et que la transaction qui accorde aux auteurs et acteurs un certain nombre de billets ne leur a jamais conféré le droit de les vendre.

M. *** réplique que ce délit, quel qu'il soit, n'est point caractérisé, et qu'il ne peut l'être par une ordonnance.

M. *** s'étonne qu'on se refuse à réprimer un trafic que tout le monde semble s'accorder à regarder comme un acte très-blâmable, comme une sorte d'escroquerie.

M. *** fait observer que, d'un côté, en donnant au directeur d'un théâtre la liberté de distribuer des billets de faveur, on lui laisse le droit d'en disposer comme bon lui semble ; que de l'autre on ne donne pas de fausses espérances ; on n'abuse de la crédulité de personne en vendant un billet véritable ; il n'y a donc pas escroquerie, comme l'a pensé le préopinant ; on ne peut donc appliquer les dispositions spéciales à ce genre de délit. On dit que le droit des pauvres était fraudé ; mais qui empêche de prélever ce droit sur les billets donnés comme sur ceux qui ne le sont pas? Enfin, quand bien même l'abus resterait dans toute sa force, il est certain qu'il n'existe rien dans la loi qui lui soit applicable. L'honorable membre pense donc qu'on doit s'en tenir à la répression du désordre. C'est en effet le seul point de vue sous lequel la question mérite réellement l'attention, et le seul, en même tems, où les moyens de répression soient praticables.

L'honorable membre ne croit pas d'ailleurs qu'on doive entièrement abandonner les moyens proposés par M. le baron Cuvier, qui ne sont nullement illégaux et qui ne portent atteinte à aucun droit.

M. *** fait observer que ces moyens supposent le prélèvement du droit des pauvres sur les billets d'auteur. Or, le droit des auteurs existait quand la loi au profit des pauvres fut créée, et cette loi n'a jamais été applicable qu'aux billets pris aux bureaux.

M. *** répond qu'en ce cas la mesure proposée ne serait que plus facile à mettre à exécution. Les bons alors seraient exempts du droit des pauvres comme les billets le sont à présent.

M. *** cite un fait de nature à diminuer l'idée défavorable que l'on a du trafic des billets : un auteur qu'il a connu, réduit à la plus profonde misère, bien qu'il eût fait la fortune de plus d'un théâtre par ses productions, en était venu au point de ne plus vivre que du produit de la vente de ses billets.

M. LE PRÉSIDENT, revenant sur l'idée précédemment émise de recourir à l'autorité du roi pour obtenir des moyens efficaces de répression, fait observer qu'il est dans l'usage d'employer, pour les mesures secondaires, une forme moins solennelle que celle d'une ordonnance; cette forme consiste dans une simple décision du roi, à la suite d'un rapport motivé. Dans le cas où l'assemblée le jugerait convenable, on emploierait ce mode, qui est plus en harmonie avec la nature de la mesure, et suffirait pour la revêtir du caractère impératif qu'elle exige; dans le rapport, il serait fait mention de l'opinion émise par l'assemblée; bien qu'il ne puisse être statué pour tous les théâtres, on tâcherait de rendre la disposition aussi générale que possible, en exprimant le désir qu'elle fût appliquée aux théâtres secondaires par l'autorité compétente.

L'ASSEMBLÉE adhère unanimement à la proposition de M. le président.

LA discussion est reprise sur la propriété des objets d'art.

M. *** rappelle les diverses raisons qu'il a alléguées à la dernière séance pour réfuter les prétentions élevées par MM. les bronziers dans leur mémoire; l'honorable membre soutient que la véritable propriété du modèle appartient à l'artiste qui l'a exécuté, et duquel les bronziers, qui ne sont que spéculateurs, l'ont acquis. Il ne peut donc exister sur cette matière d'autre difficulté qu'une question ordinaire de contrefaçon.

M. *** fait observer que, dans l'art du bronzier, il existe une industrie secondaire pour conduire le modèle à sa perfection; d'ailleurs, quand on rapporterait toute la propriété à la création primitive, il est certain que l'artiste, auteur du modèle, le transmet au bronzier presque toujours sans transaction formelle, et néanmoins devient dès ce moment tout-à-fait étranger à son ouvrage. Qu'arrive-t-il alors? c'est que le premier auteur n'exerce aucune action contre les contrefacteurs, et que le bronzier, acquéreur du modèle, se trouve dénué de toute garantie contre les atteintes portées à sa propriété.

M. *** répond, quant au second travail du metteur en œuvre, que cette opération, étant tout-à-fait secondaire, ne peut produire un droit au profit de son auteur; et quant au défaut de contrat, que la loi nouvelle aura cet avantage, qu'elle appellera l'attention des bronziers sur cet objet, et les engagera à remplir cette formalité nécessaire. D'ailleurs on aurait tort de faire un mérite uniquement aux bronziers de la supériorité que cette branche d'industrie a obtenue en France ; cette supériorité est due aux nombreux encouragemens accordés depuis trente ans à l'enseignement gratuit du dessin, et à la prospérité incontestable de l'école de peinture historique.

Il est certain que, dans leur mémoire, MM. les bronziers ont eu une arrière-pensée ; leur intention aurait été de faire assimiler à une invention le choix qu'ils font d'un sujet connu, et d'obtenir en conséquence de la loi la garantie qu'elle accorde aux inventeurs eux-mêmes.

M. *** appuie les motifs développés par le préopinant ; le désir que l'on a exprimé de voir cesser l'incertitude qui existe sur le véritable propriétaire du modèle, sera satisfait par le développement des principes et par l'extension de la jurisprudence. Quand on sera une fois bien averti par l'issue d'une contestation, les artistes et les bronziers sentiront la nécessité de conventions formelles. La seule lacune qui soit à remplir dans la législation existante consiste dans l'énonciation du moulage en bronze au nombre des procédés mécaniques de reproduction dont elle garantit la propriété.

M. LE SECRÉTAIRE fait observer que, quant aux objets d'art, il n'existe ni le même motif, ni le même intérêt social, à limiter la durée du privilége qu'à l'égard des livres imprimés ; il demande, en conséquence, pourquoi l'on ne déclarerait pas ce privilége perpétuel.

M. *** fait observer que les législateurs en Angleterre ont été conduits à un résultat tout opposé par la distinction qu'ils ont faite entre les degrés de mérite et d'importance de la création. Ils ont, en conséquence, décidé que les reproductions mécaniques d'une œuvre originale n'auraient droit qu'à la moitié du privilége attribué à cette œuvre.

M. *** pense que cette question touche au point le plus important de la prospérité nationale. D'un côté, on envisage l'importance des productions du génie ; de l'autre, on n'est pas moins frappé de l'intérêt qu'on a à laisser à l'industrie toute sa liberté. L'honorable membre ne peut pas se dissimuler qu'en accordant au privilége des objets d'art l'extension qu'on a donné à celui des productions littéraires, on porterait un grand coup à la prospérité de l'industrie. Ainsi donc, quelles que soient les similitudes, la même règle ne saurait être admise pour les objets d'art et pour les livres imprimés.

M. *** ne croit pas, au contraire, que l'industrie soit sensiblement affectée par cette extension de privilége ; la distinction qu'on établirait aurait l'inconvénient de ravaler l'importance des arts sans nécessité absolue.

M. *** fait observer que la mode a une grande influence sur cette branche de l'industrie, qui n'aurait pas, en conséquence, un grand intérêt à l'extension illimitée du privilége.

M. *** rapporte une disposition spéciale à la législation anglaise : dans ce pays, l'importance de la matière et la perfection des détails, rendant l'objet d'art moins susceptible d'être imité ou reproduit, limite, en conséquence, la durée du privilége qui en garantit la propriété. Il en résulte que la durée de ce privilége est calculée en sens inverse de la valeur de l'objet qu'il garantit.

Après un court résumé de la discussion, M. le président donne lecture d'un projet d'article ainsi conçu :

« Tous les objets d'art susceptibles d'être reproduits d'après un modèle » primitif nouvellement inventé par un procédé mécanique tel que la gra- » vure, la lithographie, le bronze, etc., etc., appartiennent au créateur » du modèle ou à son cessionnaire. »

Cet article est adopté, sauf rédaction définitive.

M. le président propose à l'assemblée de remettre au comité de rédaction la décision à prendre pour le terme du privilége relatif aux objets d'art, en priant le comité de faire mention dans son rapport des motifs qui l'auront déterminé.

Cette proposition est adoptée.

M. le président met en discussion le privilége des œuvres de musique.

M. le secrétaire demande pourquoi ce privilége ne serait pas perpétuel, puisqu'il n'y a évidemment ici sous aucun rapport le même intérêt que pour les ouvrages imprimés et même pour les objets d'art.

M. le président fait observer qu'il importe d'établir, autant que possible, dans la loi l'homogénéité de dispositions.

M. *** voudrait que les œuvres de musique fussent assimilées aux productions des arts du dessin.

M. *** pense, au contraire, que si on veut favoriser la musique, il faut en ranger la propriété dans la même classe que celle des œuvres littéraires, et non avec celle des objets d'art, qui sera probablement plus limitée.

M. *** donne quelques explications sur la manière dont se font les traités entre les compositeurs et les auteurs.

M *** pense qu'il faut appliquer à la gravure de la musique les mêmes règles qu'à l'impression des œuvres de théâtre.

L'ASSEMBLÉE arrête que la propriété des œuvres de musique sera assimilée en tout point, quant à la représentation, à celle des œuvres dramatiques; et, quant à la publication par gravure ou impression, à celle des ouvrages imprimés.

LA dernière question du rapport, relative aux dispositions transitoires, auxquelles la loi pourra donner lieu, reste seule à l'ordre du jour. Attendu l'heure avancée, l'assemblée remet à une autre séance la discussion de cette importante question.

LA séance est levée.

Le président,
Signé le Vte DE LA ROCHEFOUCAULD.

Le secrétaire,
Signé JULES MARESCHAL.

PROCÈS-VERBAL

DE LA QUINZIÈME SÉANCE.

DU LUNDI TROIS AVRIL MIL HUIT CENT VINGT-SIX.

Membres présens à la séance :

MM.

Royer-Collard.	Le baron Taylor.
Pardessus.	Etienne.
Le comte de Montbron.	Moreau.
Le baron Cuvier.	Champein.
Parseval-Grandmaison.	Renouard.
Michaud.	Firmin Didot.
Alexandre-Duval.	

M. le Vte DE LA ROCHEFOUCAULD, *président.*
M. Jules Mareschal, *secrétaire.*

M. le secrétaire donne lecture du procès-verbal de la dernière séance ; la rédaction en est adoptée.

M. le président appelle l'attention de l'assemblée sur la vingt-troisième et dernière question du rapport qui lui a été soumis. Cette question est relative au sens dans lequel il faut entendre l'application, à la loi nouvelle, du principe de non rétroactivité.

M. *** pense que la loi ne pourra être applicable aux ouvrages d'aucun des auteurs morts avant sa promulgation.

M. *** ne peut se résoudre à regarder comme morts les auteurs qui vivent encore dans leurs enfans.

M. *** estime que ceux des héritiers des auteurs dont le privilége ne sera pas expiré à la promulgation de la loi nouvelle, devront participer à la prolongation de jouissance qu'elle accordera.

M. *** pense, au contraire, qu'on ne peut statuer que pour les auteurs vivans au moment de la promulgation de la loi.

M. *** fait observer qu'une partie de la question, telle qu'elle est posée dans le rapport, a trait au système de la rétribution perpétuelle qui a été rejeté par l'assemblée. Le seul point de vue qu'elle présente encore est celui de la prolongation des priviléges non expirés. Or, dans l'examen de cette question, ce qu'il faut considérer, c'est le rapport sous lequel la rétroactivité présente un grave inconvénient ; n'est-ce pas celui de porter atteinte à une foule d'intérêts, et, si cela est vrai, quelle crainte pourrait-on concevoir de la prolongation des priviléges non encore expirés? Personne, avant l'échéance de ce terme, n'a dû se mettre en mesure de livrer une publication au moment même de la cessation des droits particuliers. Il y a plus, l'honorable membre pense qu'on aurait le droit de saisir une semblable édition, préparée à l'avance, bien qu'on excipât de la prochaine ouverture du domaine public. On ne peut donc soutenir que la prolongation proposée porte atteinte à des intérêts légitimes. L'honorable membre allègue un précédent important à l'appui de son opinion. Tous les priviléges qui n'étaient pas périmés à l'époque du décret du 5 février 1810, ont participé au bénéfice de ce décret.

M. le président pense qu'il faudrait consulter les légistes qui font partie de l'assemblée, pour savoir jusqu'à quel point doit être poussée la rigueur de la loi à cet égard. Mais le but de la réunion et le vœu général sont pour l'amélioration du sort des auteurs. M. le président déclare donc qu'il est prêt à appuyer la prolongation proposée, si elle est reconnue légitime.

M. *** fait observer à ce sujet que chaque année les veuves et les enfans des auteurs morts font des réclamations contre la législation existante. Ne serait-il pas cruel de frustrer leurs espérances par la loi même qu'ils attendent? Il en serait de même des enfans de ceux qui auraient contribué à la loi nouvelle, et qui mourraient avant sa publication.

M. *** élève la question de savoir, dans le cas où la prolongation des priviléges existans serait accordée, à qui des héritiers ou des cessionnaires devrait profiter l'excédant de jouissance de ceux de ces priviléges dont il aurait été fait un abandon absolu.

M. *** prétend qu'il est évident que, dans ce cas, on n'a fait de marché que suivant la loi ; qu'après l'expiration du terme qu'elle accordait, les héritiers doivent rentrer dans leurs droits. On ne fait tort ainsi ni aux libraires ni à personne. Personne n'a pu acquérir un droit qui, sans la loi nouvelle, rentrerait dans le domaine commun ; ce qui appartient à tous n'appartient à aucun.

M. *** craindrait l'application rigoureuse de l'opinion que le préopinant vient d'émettre. L'honorable membre soutient, au contraire, que par cela même qu'un droit est dans le domaine commun, le législateur ne peut en disposer. Ce qui appartient à tout le monde constitue une véritable propriété au profit de quiconque veut en user. On ne peut donc faire revivre les priviléges éteints ; mais il est permis de statuer pour les droits qui ne sont pas encore périmés : quant à ceux qui ne seraient pas expirés, si le privilége accordé par la loi nouvelle leur avait été applicable dès leur origine, il est évident qu'ils sont irrévocablement éteints. Enfin l'honorable membre pense qu'à l'expiration du terme des priviléges existans, et quelque absolues que soient les cessions, les héritiers seuls devront profiter de la prolongation si elle est accordée.

M. *** présente, dans l'intérêt des libraires, une considération contraire à cette dernière opinion. Un éditeur sait qu'en vertu de la législation actuelle, il jouira du droit exclusif de publier un ouvrage pendant un certain nombre d'années, et qu'à l'expiration de ce terme sa possession de fait continuera, bien qu'avec concurrence. Ne serait-il pas injuste, en rappelant les héritiers à la jouissance du privilége, d'empêcher cet éditeur de profiter de la préférence qui résulte pour lui de l'habitude et d'une longue possession?

M. *** demande s'il est juste aussi que celui qui n'a payé que pour vingt ans, jouisse de soixante ans de plus. L'honorable membre ne se dis-

simule pas d'ailleurs que la question présente de graves difficultés et demande un mûr examen.

M. LE SECRÉTAIRE propose une disposition qui tendrait à faire revivre le
privilége de la loi nouvelle, au profit de tous les héritiers connus des auteurs morts avant sa publication. Il observe à ce sujet que le principe de la
non rétroactivité demeurerait intact, en ce sens que les entreprises commencées et les bénéfices perçus en vertu des lois existantes seraient respectés. Il insiste sur cette idée, que cette sorte de résurrection de droits au
profit des représentans d'auteurs dépouillés par l'effet des lois précédentes,
ne peut être, dans la réalité, considérée comme portant atteinte à d'autres
droits acquis et comme contraire, dès lors, au principe de non rétroactivité ; qu'il n'y a ici de droits acquis réellement à personne du moment qu'ils
le sont à tous ; qu'il s'agit, dans l'espèce, d'un droit commun dont la société entière est en jouissance, et qu'elle peut toujours, par des motifs de
justice ou de bienveillance, tels que ceux invoqués en faveur des descendans
de ses grands écrivains ou de ses artistes célèbres, abdiquer à leur profit
en tout ou partie, par une loi portée en son nom et par les pouvoirs qui la
représentent légalement.

M. *** soutient, au contraire, qu'il y a rétroactivité toutes les fois qu'on
fait revivre un droit dont quelqu'un a pu profiter.

Sur l'invitation de M. le président, M. Pardessus donne lecture de la proposition suivante :

« 1°. Les héritiers, dont le privilége exclusif résultant des lois actuelles
» n'est pas expiré, jouiront des prérogatives accordées par la loi nouvelle.

« 2°. Dans le cas où l'auteur aurait vendu les droits de ses héritiers, ou
» dans le cas où ceux-ci auraient vendu leurs droits, la prorogation pro-
» fitera aux héritiers de l'auteur. »

M. LE PRÉSIDENT consulte l'assemblée pour savoir si elle se juge suffisamment éclairée pour voter sur l'ensemble de cette proposition ; si, au contraire, elle préfère s'en référer à l'avis du comité de rédaction, ou si enfin
elle consent à en faire la division en votant immédiatement sur la première
question et en remettant au comité l'examen de la seconde.

L'ASSEMBLÉE adopte le dernier mode proposé par M. le président.
En conséquence, la première partie de la proposition de M. Pardessus
est mise aux voix.

Quelques membres néanmoins voient une connexité entre les deux questions, et pensent ne pouvoir voter sur la première avant que la seconde soit décidée.

M. *** fait observer à ce sujet que ces deux questions sont absolument indépendantes l'une de l'autre, puisque la première trace une règle générale et que la seconde n'embrasse que certaines hypothèses.

M. LE PRÉSIDENT, ayant recueilli les votes, déclare que la première partie de la proposition est adoptée. La seconde est renvoyée à l'examen du comité de rédaction, qui devra présenter un rapport sur les motifs qui auront déterminé sa décision.

L'ASSEMBLÉE, sur la proposition de M. le président, nomme et désigne à l'unanimité, comme membres devant former le comité de rédaction, MM. le baron Cuvier, Pardessus, de Vatimesnil, Villemain et Augustin Renouard.

M. LE PRÉSIDENT rappelle à l'assemblée qu'elle n'a plus à s'occuper que de la pénalité de la loi, dont elle a remis l'examen à la fin de la discussion.

M. *** pense qu'il suffit d'examiner les articles du Code relatifs à la contrefaçon, et qu'on trouvera sans doute qu'ils forment une pénalité suffisante pour les livres imprimés et les ouvrages d'art. Quant à celle des représentations dramatiques, comme elle fait partie de la loi spéciale à cet objet, elle sera comprise dans le résumé des lois en vigueur dont le gouvernement s'occupe en ce moment, et qui formera l'appendice du Code pénal.

M. LE SECRÉTAIRE donne lecture des dispositions du Code pénal sur les contrefaçons (1).

---

(1) Voici ces dispositions :

CODE PÉNAL.

(Promulgué les 22 février et 2 mars 1810.)

TITRE II. — SECTION 2. — § V.

ART. 425. Toute édition d'écrits, de composition musicale, de dessin, de peinture ou de tout autre production, imprimée ou gravée en entier ou en partie, au mépris des lois

L'Assemblée, consultée sur la question de savoir si on devra en faire mention dans la loi nouvelle, déclare que cette reproduction du texte d'une loi déjà existante lui paraît inutile.

M. *** ne pense pas que ces dispositions soient suffisantes. Il en résulte en effet que pour 2,000 fr., qui forment le maximum de l'amende, on peut contrefaire un ouvrage d'une immense valeur. La loi du 19 juillet 1793 contenait une combinaison à laquelle on ne pouvait reprocher plus de rigueur, et qui, néanmoins, était proportionnée au délit. Les débitans d'éditions contrefaites étaient punis d'une amende égale à la valeur de 500 exemplaires de l'ouvrage contrefait ; la base d'évaluation était de 3,000 exemplaires pour les fabricans. La valeur des propriétés littéraires a considérablement augmenté depuis 1793 ; il est donc plus urgent de proportionner la peine au délit, D'ailleurs, en rappelant cette disposition, on n'aggraverait pas la pénalité. L'énonciation d'un nombre d'exemplaires offre, au contraire, un terme moins odieux qu'une somme d'argent.

---

et règlemens relatifs à la propriété des auteurs, est une contrefaçon ; et toute contrefaçon est un délit.

Art. 426. Le débit d'ouvrages contrefaits, l'introduction sur le territoire français d'ouvrages qui, après avoir été imprimés en France, ont été contrefaits chez l'étranger, sont un délit de la même espèce.

Art. 427. La peine contre le contrefacteur, ou contre l'introducteur, sera une amende de 100 fr. au moins et de 2,000 fr. au plus ; et contre le débitant, une amende de 25 fr. au moins et de 500 fr. au plus.

La confiscation de l'édition contrefaite sera prononcée tant contre le contrefacteur que contre l'introducteur et le débitant.

Les planches, moules ou matières des objets contrefaits seront aussi confisqués.

Art. 420. Tout directeur, tout entrepreneur de spectacle, toute association d'artistes, qui aura fait représenter sur son théâtre des ouvrages dramatiques, au mépris des lois et règlemens relatifs à la propriété des auteurs, sera puni d'une amende de 50 fr. au moins, de 500 fr. au plus, et de la confiscation des recettes.

Art. 429. Dans les cas prévus par les quatre articles précédens, le produit des confiscations, ou les recettes confisqués, seront remis au propriétaire pour l'indemniser d'autant du préjudice qu'il aura souffert ; le surplus de son indemnité, ou l'entière indemnité, s'il n'y a eu ni vente d'objets confisqués ni saisie de recettes, sera réglé par les voies ordinaires.

M. *** fait observer qu'il a bien fallu qu'on reconnût de graves inconvéniens dans la disposition de la loi de 1793, puisque les auteurs du Code pénal, après en avoir fait l'expérience, ont jugé à propos de la rapporter. Les chambres, d'ailleurs, répugneraient à l'adoption d'une disposition nouvelle, contraire à la législation des codes. Enfin, il faut bien observer que le décret du 5 février 1810 n'a rien laissé à désirer, puisqu'il a augmenté la pénalité des contrefaçons, en accordant aux parties lésées des dommages-intérêts (1).

---

(1) Voici les termes du décret du 5 février 1810.

Des délits en matière de librairie, et du mode de les punir et de les constater.

41. Il y aura lieu à confiscation et amende au profit de l'état, dans les cas suivans, sans préjudice des dispositions du Code pénal :

1°. Si l'ouvrage est sans nom d'auteur ou d'imprimeur;

2°. Si l'auteur ou l'imprimeur n'a pas fait, avant l'impression de l'ouvrage, l'enregistrement et la déclaration prescrits aux articles 11 et 12;

3°. Si, l'ouvrage ayant été demandé pour être examiné, on n'a pas suspendu l'impression ou la publication ;

4°. Si, l'ouvrage ayant été examiné, l'auteur ou l'imprimeur se permet de le publier, malgré la défense prononcée par le directeur-général;

5°. Si l'ouvrage est publié malgré la défense du ministre de la police générale, quand l'auteur, éditeur, ou imprimeur n'a pu représenter le procès-verbal dont il est parlé article 24 ;

6°. Si, étant imprimé à l'étranger, il est présenté à l'entrée sans permission, ou circule sans être estampillé;

7°. Si c'est une contrefaçon, c'est-à-dire si c'est un ouvrage imprimé sans le consentement et au préjudice de l'auteur ou éditeur, ou de leurs ayant-cause.

42. *Dans ce dernier cas, il y aura lieu en outre à des dommages-intérêts envers l'auteur ou éditeur, ou leurs ayant-cause,* et l'édition ou les exemplaires contrefaits seront confisqués à leur profit.

43. Les peines seront prononcées, et les dommages-intérêts seront arbitrés par le tribunal correctionnel ou criminel, selon les cas et d'après les lois.

44. Le produit des confiscations et des amendes sera appliqué, ainsi que le produit du droit sur les livres venant de l'étranger, aux dépenses de la direction générale de l'imprimerie et librairie.

L'ASSEMBLÉE déclare qu'elle regarde comme suffisante la pénalité résultante de la législation en vigueur, c'est-à-dire celle consacrée par le Code pénal et par le décret du 5 février 1810.

M. LE SECRÉTAIRE donne lecture de la série des dispositions adoptées par l'assemblée dans le cours de la discussion, et dont la rédaction définitive est renvoyée au comité constitué à cet effet.

APRÈS cette lecture, M. le président, en annonçant qu'une copie de ce résumé sera immédiatement adressée à chacun de MM. les membres du comité de rédaction, invite le comité à se réunir le plus promptement possible pour s'occuper de ce travail, et annonce qu'il aura l'honneur de convoquer la commission pour en entendre le résultat, aussitôt l'avis qui lui sera transmis par M. le baron Cuvier, comme président du comité.

LA séance est levée, et l'assemblée se sépare sans ajournement fixe.

Le président,
Signé LE Vte DE LA ROCHEFOUCAULD.

Le secrétaire,
Signé JULES MARESCHAL.

PROCÈS-VERBAL

DE LA SEIZIÈME SÉANCE.

DU LUNDI DIX-SEPT AVRIL MIL HUIT CENT VINGT-SIX.

MEMBRES présens à la séance,

MM.

Le marquis DE LALLY-TOLENDAL.

Le vicomte LAINÉ.

PARDESSUS.

Le comte de MONTBRON.

ROYER-COLLARD.

VILLEMAIN.

Le baron CUVIER.

ALEXANDRE-DUVAL.

PICARD.

MICHAUD.

DELAVILLE DE MIREMONT.

PARSEVAL-GRANDMAISON.

Le baron TAYLOR.

LEMERCIER.

MOREAU.

ÉTIENNE.

CHAMPEIN.

FIRMIN DIDOT

RENOUARD.

M. le VICOMTE DE LA ROCHEFOUCAULD, *président.*
M. JULES MARESCHAL, *secrétaire.*

Après la lecture du procès-verbal de la dernière séance, dont la rédaction ne donne lieu à aucune réclamation et est en conséquence adoptée, M. le président annonce que l'ordre du jour appellerait le rapport du comité de rédaction sur l'ensemble du projet comme sur les questions particulières renvoyées à son examen, mais que M. de Vatimesnil, qui avait bien voulu se charger de ce rapport, étant retenu à la cour de cassation par son service d'avocat-général, le rapport est forcément ajourné; que néanmoins M. de Vatimesnil lui ayant transmis le projet d'articles, tel qu'il a été rédigé par le comité, il croit devoir en faire donner lecture à la commission ; que M. de Vatimesnil lui a fait également passer son opinion motivée et personnelle sur l'une des questions renvoyées à l'examen du comité, et qui n'a pu, faute du tems nécessaire, y être discutée; cette question est celle qui concerne les droits du cessionnaire d'un privilége exclusif, auquel s'appliquerait le bénéfice de la prorogation accordée par la loi nouvelle. M. le président croit devoir donner également à la commission connaissance de l'opinion développée à cet égard par M. de Vatimesnil.

En CONSÉQUENCE, il est fait d'abord lecture par M. le secrétaire du texte des articles composant le projet de rédaction arrêté par le comité ; cette lecture ne donne lieu à aucune observation, et la rédaction du comité, qui n'offre que de très-légères différences avec celle provisoirement adoptée par la commission, paraît généralement approuvée.

IL est fait ensuite lecture de l'opinion de M. de Vatimesnil, sur la question relative à l'effet des cessions de priviléges (1).

CETTE double lecture faite, M. le président propose à l'assemblée, vu la gravité de la question dont il s'agit, d'en renvoyer de nouveau l'examen au comité, de manière à ce que le résultat de cet examen puisse être compris au rapport à faire à la prochaine séance sur l'ensemble de son travail.

M. *** appuie la proposition de M. le président; il exprime néanmoins le désir de voir l'assemblée se livrer à une discussion générale propre à éclairer l'opinion du comité sur le point en discussion.

L'ASSEMBLÉE adopte cette proposition. En conséquence, la discussion est ouverte sur la question dont il s'agit.

M. ***, avant de se livrer à l'examen de la difficulté spéciale qui occupe

---

(1) Voir cette Opinion à la suite du procès-verbal.

l'assemblée , attaque le principe même de la prolongation des priviléges non expirés au moment de la promulgation de la loi. L'honorable membre ne peut s'empêcher de voir dans cette prolongation une rétroactivité formelle. Le public , partie intéressée dans cette question , a droit de réclamer la jouissance dont il possède la légitime expectative , et même le principe conservateur de la non rétroactivité doit être appliqué avec plus de rigueur. Il faut restreindre le nouveau privilége aux ouvrages publiés après la promulgation de la loi. Quant à ceux qui l'auront précédée, les auteurs ont connu , dès le moment de la publication, l'étendue de leur privilége, et ne peuvent prétendre à son extension en vertu d'une loi postérieure.

M. *** pense, au contraire, que le principe de la non-rétroactivité n'est applicable qu'aux droits ouverts et dont on a pu faire usage. Telle n'est pas l'espèce posée par le préopinant : le public, qu'on veut y faire intervenir comme partie intéressée, n'est pas encore nanti du droit qu'il espère; il n'y a pas d'intérêts blessés, quand il n'existe pas d'interruption d'une obligation contractée.

M. *** fait observer que, quand bien même la rigueur du principe serait jugée admissible en théorie, on pourrait, sans inconvénient, y porter atteinte dans une loi de pure faveur comme celle qu'on discute.

M. *** rappelle le précédent favorable à la prolongation des priviléges, et qu'on a déjà cité à la dernière séance.

M. *** réplique que ce précédent ne peut être considéré comme une autorité suffisante : car, s'il est vicieux en principe, c'est une raison pour s'en écarter. L'honorable membre pense que cette rigueur de doctrine législative ne fera aucun tort aux auteurs qui savent à quoi s'en tenir, d'après les lois existantes.

M. *** fait observer que bien souvent le législateur s'est écarté de cette excessive rigueur de principes. L'honorable membre cite pour exemple les instances en divorce commencées, lors de la promulgation de la loi qui l'a interdit, et toutes interrompues par cette promulgation.

M. LE PRÉSIDENT , après avoir résumé la discussion , pose ainsi la question préjudicielle à décider : « La prolongation des priviléges existans au mo-
» ment où la loi sera promulguée, sera-t-elle applicable aux auteurs des
» ouvrages alors publiés, ou à leurs ayant-cause. »

L'ASSEMBLÉE se décide pour l'affirmative.

En conséquence, la discussion se restreint à la question de savoir à qui des héritiers de l'auteur ou de ses cessionnaires devra profiter la prolongation des priviléges dont il aura fait cession définitive et absolue.

M. *** rappelle les motifs qui ont déterminé l'honorable rapporteur du comité à proposer un moyen terme entre les héritiers et les cessionnaires. L'honorable membre, tout en appuyant cette proposition, ne croit pas qu'elle soit complète; en conséquence, il soumet à l'approbation de l'assemblée les dispositions suivantes destinées à en former le corollaire :

« Les ayant-cause qui voudront exercer envers les cessionnaires les effets
» de la prolongation de droit accordé par la présente loi, seront tenus de
» le faire connaître au cessionnaire dans les trois ans de l'expiration du pri-
» vilége ancien, et leur silence équivaudra à l'abandon de leurs droits au
» cessionnaire. »

M. *** déclare qu'il regarde la question comme fort simple ; il ne doute pas que la prolongation du privilége n'appartienne tout entière aux héritiers, et il ne comprend pas comment il peut y avoir lieu à contestation et à partage entre ceux-ci et les cessionnaires. Il est certain que ces derniers n'ont droit à aucune préférence , et l'honorable membre regarderait comme vicieuse toute disposition qui leur accorderait un avantage.

M. *** répond que le cessionnaire, avec le privilége exclusif, a acheté la certitude qu'après son expiration il ne renaîtrait au bénéfice de personne. Le nouveau privilége des héritiers lui causerait donc un incontestable préjudice : qu'on ne croie pas que la concurrence du domaine public lui soit aussi nuisible qu'un renouvellement de privilége : la possession de fait est quelquefois tout aussi avantageuse que la possession de droit.

M. *** pense que dans cette question on s'exagère de côté et d'autre l'importance des intérêts compromis. Les exemplaires des éditions faites pendant la durée du privilége pourront toujours librement s'écouler, et d'ailleurs le cessionnaire qui en a joui sera en mesure de donner aux héritiers un meilleur prix que toute autre personne.

M. *** ajoute que le cessionnaire sera toujours libre d'annuller en grande partie le renouvellement du droit des héritiers, en multipliant le nombre des exemplaires pendant la dernière année de son privilége.

M. *** fait observer que la jurisprudence des tribunaux est en opposition avec l'opinion qui voudrait attribuer aux héritiers l'extension du privilége. Ce qui a déterminé cette jurisprudence, c'est l'abandon entier et sans retour fait par les héritiers aux cessionnaires. En conséquence, ces derniers ont été regardés comme seuls aptes à profiter du bénéfice de la loi. D'ailleurs, à l'appui de cette opinion, on a fait valoir des circonstances particulières à la fabrication et au commerce des livres. Si l'on peut soutenir en effet que la concurrence générale nuise peu au long écoulement des éditions, il n'en est pas de même de la transmission du privilége exclusif dans des mains rivales. Dans ce cas, la nouvelle édition peut facilement tuer l'ancienne. Enfin, comment constater le jour où l'impression aura cessé chez l'ancien privilégié, et cette incertitude ne peut-elle pas donner lieu à de graves contestations?

M. *** tire à l'appui de l'opinion exclusivement favorable aux héritiers un rapprochement de l'accroissement, par alluvion ou autre cause naturelle, d'une propriété affermée; il en serait de même de la prétention du cessionnaire, que de celle du preneur qui réclamerait, en vertu de son bail, la jouissance de la partie accroissante.

M. *** fait observer que le rapprochement n'est pas exact, en ce sens que, dans l'hypothèse du bail, les deux individus subissent la loi qu'ils se sont faite, tandis que dans l'espèce qu'on discute c'est la loi qui intervient pour prolonger une jouissance dont elle avait elle-même déterminé la durée.

M. LE PRÉSIDENT pense que la question a été suffisamment éclairée par la discussion. En conséquence il annonce qu'il va successivement mettre aux voix les trois modes de solution indiqués par M. de Vatimesnil dans son rapport.

LE premier, qui tend à attribuer exclusivement aux héritiers la prolongation des priviléges existans au moment où la loi sera promulguée, est rejeté à la majorité de quatorze voix contre cinq.

LE second, exclusif en faveur des cessionnaires, est rejeté à *l'unanimité*.

LE troisième, qui établit un moyen terme entre les héritiers et les cessionnaires, est adopté également à l'unanimité.

EN conséquence, la rédaction définitive de la proposition principale de

M. de Vatimesnil est renvoyée au comité de rédaction avec les propositions accessoires de M. Renouard.

LA commission s'ajourne au lundi 24 avril pour la clôture de ses travaux.

LA séance est levée.

Le président,
Signé le Vte DE LA ROCHEFOUCAULD.

Le secrétaire,
Signé JULES MARESCHAL.

OPINION

DE M. DE VATIMESNIL,

SUR L'EFFET DES PROROGATIONS ACCORDÉES PAR LE PROJET,

QUANT AUX PRIVILÉGES DONT L'AUTEUR OU SES HÉRITIERS AURAIENT TRAITÉ
AVEC UN TIERS.

« Tout contrat doit être exécuté de bonne foi et d'après l'opinion que les
» parties ont dû naturellement se former, des avantages qu'elles en recueil-
» leraient respectivement, aux termes de la législation existante , au mo-
» ment où ce contrat a été passé.

» Maintenant, lorsqu'un auteur et un libraire traitent sous l'empire de la
» législation actuelle, quelle est leur commune intention?

» L'auteur transporte au libraire le droit exclusif de publication qui
» lui est accordé pendant sa vie, et qui est accordé à ses enfans ou à sa
» veuve pendant les vingt ans qui doivent suivre sa mort; en échange , il
» reçoit une somme d'argent.

» Quant au libraire, il fait entrer dans ses calculs,

» 1º. L'avantage de vendre exclusivement l'ouvrage pendant la vie de
» l'auteur et les vingt ans qui suivront sa mort.

» 2º. L'avantage de continuer à le vendre concurremment avec tous ses
» confrères, après l'expiration du droit exclusif. J'ajoute qu'il est fondé à
» espérer qu'il en tirera meilleur parti qu'aucun de ses confrères, parce
» que le public est accoutumé à le trouver chez lui, et que, relativement à
» ce livre, ses relations commerciales sont tout organisées.

» Telle est l'expectative d'après laquelle le libraire achète le droit de l'au-
» teur, et d'après laquelle le prix est fixé.

» Mais une loi nouvelle va survenir, et elle prorogera le droit exclusif.
» Qui profitera des bénéfices qui doivent résulter de cette prorogation?

» La question peut se résoudre de trois manières :

» 1°. On peut dire : après l'expiration du terme fixé par la loi du 19 juil-
» let 1793, les héritiers de l'auteur rentreront dans la jouissance du droit
» exclusif, et ils l'exerceront, soit par eux-mêmes, soit par telle autre per-
» sonne à laquelle il leur conviendra de le transporter, et cela pendant
» toute la durée de la prorogation résultant de la loi nouvelle.

» 2°. On peut dire, au contraire : la prorogation aura lieu entièrement
» au profit du cessionnaire.

» 3°. On peut dire enfin : la prorogation aura lieu en faveur du cession-
» naire, mais à la charge de payer aux héritiers de l'auteur un supplément
» de prix qui sera réglé à l'amiable, si faire se peut, sinon en justice, et
» d'après une expertise.

» Ni la première ni la seconde solution ne sont conformes à l'équité.

» Si l'on adoptait la première, le libraire qui a traité de l'ouvrage
» perdrait l'avantage, sur lequel il a dû compter, de pouvoir continuer de
» vendre le livre après l'expiration du droit exclusif. Comment ferait-il
» même pour se débarrasser des exemplaires qui lui resteraient au mo-
» ment où le droit exclusif lui échapperait et retournerait aux héritiers de
» l'auteur?

» Si l'on adoptait la seconde solution, le libraire ferait, au contraire,
» un gain sur lequel il n'a pas dû compter. Il a traité d'un droit qui ne
» devait durer que vingt ans après la mort de l'auteur, et le prix a été fixé
» en conséquence. La loi proroge le droit. N'est-il pas clair que ce serait
» un pur don qu'elle lui ferait, s'il profitait de cette prorogation sans payer
» aucun supplément de prix? Ainsi, le vœu du législateur serait trompé;
» il se propose d'améliorer le sort des familles, et, au contraire, ce se-
» raient les libraires qu'il enrichirait.

» La troisième solution est, à mon avis, la seule juste. Elle concilie tout.
» Le libraire conservera l'ouvrage, mais à la charge de payer un supplé-
» ment de prix. Les parties ou les experts qui régleront leurs droits feront
» ce raisonnement : « On a fixé le prix à telle somme, parce que la loi du
» 19 juillet 1793 n'accordait que telle durée au droit exclusif. Si l'on avait

» prévu alors qu'il dût subsister tant d'années de plus, combien aurait-on
» donné au delà de cette somme ? »

» En conséquence, je concevrais ainsi la rédaction de l'article 14 et der-
» nier de la loi :

« Dans le cas où le droit exclusif des héritiers, tel que l'établissaient les
» lois antérieures à la présente, aurait été cédé en totalité, soit par l'auteur,
» soit par lesdits héritiers, le cessionnaire aura la faculté de jouir de la pro-
» rogation du droit exclusif résultant de la présente, à la charge de payer
» aux héritiers un supplément de prix, qui sera réglé à l'amiable si faire
» se peut, sinon judiciairement et sur un rapport d'experts. »

PROCÈS-VERBAL

DE LA DIX-SEPTIÈME SÉANCE.

DU LUNDI VINGT-QUATRE AVRIL MIL HUIT CENT VINGT-SIX.

MEMBRES présens :

MM.

Le marquis DE LALLY-TOLENDAL.	MICHAUD.
ROYER-COLLARD.	ALEXANDRE-DUVAL.
PARDESSUS.	PICARD.
Le comte de MONTBRON.	Le baron TAYLOR.
De VATIMESNIL.	LEMERCIER.
VILLEMAIN.	CHAMPEIN.
DELAVILLE DE MIREMONT.	RENOUARD.

M. le Vte DE LA ROCHEFOUCAULD, *président.*
M. JULES MARESCHAL, *secrétaire.*

M. LE SECRÉTAIRE fait lecture du procès-verbal de la dernière séance ; la rédaction n'ayant donné lieu à aucune réclamation, le procès-verbal est adopté.

M. DE VATIMESNIL, au nom du comité de rédaction, fait un rapport verbal sur la proposition discutée en la dernière séance, et renvoyée à l'examen du comité, relativement aux droits des cessionnaires.

Il a paru important au comité, pour répondre entièrement aux intentions exprimées par l'assemblée, de fixer positivement les droits respectifs de l'éditeur et des héritiers. Cet examen a conduit à ne reconnaître dans le premier qu'une simple faculté, et à ne pas lui imposer comme obligation le rachat de la continuation du privilége.

M. DE VATIMESNIL termine son rapport par la lecture de l'article suivant :

« Dans le cas où le droit exclusif des héritiers, tel que l'établissaient les
» lois antérieures à la présente, aurait été cédé en totalité, soit par l'auteur,
» soit par les héritiers, le cessionnaire aura la faculté de jouir de la proro-
» gation du droit exclusif, à la charge de payer aux héritiers un supplément
» de prix réglé à l'amiable, si faire se peut, sinon en justice, et d'après un
» rapport d'experts. »

M. *** propose, par amendement, que les éditeurs en possession de priviléges soient tenus de déclarer, dans les six mois qui suivront la promulgation de la nouvelle loi, s'ils entendent user du bénéfice de continuation qu'elle doit leur accorder.

M. *** répond qu'une pareille disposition aurait l'inconvénient de forcer les éditeurs à une déclaration dont ils ne pourraient, dans un grand nombre de cas, apprécier l'avantage. Il est beaucoup de priviléges qui, au moment de la promulgation de la nouvelle loi, auront plus de vingt ans à courir ; comment alors prévoir de si loin la valeur que le livre pourra conserver ?

M. *** retire sa proposition.

M. LE PRÉSIDENT annonce qu'il va faire une lecture du projet de loi définitivement arrêté par la commission : de cette manière, chacun des articles sera soumis successivement à l'approbation de l'assemblée.

L'ARTICLE 1ᵉʳ donne lieu à plusieurs observations.

M. ROYER-COLLARD se plaint de ce que la nouvelle rédaction dénature le sens de la loi. Jusqu'ici, dans la loi de 1793, comme dans les projets de M. le baron Cuvier et de M. le comte Portalis, on avait employé le mot de *garantie* qui excluait toute idée de propriété ; maintenant, par l'introduction de ce mot *appartient*, on soulève une grave question : on agite celle du manuscrit, qui n'est point l'objet de la loi.

L'honorable membre s'élève également contre l'emploi de ces expressions : « *A qui il en cède le droit par écrit.* » Il aurait préféré qu'on laissât la question dans le droit commun. C'est en vain qu'on veut faire valoir, à l'appui de cette anomalie, les dangers du vol des manuscrits. Il y a long-tems que ces inconvéniens existent, et jamais on n'a jugé à propos d'y pourvoir par une loi. D'ailleurs on s'exagère certainement la rigoureuse application du principe qu'en fait de meubles la possession vaut titre. Nul doute que dans une propriété de manuscrits les tribunaux ne fassent droit aux réclamations fondées, sans avoir égard au fait de la possession : l'honorable membre répète qu'il regarde cette condition de cession par écrit comme une entrave à la volonté des auteurs. Il finit par cette observation, que la condition de cession formelle semble, il est vrai, toute naturelle tant que les auteurs sont vivans; mais qu'au bout d'un certain tems après leur mort, et vis-à-vis des cessionnaires, elle prend un caractère tout différent et d'une incontestable gravité.

M. *** en appelle aux procès-verbaux des séances précédentes, pour la preuve de la fidélité du comité au sens des dispositions adoptées par l'assemblée, et de leur transcription presque littérale dans le projet qu'il a rédigé. Relativement à la seconde des questions que le préopinant a soulevées, l'honorable membre rappelle la distinction présentée à une des séances précédentes entre les meubles corporels et les meubles incorporels, pour lesquels la présence du titre a toujours été jugée nécessaire. C'est après avoir approuvé cette distinction que l'assemblée s'est décidée à faire de la cession par écrit une condition formelle de la transmission.

M. *** abonde dans le sens du préopinant, relativement à la distinction qu'il vient de rappeler. Quant à la critique qui vient d'être faite, de l'emploi de l'expression *appartenir*, l'honorable membre appuie le rétablissement, dans l'article, de celle de *garantir*, qu'il regarde même comme plus explicite et plus positive.

M. *** appuie, dans l'intérêt du public, la réclamation élevée contre la cession *par écrit*. L'honorable membre fait observer qu'une pareille dérogation aux règles du droit commun aurait peut-être l'inconvénient de jeter de la défaveur sur un projet de loi dont l'adoption est si désirable.

M. *** déclare que, dans ce cas, il regarde comme inutile tout le membre de phrase attaqué, et il en propose le retranchement.

D'après les observations qui précèdent, M. le président met aux voix l'article premier, avec la substitution du mot « *garantit* » à celui « *appar-*

tient » , et le retranchement de ce membre de phrase : « *Ou à celui à qui il en cède le droit par écrit.* »

L'ARTICLE, ainsi amendé , est adopté par l'assemblée.

SUR la proposition de M. ***, l'assemblée déclare que l'article second sera supprimé, et qu'il sera remplacé par ces mots, ajoutés à l'article premier : « *Pendant la durée de sa vie.* »

LA discussion s'établit sur l'article troisième, maintenant le second du projet.

M. LE SECRÉTAIRE communique à l'assemblée une rédaction que M. Bellart propose de substituer , par amendement , à celle de la commission. Cette nouvelle rédaction a pour but d'assurer un droit plus positif aux héritiers qui auraient publié l'ouvrage de leur auteur, droit qui semble avoir été oublié dans l'article de la commission.

M. ROYER-COLLARD demande à présenter une dernière observation sur la double hypothèse qui motive l'article adopté par l'assemblée, hypothèse qui lui semble assigner au privilége une extension excessive. L'honorable membre , tout en regrettant de revenir sur une discussion qui semble avoir été épuisée dans les précédentes séances , exprime la crainte que la création d'un privilége aussi étendu ne jette sur le projet de loi une défaveur qui pourrait lui être fatale. Il y aurait un moyen facile de le ramener à des termes plus simples et moins en opposition avec la législation existante ; ce serait de rayer, de l'article, le premier terme fixe accordé à l'auteur, indépendamment de la durée de sa vie. Le privilége , après sa mort , serait, en conséquence, de quarante ans seulement , c'est-à-dire du double du privilége actuel , ce qui serait encore un grand avantage pour les auteurs et leurs familles.

M. DE VATIMESNIL déclare que , chargé par le comité de rédaction de présenter un rapport sur la seconde question soumise à son examen et relative à la durée du privilége des objets d'art , il se serait vu dans la nécessité de faire remarquer à l'assemblée une anomalie fâcheuse entre le titre des objets d'art et celui des ouvrages imprimés. En effet, si l'assemblée persistait dans sa première résolution , on trouverait dans la même loi un privilége de quatre-vingts ans opposé à un autre de vingt ans seulement ; la proposition de M. Royer-Collard aurait l'avantage de faire disparaître cette anomalie; c'est une raison de plus pour l'honorable membre d'en recommander l'adoption.

Aprés avoir entendu plusieurs autres membres, sur la proposition de M. Royer-Collard,

L'assemblée, consultée sur la question de savoir si le terme fixe sera accordé à l'auteur, indépendamment de la durée de sa vie, se décide pour la négative.

M. le président témoigne le regret de voir que, par cette décision, le privilége des auteurs pourra, en raison de l'éventualité dans laquelle elle le replace quant à sa première période, et dans le cas d'une mort prématurée, se trouver considérablement diminué; il exprime donc le désir que la durée de la seconde période soit étendue davantage, et propose en conséquence d'en porter le terme, de quarante ans, à soixante, ou au moins à cinquante ans.

Par suite de cette proposition, la durée du privilége des héritiers, telle qu'elle sera fixée par le projet, est mise aux voix. Deux membres se prononcent pour le terme de soixante ans; deux autres pour celui de cinquante; le reste des membres présens pour celui de quarante ans : toutefois l'assemblée arrête que, pour prendre une détermination irrévocable, elle attendra le moment du vote définitif sur l'ensemble du projet.

Après cette discussion, un membre fait observer que le délai de la mise en demeure des héritiers, déjà si prolongé, deviendrait tout-à-fait illusoire s'il restait fixé à trente ans depuis la dernière édition.

L'assemblée décide, en conséquence, que ce délai sera réduit à vingt ans.

M. le secrétaire, reproduisant une observation faite par M. Bellart, signale, dans le projet de loi, une omission importante. Il aurait été en effet nécessaire de rappeler le privilége accordé par le décret de ı8ı0 à la veuve d'un auteur pendant toute la durée de sa vie, lorsque ses conventions matrimoniales lui en donnent le droit.

Cette réclamation, appuyée par plusieurs membres, est accueillie par l'assemblée. En conséquence, la commission décide que le privilége des héritiers ne commencera qu'après la mort de la veuve, lorsque ses conventions matrimoniales seront de nature à lui assurer la jouissance de ce droit.

Cette disposition accessoire fera partie de l'article premier. Néanmoins la décision définitive à cet égard est suspendue jusqu'au vote sur l'ensemble du projet.

M. DE VATIMESNIL rappelle également une disposition adoptée par l'assemblée dans une des précédentes séances, disposition que semblait avoir annullée le rejet de toutes les mesures relatives à la propriété des manuscrits, mais qui, néanmoins, paraît nécessaire pour compléter le système de la loi. Cette disposition consistait à accorder aux éditeurs d'un ouvrage posthume un privilége égal à celui des héritiers.

M. LE SECRÉTAIRE fait observer à ce sujet que l'article proposé sera plus conforme aux principes que le décret de l'an 13, actuellement en vigueur, qui assimile entièrement les éditeurs d'un ouvrage posthume à l'auteur lui-même.

L'ASSEMBLÉE adopte la proposition renouvelée par M. de Vatimesnil.

M. *** demande quel privilége résultera d'une pièce de théâtre dont la représentation, retardée par la censure ou tout autre motif, n'aura eu lieu qu'après la mort de l'auteur.

M. *** répond que, conformément au principe que l'assemblée vient de consacrer pour les ouvrages imprimés, les héritiers pourront prétendre à la durée entière du droit exclusif sur cette pièce. Cette analogie est si peu susceptible de contestation, qu'il semble inutile d'en faire mention dans la loi nouvelle.

UNE discussion s'établit sur la différence que fait le projet dans son état actuel entre le privilége des ouvrages imprimés et celui des objets d'art, duquel la durée a été fixée d'une manière beaucoup plus restreinte.

M. LE SECRÉTAIRE rappelle à cet égard que, lors de la première discussion sur ce point (14ᵉ séance), il a fait la proposition, ou de rendre ce privilége perpétuel, ou, au moins, d'assimiler, à cet égard, les droits des artistes à ceux des écrivains, et d'accorder, à chacun, des droits égaux. Il déclare persister dans cette dernière opinion.

PAR suite de la discussion, l'assemblée entière s'accorde sur cette idée que, pour donner à la loi projetée l'ensemble et l'harmonie nécessaires dans ses diverses dispositions, le privilége des héritiers doit être le même pour les objets d'art que pour les ouvrages imprimés.

Le reste du projet de loi ne donne lieu à aucune observation.

Sur la proposition de M. le président, l'assemblée invite le comité de rédaction à se réunir, une dernière fois, pour l'insertion, au projet de loi, des dispositions adoptées dans le cours de cette séance, et pour les observations qu'il lui paraîtrait encore utile de soumettre à la commission.

L'assemblée s'ajourne, pour entendre le nouveau rapport, au samedi 6 mai 1826.

La séance est levée.

Le président,
Signé le Vte de LA ROCHEFOUCAULD.

Le secrétaire,
Signé Jules Mareschal.

PROCÈS-VERBAL

DIX-HUITIÈME ET DERNIÈRE SÉANCE.

DU SAMEDI SIX MAI MIL HUIT CENT VINGT-SIX.

MEMBRES présens :

MM.

Le marquis DE LALLY-TOLENDAL.	PICARD.
Le vicomte LAINÉ.	MICHAUD.
PARDESSUS.	DELAVILLE DE MIREMONT.
Le comte de MONTBRON.	LEMERCIER.
De VATIMESNIL.	MOREAU.
VILLEMAIN.	RENOUARD.
ALEXANDRE-DUVAL.	FIRMIN DIDOT.

M. le VICOMTE DE LA ROCHEFOUCAULD, *président.*
M. JULES MARESCHAL, *secrétaire.*

M. LE SECRÉTAIRE donne lecture du procès-verbal de la dernière séance ; la rédaction en est adoptée sans réclamation.

M. DE VATIMESNIL fait un rapport sur les changemens adoptés dans la dernière séance, et qui ont nécessité, de nouveau, le renvoi du projet de loi au comité de rédaction.

L'honorable membre fait observer, à ce sujet, que la résolution adoptée à la fin de la dernière séance, de maintenir, dans leur intégrité, les droits de la veuve, tels qu'ils sont garantis par le décret de 1810, a obligé à refondre entièrement la rédaction précédemment arrêtée par le comité ; en outre, il a paru important d'imprimer à l'ensemble de la loi un caractère d'unité, en appliquant à tous les titres le privilége de la veuve. De là est résulté une nouvelle suite d'articles où l'on s'est efforcé de coordonner la décision de l'assemblée avec les dispositions précédemment adoptées par elle. L'honorable membre ne se dissimule pas néanmoins que l'intercallation de ce nouvel ordre de priviléges ne jette quelque confusion dans l'ensemble de la loi, et ne porte attteinte aux deux qualités qui forment les caractères principaux d'une bonne législation, la précision et la clarté. Il serait donc plus avantageux, peut-être, de renoncer entièrement au maintien de ce droit particulier : le privilége de la veuve, s'il y avait lieu, se confondrait alors avec ceux de tous les ayant-cause de l'auteur, et se trouverait soumis aux mêmes causes de déchéance.

L'honorable membre, après avoir terminé son rapport, donne lecture de la série d'articles où le privilége de la veuve a été énoncé.

M. LE PRÉSIDENT déclare qu'il a été frappé de la justesse des observations présentées par le préopinant ; en conséquence, il engage l'assemblée à discuter la question telle qu'elle vient d'être posée, celle du maintien ou du rejet du privilége de la veuve. Toutefois, il ne croit pas que l'abandon puisse en être fait, sans l'adoption préalable d'une compensation quelconque ; la plus simple est l'extension du privilége des héritiers, et c'est sur cette considération qu'il appelle toute l'attention de l'assemblée.

M. *** appuie le rejet absolu du privilége de la veuve. L'honorable membre avait bien pensé, dans le cours de la discussion, à l'existence de ce privilége ; mais il l'avait cru entièrement abandonné et il s'était bien gardé d'en parler, de crainte d'entraver la marche de la loi. Le plus sage et le plus convenable, c'est donc de rester dans le droit commun. Toute compensation est également superflue ; par quarante ans de privilége, on satisfait à toutes les expectatives légitimes et raisonnables ; toute extension nouvelle, au delà de ce terme, aurait l'inconvénient de ramener cette prolongation excessive, que l'assemblée a paru redouter.

M. *** rappelle la règle que l'assemblée s'est imposée de ne pas porter atteinte aux priviléges existans. Or, celui de la veuve est en pleine vigueur : d'un côté, si on le conserve cumulativement avec celui qu'on accorde aux héritiers, il en résultera de prodigieuses inégalités dans les effets de la loi, et c'est ce qu'on doit éviter. L'honorable membre pense donc qu'il serait à propos d'assujettir le privilége des héritiers à une diminution proportionnelle de durée, dans le cas où la veuve aurait joui du sien.

M. *** n'est pas touché, comme le préopinant, de l'importance qu'il y a à respecter tous les droits qui résultent de la législation actuelle ; relativement à celui de la veuve, il faut remarquer qu'il ne s'applique qu'à la propriété des ouvrages imprimés ; on se voit donc forcé de choisir entre l'extension d'un privilége spécial à tout un ordre de choses dont il peut troubler l'harmonie, et le rejet absolu de ce privilége, compensé d'ailleurs par une extension de droits équivalens ; disposition d'autant moins regrettable qu'elle offrait plus de difficultés d'exécution et s'accordait moins avec les principes. Il est en effet difficile de s'expliquer quels sont les motifs qui ont déterminé les législateurs de 1810 à introduire dans la loi une aussi forte anomalie : il serait important de connaître quelle jurisprudence a pu s'établir sur un texte de loi aussi vague et aussi incomplet ; mais, quelle que soit cette jurisprudence, il est évident que cette disposition se lie trop peu à l'esprit de la législation sur cette matière, pour qu'il y ait un véritable intérêt à la conserver.

L'honorable membre termine par un rapprochement entre les priviléges littéraires et les baux emphitéotiques, et conclut en proposant de ranger les veuves dans la classe des autres héritiers, en sorte qu'elles prélèvent, sur la durée de leur privilége, la part que la volonté de leur époux et celle de la nature leur assigneront.

M. *** appuie la proposition du préopinant ; il ne croit pas d'ailleurs que la réduction du privilége de la veuve soit assez importante pour qu'il soit nécessaire d'augmenter, en compensation, le privilége des héritiers. La condition que le décret de 1810 a imposée à ce privilége a dû être trop rarement remplie pour que la suppression puisse en être sensible.

M. *** se range aussi à l'avis de supprimer le privilége de la veuve ; mais il pense d'ailleurs que, sous peine d'avoir fait une chose inutile, il faut augmenter celui des héritiers.

Les probabilités de survie d'une femme à son époux peuvent s'évaluer à une moyenne de vingt ans ; il arriverait donc presque toujours que le privilége des héritiers, qui succéderait à celui de la veuve, ne serait pas plus long que celui de la législation actuelle.

Quant à l'objection du préopinant, tirée de ce que la condition du privilége de la veuve doit rarement s'accomplir, l'honorable membre croit que cette objection repose sur une erreur ; il est évident en effet que par ces mots : « *Lorsque ses conventions matrimoniales lui en donneront le droit* », le législateur n'a pas voulu imposer aux époux l'obligation d'une donation formelle de la propriété des ouvrages, mais qu'il a prétendu que la veuve eût droit au partage de cette propriété, toutes les fois qu'il existerait pour elle une co-propriété quelconque avec son mari, en un mot, une stipulation de communauté ; or ce cas se reproduit très-fréquemment, et c'est l'hypothèse contraire qui est la plus rare.

M. LE PRÉSIDENT présente de nouvelles considérations en faveur de l'augmentation du privilége des héritiers.

M. *** pense au contraire que ce privilége est déjà bien assez long ; si on l'augmentait encore, on pourrait le voir aller jusqu'à cent ans y compris la vie de l'auteur, ce qui est vraiment excessif.

M. *** résume la discussion qui précède ; il s'attache à démontrer que, par l'établissement du terme du privilége, la position respective de la famille et du public sera fixée. Quant aux rapports de la veuve et des héritiers, ils seront réglés par les principes ordinaires du droit civil.

M. LE PRÉSIDENT met aux voix la durée du privilége des héritiers, en avertissant l'assemblée que ce nouveau vote présuppose la radiation des droits particuliers garantis à la veuve par le décret de 1810.

DEUX MEMBRES votent pour le terme de quarante ans, indépendamment de cette radiation ; deux autres se prononcent pour celui de soixante ; le reste de l'assemblée, enfin, pour celui de *cinquante ans*. Ce dernier terme est adopté.

EN CONSÉQUENCE, M. Pardessus propose une nouvelle rédaction de l'article premier, ainsi conçue :

« Après la mort de l'auteur, le droit exclusif de publier l'ouvrage ou

» d'en autoriser la publication, durera cinquante ans, au profit de sa veuve,
» de ses héritiers, légataires ou donataires, le tout conformément aux
» règles du droit civil. »

CETTE rédaction est adoptée.

LES articles suivans, jusqu'au septième, ne donnent lieu qu'à de légères observations et à quelques modifications purement grammaticales.

LA discussion s'engage ensuite sur l'article 7, qui établit un droit perpétuel au profit des auteurs dramatiques et de leurs familles.

M. *** demande le retranchement de ces mots : *Tant qu'il y aura des héritiers au degré successible*. Ce retranchement fera disparaître de la loi une anomalie sans exemple, et qui est sans aucune analogie avec le reste des dispositions qu'elle consacre.

M. *** fait observer que la nécessité de conserver aux familles un droit qui ne peut paraître juste que dans leurs mains, a fait créer cette espèce de substitution ; sans elle, en effet, on verrait bientôt le droit, créé en faveur du nom des auteurs, passer rapidement entre les mains de personnes étrangères à leurs familles.

. M. *** déclare que, frappé des difficultés qui s'opposent à l'établissement régulier du droit perpétuel, il se voit d'autant plus disposé à le repousser que, dans son propre intérêt, un privilége limité dans sa durée, mais entier dans son effet, lui semble bien préférable. Il propose en conséquence que le privilége des auteurs dramatiques soit porté à cinquante ans, comme celui des ouvrages imprimés.

M. *** appuie les observations du préopinant, et pense que des obstacles très-graves s'opposent à l'adoption du principe de perpétuité.

M. *** présente à cet égard quelques considérations nouvelles dont il tire la conséquence que le droit perpétuel au profit des auteurs dramatiques est inconciliable, dans son application, avec le principe de transmissibilité aux seuls héritiers du sang.

M. *** fait observer que l'assemblée, en renonçant au privilége perpétuel pour les ouvrages imprimés, ne l'avait fait qu'après avoir reconnu l'impossibilité des moyens d'exécution ; qu'elle n'en avait pas moins admis le principe de la perpétuité, se réservant de l'appliquer à tel ordre de choses qui en serait susceptible. La perception du droit perpétuel sur les ouvrages dramatiques ayant paru claire et facile, l'assemblée s'était en conséquence empressée de l'adopter ; mais la difficulté qui vient d'être soulevée paraît très-sérieuse à l'honorable membre, et il avoue que les objections qui sont faites contre la possibilité légale d'accomplir les intentions primitives de l'assemblée, quant à la transmission du droit perpétuel aux seuls héritiers de l'auteur, lui semblent insolubles ; ces difficultés, qui lui paraissent insurmontables, mettent, à son avis, l'assemblée dans la dure nécessité de renoncer à cette idée, que son zèle pour l'intérêt des familles des gens de lettres lui avait fait généralement adopter en principe.

Du reste, si, comme d'après ce qui vient d'être dit par un des auteurs dramatiques, ici présent, il est vrai que les auteurs pensent qu'il y aurait plus de profit pour eux dans l'extension du privilége intégral, l'assemblée éprouvera sans doute d'autant moins de scrupules à renoncer, une seconde, fois à l'application du principe de la perpétuité.

M. LE PRÉSIDENT consulte MM. les auteurs dramatiques, qui siégent dans l'assemblée, sur la question de savoir s'ils préfèrent, au droit perpétuel réduit, ainsi qu'il l'a été, quant à sa quotité, l'extension du privilége temporaire, intégral.

A l'exception d'un seul, tous les autres se prononcent pour l'affirmative.

PAR suite de la discussion établie sur cette question, l'assemblée décide qu'au droit perpétuel, précédemment proposé en faveur des auteurs dramatiques, sera substitué un privilége analogue à celui des ouvrages imprimés, c'est-à-dire ayant une durée de cinquante ans.

LE même privilége est déclaré applicable aux collections académiques, aux œuvres posthumes, aux productions musicales et à celles des arts du dessin.

LE reste des articles ne donne lieu à aucune observation.

LA discussion des articles étant close, il est voté sur l'ensemble du projet, qui est définitivement adopté à l'unanimité (1).

APRÈS cette décision, M. le président annonce que, souhaitant vivement pouvoir mettre sous les yeux de Sa Majesté, avec le plus de précision et de justesse possibles, l'aperçu sommaire des travaux de l'assemblée, il a cru ne

---

(1) Voir ci-après le projet de loi.

pouvoir mieux accomplir ce dessein qu'en priant l'un de nos littérateurs les plus distingués, M. Villemain, membre de la commission, de se charger de la rédaction du rapport qui doit accompagner la transmission du projet de loi à Sa Majesté. M. Villemain a eu l'obligeance de se rendre à ce désir, et il a bien voulu s'occuper immédiatement de la rédaction de ce rapport : c'est annoncer à l'assemblée que ses délibérations ont trouvé l'interprète le plus digne de les faire connaître au Roi. Les changemens que la commission vient d'adopter dans les dispositions relatives aux droits des auteurs dramatiques, rendent nécessaire quelque modification dans les termes de ce rapport. Quoi qu'il en soit, et sauf à prier M. Villemain d'ajouter à son obligeance première celle de retoucher, dans le sens des changemens consacrés, cette partie de son travail, M. le président pense que c'est obéir au vœu de l'assemblée, que de lui proposer d'entendre la lecture du rapport dont il s'agit.

Cette proposition est adoptée par acclamation, et il est fait, en conséquence, lecture du rapport rédigé par M. Villemain (1).

Ouï cette lecture,

L'assemblée déclare unanimement qu'il était impossible de réduire à des termes plus simples l'explication des mesures adoptées par la commission, et de donner, avec un laconisme plus heureux, l'analyse de ses discussions. L'assemblée approuve, dès lors, pleinement le rapport dont il s'agit, en invitant toutefois M. Villemain à vouloir bien le modifier, en ce qui concerne les droits des auteurs dramatiques, conformément à ce qui a été décidé en la présente séance.

M. Villemain déclare qu'il s'empressera de satisfaire, en ce point, au vœu exprimé par l'assemblée.

L'objet de la réunion se trouvant ainsi entièrement rempli, M. le président, avant de dissoudre l'assemblée, lui adresse en ces termes ses remerciemens :

« Vous venez de terminer, Messieurs, les importans travaux auxquels la
» confiance du Roi vous avait appelés ; vous parlerez de la bonté d'un prince

---

(1) Voir ci-après le Rapport.

» qui ne reste étranger à aucune infortune, et qui veut être le père de ses
» sujets en même tems qu'il sait en être le Roi.

» Le nom de Charles X et le vôtre, Messieurs, seront répétés avec
» bonheur au sein de ces familles chez lesquelles l'indigence venait trop
» rapidement succéder à la gloire.

» Avant de nous séparer, qu'il me soit permis de vous offrir l'hommage
» d'une reconnaissance que votre bienveillance a gravée dans mon cœur
» en caractères ineffaçables. J'ai senti, Messieurs, l'honneur que vous
» m'aviez fait, et ces momens resteront présens à ma mémoire comme les
» plus précieux de ma vie.

» Laissez-moi espérer, Messieurs, que l'administrateur retrouvera tou-
» jours le concours de vos lumières, et le simple particulier une amitié
» dont il a senti tout le prix. »

L'ASSEMBLÉE, sensible aux témoignages d'estime et de gratitude que vient
de lui adresser M. le président, le prie d'en recevoir tous ses remerciemens.

Elle le prie en outre de vouloir bien, en déposant aux pieds du Roi le
projet qui vient d'être voté, lui transmettre également l'hommage de la
profonde reconnaissance, non-seulement des membres qui composent la
commission, mais encore de tous les gens de lettres et artistes, dont elle
est l'organe, pour le généreux intérêt et l'auguste protection dont Sa
Majesté a daigné, dans cette circonstance solennelle, leur donner un nouveau et si éclatant témoignage.

M. LE PRÉSIDENT, après avoir protesté de son empressement à remplir
une si agréable mission, déclare que la commission est dissoute, et en
conséquence de cette déclaration, l'assemblée se sépare immédiatement.

Le président,
Signé le Vʳᵉ DE LA ROCHEFOUCAULD.

Le secrétaire,
Signé JULES MARESCHAL.

RAPPORT AU ROI.

SIRE,

D'après les ordres de Votre Majesté, la commission chargée de préparer un projet de loi, dans l'intérêt des lettres et des arts, s'est plusieurs fois réunie. La première pensée des littérateurs et des artistes, appelés à ce travail, a été, SIRE, un sentiment de reconnaissance pour les intentions généreuses du Monarque, qui veut protéger tous les travaux de l'esprit, par les lois, autant que par sa faveur personnelle; ils ont senti que nul bienfait plus durable et plus noble ne pouvait leur être accordé; tous les membres de la commission, pénétrés de respect pour cet acte de justice et de munificence royale, se sont efforcés d'y répondre en cherchant, avec la plus scrupuleuse exactitude, les élémens d'un projet qui, favorable aux auteurs et aux artistes, conciliât également les intérêts du public et du commerce.

Tel a été, SIRE, le but que s'est proposé la commission dans le projet de loi qu'elle a l'honneur de soumettre à Votre Majesté. La législation actuelle, formée de décrets successifs, en assurant à l'auteur la propriété de ses ouvrages pendant sa vie, avait borné, après sa mort, le droit des héritiers à dix où vingt ans, suivant leurs qualités d'héritiers collatéraux ou directs. Ce terme a paru bien court, et cette distinction entre les héritiers, peu conformé à la justice; mais, en la faisant disparaître, pouvait-on étendre le droit de tous les héritiers d'une manière indéfinie, c'est-à-dire assimiler entièrement la propriété d'un ouvrage à celle d'un champ et d'un domaine? Un tel privilége n'existe nulle part; il nuirait à l'instruction par un monopole trop prolongé; il deviendrait ou onéreux pour le public, ou illusoire pour les familles; il tromperait souvent les intentions de l'auteur lui-même, qui, en publiant son ouvrage, a souhaité que les éditions s'en multiplient facilement après lui. Il a donc paru, SIRE, que l'on devait, en étendant le terme actuel du droit exclusif, le borner cependant.

L'espace de cinquante ans a paru suffisant pour améliorer de beaucoup le sort des héritiers, ou faciliter à l'auteur lui-même des transactions avantageuses. Cette durée permet d'ailleurs de simplifier la législation actuelle relativement aux droits que les veuves ont pendant leur vie, lorsque les conventions matrimoniales l'autorisent. Dans le nouveau système, le droit sera pris dans les cinquante ans accordés aux héritiers, et la jouissance illimitée du public commencera toujours après ce terme certain et uniforme. Un seul cas est excepté, celui ou les héritiers d'un auteur n'auront pas imprimé son ouvrage dans le délai de vingt ans.

L'auteur pourra lui-même aliéner le droit de ses héritiers, comme il peut aliéner son bien. Alors la jouissance du cessionnaire sera de cinquante ans après la mort de l'auteur. Le même privilége existera pour les publications d'œuvres posthumes et pour les collections d'œuvres savantes.

Tel est, SIRE, le premier titre de la loi projetée. Les dispositions qu'il renferme sont les plus favorables qu'on ait jamais faites dans aucun pays, à l'égard des auteurs et de leurs familles. Elles animeront les hommes de talent à composer de grands et sérieux ouvrages, par la certitude que leur famille y trouvera long-tems un honorable patrimoine.

Les œuvres dramatiques exigeaient une disposition spéciale. Elles ont, en effet, une double existence, celle de la représentation et celle de l'impression; sous ce dernier rapport, elles rentrent dans la classe de tous les autres écrits; mais, relativement à la représentation, ne pouvaient-elles pas donner à l'auteur et à ses héritiers un droit plus que temporaire? En effet, ici le privilége de l'auteur ou de sa famille ne cessera pas au profit du public, mais au profit des théâtres. Dès lors, ne serait-il pas juste de le prolonger et de l'attacher, pour ainsi dire, à toute la postérité d'un auteur? mais cette disposition entraînerait toutes les conséquences d'un droit exceptionnel : il faudrait, dès lors, rendre la part d'auteur dramatique inaliénable et la substituer dans la ligne directe. On aurait, par cela même, gêné l'auteur dans l'exercice de ses propres droits. Que si, au contraire, ce privilége héréditaire et indéfini était transmissible par aliénation, dès lors, il ne garantirait pas l'avenir d'une famille, et les petits-fils d'un grand poète pourraient vivre dans l'indigence, à côté du spéculateur enrichi de leur dépouille. La commission a pensé qu'il valait mieux, dès lors, ne pas s'écarter du droit commun, et rendre uniforme le système de la loi, en bornant à cinquante ans, pour la représentation comme pour l'impression, le droit exclusif des héritiers d'un auteur dramatique, et en laissant à l'auteur lui-même la faculté d'en disposer.

Les productions des arts du dessin sont l'objet d'un titre particulier : l'auteur d'un tableau qui le fera graver, celui d'un ouvrage de sculpture qui le fera mouler, auront seuls le droit d'en multiplier les exemplaires. Le même droit sera transmissible à ses héritiers et dans la même proportion que pour les ouvrages scientifiques et littéraires. On a pensé que cette égalité de faveur accordée par la loi serait sans inconvénient. Les productions médiocres n'en profiteront pas, et les productions vraiment remarquables en sont dignes.

Aucune difficulté ne s'offrait pour les œuvres musicales : sous le rapport de la représentation ou de l'impression, elles sont ramenées naturellement aux règles déjà fixées pour les publications.

Les ouvrages pouvant être un objet important de succession, il restait à déterminer, à cet égard, les droits de l'état, dans le cas de déshérence. La solution ne pouvait être douteuse, dans une loi toute de faveur pour les lettres; et il a paru que l'état devait se désister au profit de la concurrence publique, sauf les droits civils des créanciers.

Enfin, SIRE, le bienfait d'une loi émanée de votre initiative, ne serait pas complet, si l'application n'en devait porter que sur une époque éloignée, et si elle ne pouvait pas venir immédiatement au secours de tous les droits qui ne sont pas encore consommés. Il a paru, SIRE, que la loi, quelle que fût l'époque de sa présentation, devait prendre les choses dans l'état où elles se trouveraient alors ; et en laissant au domaine public tous les ouvrages qui y seraient tombés, prolonger la jouissance des auteurs, des familles et des cessionnaires, dont la possession existerait encore aux termes des lois précédentes. Cette disposition, complément nécessaire du projet, pouvait offrir quelques difficultés de pratique légale. On s'est attaché à les résoudre dans le double intérêt des auteurs et des cessionnaires, et en leur partageant, pour ainsi dire, le bénéfice de la loi.

Du reste, le projet ne créant aucun délit nouveau, mais donnant seulement des limites nouvelles à une propriété déjà reconnue et protégée par les lois, aucune sanction pénale n'a paru nécessaire.

Tel est, SIRE, l'exposé général d'un projet qui tend à réaliser la pensée première de Votre Majesté. Les membres de la commission, qui se sont livrés avec autant d'ardeur que d'exactitude à la discussion de ce travail, seraient heureux que le résultat de leurs efforts parût digne de servir aux vues généreureuses de Votre Majesté et à l'expression de sa haute bienveillance pour les lettres et les arts.

Signé LE Vte DE LA ROCHEFOUCAULD,

Président de la Commission,

PROJET DE LOI

VOTÉ PAR LA COMMISSION.

TITRE PREMIER.

DE LA PUBLICATION DES ÉCRITS, PAR LA VOIE DE L'IMPRESSION,
DE LA GRAVURE OU DE LA LITOGRAPHIE.

ARTICLE PREMIER.

Le droit exclusif de publier un ouvrage ou d'en permettre la publication par la voie de l'impression, de la gravure ou de la lithographie, est garanti à l'auteur pendant sa vie.

ART. II.

Après la mort de l'auteur, le droit exclusif de publier l'ouvrage ou d'en autoriser la publication durera cinquante ans au profit de sa veuve, de ses héritiers, légataires ou donataires, le tout conformément aux règles du droit civil.

ART. III.

La prorogation établie par l'art. II n'aura lieu qu'à la charge de la réimpression, dans le délai de vingt ans après la mort de l'auteur.

ART. IV.

Le propriétaire, par succession ou à autre titre, d'un ouvrage posthume, jouira, pendant cinquante ans, du droit exclusif de le publier ou d'en permettre la publication.

ART. V.

L'auteur pourra vendre le droit exclusif de publier ses ouvrages, soit pour tout le tems accordé à lui et à ses héritiers par les articles ci-dessus, soit pour un tems plus court.

Dans ce dernier cas, ses héritiers jouiront de ce droit, pendant le tems dont il n'aura pas disposé.

Art. VI.

Le droit exclusif de l'état sur les ouvrages composés par son ordre et à ses frais, celui des académies et corps savans, légalement institués, sur les ouvrages publiés par leurs soins, durera cinquante ans, à dater de la première édition.

Il n'est pas dérogé, par le présent article, aux règles généralement admises par les académies, et qui conservent individuellement à chacun de leurs membres la propriété séparée des ouvrages qu'ils fournissent à la collection.

TITRE II.

DU DROIT DES AUTEURS D'OUVRAGES DRAMATIQUES.

Art. VII.

Les ouvrages dramatiques des auteurs vivans ne pourront être représentés sur aucun théâtre sans le consentement de ces auteurs.

Art. VIII.

Les conventions entre les auteurs et les entrepreneurs de spectacles continueront d'être libres. Aucune antorité ne pourra ni tarifer les rétributions, ni modérer ou augmenter le prix convenu; et les rétributions revenant auteurs ne pourront être saisies ni arrêtées par les créanciers des entrepreneurs de spectacles.

Art. IX.

Après le décès de l'auteur, tout théâtre, duement autorisé, pourra représenter sa pièce, à la charge de payer à la veuve, aux héritiers, légataires ou donataires de l'auteur, une rétribution égale à celle qu'il percevait au moment de son décès.

Cette rétribution durera pendant cinquante ans.

Art. X.

En ce qui concerne l'impression des ouvrages dramatiques, les droits de l'auteur, ceux de sa veuve, de ses héritiers, légataires ou donataires, seront soumis aux règles générales, tracées par le titre Ier de la présente loi.

TITRE III.

DES PRODUITS DES ARTS DU DESSIN.

Art. XI.

L'auteur d'un dessin, ou celui d'un tableau, qui le fera graver; celui d'un ouvrage de sculpture qui le fera mouler, auront seuls le droit d'en multiplier les exemplaires ou d'autoriser cette multiplication.

Ce droit durera pendant toute la vie de l'auteur.

Après son décès, sa veuve, ses héritiers, légataires ou donataires, en jouiront conformément aux règles établies dans le titre Ier.

TITRE IV.

DES ŒUVRES DE MUSIQUE.

Art. XII.

Le droit relatif aux œuvres de musique est assimilé en tous points, quant à la représentation, à celui des œuvres dramatiques, et, quant à la publication, par un mode quelconque d'impression, à celui des ouvrages imprimés.

DISPOSITIONS GÉNÉRALES.

Art. XIII.

Dans le cas où les droits qui forment l'objet de la présente loi feraient partie d'une succession en déshérence, l'état ne pourra les recueillir, et la réimpression, publication ou représentation, seront libres, sans préjudice du droit des créanciers.

DISPOSITIONS TRANSITOIRES.

Art. XIV.

Les héritiers dont le droit exclusif, résultant des lois antérieures, ne sera pas encore épuisé au moment de la promulgation de la présente loi, jouiront des avantages qu'elle assure.

Art. XV.

Dans le cas où le droit exclusif des héritiers, tel que l'établissaient les lois antérieures à la présente, aurait été cédé en totalité, soit par l'auteur, soit par lesdits héritiers, le cessionnaire aura la faculté de jouir de la prorogation du droit exclusif résultant de la présente, à la charge de payer aux héritiers un supplément de prix, qui sera réglé à l'amiable, si faire se peut, sinon judiciairement et sur un rapport d'experts.

Le cessionnaire qui voudra profiter de cette faculté sera tenu, dans le cas où il ne traiterait pas à l'amiable avec les héritiers de l'auteur, d'en faire la déclaration au greffe du tribunal de son domicile, dans les six premiers mois de la dernière année de la jouissance du droit exclusif.

Le cessionnaire dont le droit expirerait dans l'année de la promulgation de la présente loi, aura, pour faire sa déclaration, six mois, à dater de cette promulgation.

Certifié conforme à la minute du projet, annexée à celle des procès-verbaux des séances.

Le secrétaire de la commission,

Signé Jules **MARESCHAL.**

APPENDICE.

LÉGISLATION

DU ROYAUME DES PAYS-BAS,

SUR LA PROPRIÉTÉ LITTÉRAIRE

ET LES CONTREFAÇONS.

———

Cette législation se compose d'un arrêté du 23 septembre 1814 et d'une loi du 25 janvier 1817.

L'arrêté du 23 septembre 1814 n'a été rendu que pour la Belgique. En voici les dispositions :

ARTICLE PREMIER.

Les lois émanées du gouvernement français, sur l'imprimerie et la librairie........., sont abrogées dans le gouvernement de la Belgique, à dater de la publication du présent arrêté.....

ART. V.

Tout auteur d'un ouvrage original a le droit exclusif de le faire imprimer et débiter dans le gouvernement de la Belgique, pendant sa vie ; sa veuve et ses héritiers conservent le même droit pendant la leur.

ART. VI.

Dans le cas de la publication d'un ouvrage posthume, la propriété appartient à la veuve et aux héritiers de l'auteur, et ils en jouissent pendant leur vie.

ART. VII.

Si le manuscrit d'un auteur se trouve dans les mains d'une personne étrangère à sa famille, il ne pourra être publié ni pendant sa vie, ni pendant celle de ses héritiers, sans leur consentement, et le droit reconnu par l'art. 5 devra être respecté.

Art. VIII.

Après l'extinction de la première génération des héritiers d'un auteur, tout droit de propriété vient à cesser, et tout ouvrage rentre dans la classe de ceux dont il sera parlé, article 13.

Art. IX.

Il est défendu expressément de réimprimer ou de débiter, et, au cas où la réimpression aurait eu lieu en pays étranger, d'introduire, répandre ou vendre, dans le gouvernement de la Belgique, tout ouvrage original sur lequel l'auteur peut exercer le droit de propriété en vertu de l'art 5, sous peine de confiscation de tous les exemplaires, non débités, de la contrefaçon, et de plus, d'une amende de la valeur de trois cents exemplaires de l'ouvrage, à fixer d'après le prix de la vente ; lesdites confiscations et amendes sont au profit de celui qui a le droit de propriété ; néanmoins, celui qui n'aura introduit dans la Belgique qu'un seul exemplaire pour son usage, ne sera pas passible de l'amende, mais seulement de la confiscation.

Art. X.

La propriété de tout ouvrage original, imprimé antérieurement à la publication du présent arrêté, est garantie à son auteur, conformément à l'art. 5.

Art. XI.

La traduction d'un ouvrage ne donne de droit à son auteur que sur l'édition qu'il publie ; dans ce cas, le droit de propriété ne doit s'exercer que sur les notes ou commentaires joints à la traduction.

Art. XII.

Il est défendu, sous les peines portées en l'art. 9, de publier la traduction d'un ouvrage sur lequel l'auteur ou ses héritiers exercent encore leur droit de propriété, à moins qu'ils n'en donnent leur consentement par écrit, ou que l'ouvrage traduit ne soit parvenu à la seconde édition.

Art. XIII.

Sont exceptés des présentes dispositions, la Bible, les livres d'église ou d'école, les auteurs classiques, les ouvrages de sciences ou de littérature étrangère, les almanachs, et, en un mot, tous les ouvrages sur lesquels aucun habitant de ce gouvernement ne peut réclamer un droit de propriété, soit parce qu'ils sont de toutes les nations, soit parce que le terme fixé en l'art. 5 s'est écoulé. La présente exception ne porte que sur le texte, et le droit de propriété peut toujours s'exercer sur les notes ou augmentations que l'éditeur pourrait ajouter.

Quant à la loi du 25 janvier 1817, elle est commune à tout le royaume des Pays-Bas, et, par cette raison, elle déroge, pour la Belgique, à celles des dispositions ci-dessus retracées avec lesquelles elle se trouve en opposition. Voici comment elle est conçue :

Ayant pris en considération qu'il importe d'établir, d'une manière uniforme, les droits qui peuvent être exercés dans notre royaume, relativement à l'impression et à la publication d'ouvrages littéraires et de productions des arts ;

A ces causes, notre conseil d'état entendu, et de commun accord avec les états-généraux, avons statué comme nous statuons par les présentes :

ARTICLE PREMIER.

Le droit de copie ou le droit de copier au moyen de l'impression, est, pour ce qui concerne les ouvrages originaux, soit productions littéraires ou productions des arts, soumis au droit exclusivement réservé à leurs auteurs et à leurs ayant-cause, de rendre publics par la voie de l'impression, de vendre ou de faire vendre ces ouvrages, en tout ou partie, par abrégé ou sur une échelle réduite, en une ou plusieurs langues, ornés ou non ornés de gravures ou autres accessoires de l'art.

ART. II.

Le droit de copie, quant aux traductions d'ouvrages littéraires originairement publiés en pays étranger, est un droit exclusif qu'ont les traducteurs et leurs ayant-cause, de publier, par la voie de l'impression, vendre ou faire vendre leurs traductions des ouvrages littéraires susmentionnés.

ART. III.

Le droit de copie décrit aux articles précédens ne pourra durer que vingt ans après le décès de l'auteur ou du traducteur.

ART. IV.

Toute infraction de droit de copie précité, soit par une première publication d'un ouvrage encore inédit de littérature ou d'art, soit par la réimpression d'un ouvrage déjà publié, sera réputée contrefaçon, et punie comme telle de la confiscation, au profit du propriétaire du manuscrit ou de l'édition primitive, de tous les exemplaires non vendus de la contrefaçon qui seront trouvés dans le royaume, ainsi que du paiement à faire entre les mains du même propriétaire, la valeur de deux mille exemplaires, calculée suivant le prix de commission de l'édition légale, et ce, indépendamment d'une amende qui ne pourra excéder la somme de mille florins, ni être moindre de cent florins, au profit de la caisse générale des pauvres dans le domicile du contrefacteur, et pourra en outre le contrefacteur, en cas de récidive, et eu égard à la gravité des circonstances, être déclaré inhabile à exercer à l'avenir l'état d'imprimeur, de libraire, ou de marchand d'ouvrages d'art ; le tout sans préjudice des dispositions et des peines contre la falsification, statuées ou à statuer par les lois générales.

Sont défendues, sous les mêmes peines, l'importation, la distribution ou la vente de toutes contrefaçons étrangères d'ouvrages originaux de littérature ou d'art, ou de traductions d'ouvrages dont on a acquis, dans ce royaume, le droit de copie.

Art. V.

Dans les dispositions des articles précédens, ne sont pas comprises les éditions complètes ou partielles des œuvres des auteurs classiques de l'antiquité, du moins pour ce qui en concerne le texte, non plus que les éditions des Bibles, anciens ou nouveaux Testamens, Catéchismes, Psautiers, livres de prières, livres scolastiques, et généralement de tous les calendriers et almanachs ordinaires, sans cependant que cette exception puisse apporter aucun changement aux priviléges ou octrois déjà accordés pour les objets mentionnés au présent article, et dont le terme n'est pas encore expiré.

Il est libre, au surplus, de faire connaître au public, dans les journaux et ouvrages périodiques, au moyen d'extraits et de critiques, la nature et le mérite des productions littéraires ou autres qui sont mises au jour par voie de l'impression.

Art. VI.

Pour pouvoir réclamer le droit de copie, dont il est fait mention aux art. 1 et 2, tout ouvrage de littérature ou d'art qui sera publié dans les Pays-Bas, après la promulgation de la présente loi, devra, à chaque édition qui en sera faite, et soit qu'il s'agisse d'une impression primitive ou d'une réimpression, remplir les conditions suivantes, savoir :

1°. Que l'ouvrage soit imprimé dans une des imprimeries du royaume ;

2°. Que l'éditeur soit habitant des Pays-Bas, et que son nom seul, ou réuni à celui du co-éditeur étranger, soit imprimé sur la page du titre, ou, à défaut de titre, à l'endroit de l'ouvrage le plus convenable, avec indication du lieu de son domicile, ainsi que de l'époque de la publication de l'ouvrage ;

3°. A chaque édition qui sera faite d'un ouvrage, l'éditeur en remettra à l'administration communale de son domicile, à l'époque de la publication ou avant, trois exemplaires, dont l'une portera sur le titre, et, à défaut de titre, à la première page, la signature de l'éditeur, la date de la remise, et une déclaration écrite, datée et signée par un imprimeur habitant des Pays-Bas, certifiant, avec désignation du lieu, que l'ouvrage est sorti de ses presses.

L'administration communale en donnera récépissé à l'éditeur, et fera sur-le-champ parvenir le tout au département de l'intérieur;

7°. Les dispositions de la présente loi sont applicables à toutes les nouvelles éditions ou réimpressions d'ouvrages de littérature ou d'art déjà publiés, lesquelles paraîtront après sa promulgation.

8°. Toutes les actions qui pourraient résulter de la présente loi seront de la compétence des tribunaux ordinaires.

SOMMAIRE

DE LA LÉGISLATION ANGLAISE,

SUR LA PROPRIÉTÉ LITTÉRAIRE.

Extrait *d'une lettre de M. le baron Séguier, consul général de France en Angleterre, à M. le vicomte de La Rochefoucauld.*

« ..... La législation sur la propriété littéraire, dans ce royaume, s'est composée de trois actes ; l'un de la huitième année du règne de la reine Anne (1710) ; le second de la quarante-unième année du feu roi Georges III, et enfin le troisième actuellement en vigueur, qui est de la cinquante-quatrième année du même règne (1814). Le premier assurait à l'auteur ou à son délégué le droit exclusif d'imprimer et de réimprimer, *durant quatorze ans*, ses ouvrages sous la *condition* : « Que neuf exemplaires de chacun d'eux seraient, à l'époque
» de la publication, délivrés pour l'usage de la bibliothèque royale, de celle d'Oxford, de
» celle de Cambridge, de celles des quatre universités d'Ecosse, de celle du collége de
» Sien à Londres, et de celle de la faculté des avocats à Edimbourg. »

» L'acte est intitulé : *Pour l'encouragement des études* (*Learning*). Il est évidemment plus à l'avantage des lecteurs qu'à celui des auteurs.

» Le second acte manifeste la même intention ; il porte le nombre des copies à délivrer à onze au lieu de neuf (les deux copies additionnelles sont destinées pour l'Irlande), et spécifie que les auteurs ou leurs délégués ne seront tenus de fournir les exemplaires requis sur les éditions subséquentes à la première, que lorsqu'il s'y trouvera des additions ou des changemens.

» Le troisième acte paraît s'occuper, pour la première fois, de l'intérêt spécial des auteurs : « Comme la littérature, y est-il dit, se trouvera plus encouragée, si la durée
» du droit exclusif d'imprimer est plus étendue, cette durée sera dorénavant de *vingt-huit*
» *ans*, et si l'auteur, après cet espace de tems, vit encore, il conservera le droit exclusif

» d'imprimer ou de faire imprimer son ouvrage *durant le reste de sa vie ;* toutefois les délé-
» gués, avec lesquels il aurait pu transiger d'abord, pourront achever la vente des éditions
» déjà confectionnées. »

» Telle est, Monsieur le vicomte, la législation existante sur la propriété littéraire ; elle est applicable aux auteurs dramatiques autant qu'ils font imprimer leurs ouvrages ; l'acte en effet n'a rapport qu'à l'impression ; quant à la représentation des pièces de théâtre, il n'existe aucune loi particulière. L'usage est que les auteurs traitent comme ils l'entendent avec les entreprises théâtrales, et les contrats qu'ils passent à cet égard sont sous la jurisprudence des contrats ordinaires. A la mort des auteurs, les pièces de théâtre entrent dans le domaine public.

» De tout tems, des plaintes se sont élevées en Angleterre contre l'obligation de délivrer les neuf ou onze copies. Cette charge est considérée comme pesant fortement sur le commerce de la librairie, surtout quant aux ouvrages ornés de gravures. Le cri, à cet égard, devint tellement général, en 1818, qu'une commission d'enquête fut nommée par le parlement (je joins ici copie de ses procès-verbaux). Il y fut prouvé que cette espèce d'impôt avait empêché la publication de plus d'un ouvrage important. Cependant l'enquête n'eut aucun résultat. L'intérêt des universités, qui est très-puissant en Angleterre, prévalut. Ces corporations trouvent très-commode de se former gratuitement une immense bibliothèque qui embrasse tous les produits de la presse, jusqu'aux moindres publications périodiques.

» Il résulte de cet exposé, Monsieur le vicomte, premièrement, comme je l'ai fait remarquer plus haut, que c'est l'intérêt des lecteurs, encore plus que celui des auteurs, qui, jusqu'à présent, a été protégé en Angleterre ; secondement que la propriété littéraire n'y a d'abord été que temporaire, et que tout ce qu'elle a pu obtenir, c'est de devenir viagère. »

FIN.

PROJET

DE M. BELLART.

ARTICLE PREMIER.

Le droit exclusif de publier un ouvrage ou d'en autoriser l'impression est garanti à l'auteur pendant la durée de sa vie et à ses ayant-cause, selon l'ordre commun des transmissions de biens, de degré en degré, durant trente ans, à compter du jour de son décès.

ART. II.

La veuve prend part dans ce droit, comme elle le prendrait, aux termes des lois ou des conventions, dans tous les autres droits de son mari.

ART. III.

Le droit reconnu par les articles I et II sera transmissible pendant la vie de l'auteur et pendant les trente ans par delà comme toute autre propriété.

ART. IV.

Dans le cas du concours de plusieurs ayant-cause, la part afférente à chacun sera la même que celle qu'ils auraient dans toute autre propriété ; et s'ils ne sont pas d'accord sur le mode de faire valoir leur droit commun, ils seront réglés judiciairement, comme ils le seraient pour tout autre indivis.

ART. V.

Après l'expiration des trente ans, le droit reconnu par les articles I et II ne pourra plus appartenir à personne.

Néanmoins, la veuve, selon les limitations déterminées dans l'article II,
et les descendans, ascendans et parens collatéraux de l'auteur, ces derniers
tant qu'ils seront au degré successible, alors même que lesdits ascendans,
descendans ou parens collatéraux ne seraient pas ses héritiers, auront
droit, pour l'émolument qui leur sera afférent, à une portion du produit
de chaque édition de ses ouvrages, qui sera faite dans le royaume, à dater
de cette époque.

ART. VI.

A défaut de parens au degré successible, de descendans, ascendans et représentans collatéraux d'un auteur, il sera libre à toute personne de publier
ses ouvrages.

Néanmoins, l'éditeur sera tenu de verser dans une caisse publique une
rétribution destinée à encourager les lettres, arts et sciences.

ART. VII.

La portion du produit de chaque édition ou la rétribution établie par les
articles V et VI sera égale au quarantième du produit brut de l'édition.

ART. VIII.

(Comme au projet de M. Portalis.)

ART. IX.

Comme il est au projet de M. Portalis, en substituant aux mots LESDITS
HÉRITIERS, ceux-ci : LESDITS REPRÉSENTANS.

ART. X.

Les représentans appelés à recueillir (*le reste comme au projet de
de M. Portalis*).

ART. XI.

(Même observation.)

ART. XII.

(Comme au projet de M. Portalis.)

Art. XIII.

Si les REPRÉSENTANS (*le reste comme au projet*).

Art. XIV.

(*Comme au projet.*)

Art. XV.

Si les REPRÉSENTANS (*le reste comme au projet*).

TABLE

INDICATIVE

DES PRINCIPAUX DOCUMENS.

—

APPENDICE.

www.ingramcontent.com/pod-product-compliance
Lightning Source LLC
Chambersburg PA
CBHW051233050726
47594CB00001B/145